김애화 칼럼집

작은 소리들

민중의소리

작은 소리들

초판 인쇄 2025년 2월 12일
초판 발행 2025년 2월 25일

지은이 김애화
편집 이동권
일러스트 이종국
디자인 MJ Design Center

펴낸곳 민중의소리
펴낸이 윤원석
경영지원 김대영
전화 02-723-4260
팩스 02-723-5869
주소 서울시 종로구 삼일대로 469 서원빌딩 11층
등록번호 제101-81-90731호
출판등록 2003년 1월 1일

값 18,000원 ⓒ민중의소리   ISBN 979-11-93168-09-7(03300)

김애화 칼럼집

작은 소리들

민중의소리

차례

프롤로그

징검다리에 서서

〈민중의소리〉에 '김애화 칼럼'이란 이름으로 칼럼을 쓴 지 10년이 넘었다. 정치적 시간으로 볼 때, 박근혜 정부에서 시작되어 문재인 정부, 현 정부까지 이어지는 시평이었다. 출판할 만한 가치가 있는지 생각하면 민망하긴 했으나, 용기를 내었다. 주변에서 출판해 보라는 이야기를 할 때, 손사래를 치던 내가 이렇게 프롤로그를 쓰고 있다. 이제는 누구도 아닌 내가 출판을 할 필요를 느낀다. 날 정리하고픈 마음이 컸다. 내 생애 전체가 아닌, 한 부분이지만 이를 통해서 날 돌아보고, 조그만 징검다리를 만들고 싶은 마음 때문이다. 어디를 향한, 무엇을 위한 뚜렷한 목표가 있다고 할 수는 없지만, 징검다리가 필요하다. 돌과 돌 사이에 흐르는 물에 빠질까 겁내지 않고, 날 건네게 할 징검다리를 만드는 기분으로 책을 내놓는다.

칼럼은 생활 에세이가 아닌 시평이긴 하지만, 이렇게 그간의 글을 훑어보니, 나의 변화를 읽을 수 있는 기회가 되었고 반성하는 시간이 되었다. 우선 양을 보니 생각보다 아주 적었다. 90편을 겨우 넘는 양이다. 내 성실도를 나타내는 수치 같고, 그만큼 내가 세상에 귀를 많이 기울이지 않은 듯해서 부끄럽다. 그 글에서 50여 편으로 정리를 하였다. 쓸 당시에는 몰랐는데, 중복되는 소재와 시평이 많았다. 내 시평이 가닿은 소재가 소수자와 관련한 것이 많았는데, 세 정부를 돌아볼 때 정치권력만 변했지, 사회경제적 취약층에게는 엇비슷한 상태가 지속되고 있다는 생각에 유사한 시평을 낳았던 것 같다. 그래서 줄일 수 있었다.

내 칼럼은 하나의 주제만을 다루고 있지 않다. 또한 전문적 식견을 바탕으로 하고 있지 않다. 특정 주제, 전문성이 부족하지만, 말하고 싶었던 소재가 여기저기 많았나 보다. 어쩌면 카페에서 하는 수다를 글로 옮긴 것이라 할 수 있다. 6개의 소단위로 묶었다. 글의 순서는 글이 쓰인 날짜 순이 아니라, 주제에 적합한 순서로 엮었다.

1장 '마처세대의 꿈'은 노년이 주제이다. UN의 기준에 따르면, 65세 이상의 인구가 전체 인구의 20% 이상이 되면 초고령사회이다. 한국은 이 책을 준비하는 12월에 초고령사회가 되었다. 20% 안에 내가 속한다. 칼럼을 쓰는 10년이란 시간 동안 내 개인적 변화 중 가장 큰 변화였다.

중장년이란 시기를 통과하여 노년으로 접어들었다. 이런 변화는 나이 듦, 건강에 대하여 점점 더 많은 관심을 갖게 만들고 있다. 그러서인지 다른 주제보다 내 삶이 묻어있는 칼럼을 쓴 것 같다.

2장 '그림책에 숨은 그림'은 다문화와 관련한 장이다. 경제협력개발기구(OECD)는 전체 인구의 5% 이상 외국인이 체류할 시 다문화 사회로 규정한다. 2024년 9월 기준 '법무부 출입국·외국인정책 통계월보'상 국내 체류 외국인은 268만9천317명으로 증가했다. 이 숫자는 국내 총인구 5천124만8천233명의 5.2%에 달한다. 이 수치는 계속 증가될 것이다. 2장 칼럼들은 이주노동자 상담활동을 한 경험을 바탕으로, 이주민들의 현주소와 선주민들이 다문화 사회의 주민으로서 어떤 태도, 의식이 필요한 지를 적었다.

3장 '유랑하는 노동과 삶'은 현재 노동의 가장 핵심 이슈인 비정규직, 긱이코노미의 노동을 주로 다루었다. 경제활동인구조사 부가조사(2024년 8월 기준)에 따르면, 비정규직은 총 노동인구에서 41.3%를 차지한다. 이 비중은 계속 높아지고 있다. 다양한 형태로 비정규직은 분화되고 있다. 특히 여성은 비정규직 비중이 높다. 이는 우리만의 문제가 아니어서 전 세계적인 노동문제이다. 세계적으로 비정규직의 비중이 꾸준히 증가하고 있다. 국내 및 해외 사례를 통해 그 현실을 나누고 싶었다.

4장 '여자가 살아가는 방법'은 젠더 불평등, 차별을 다루었다. 이는 앞 장의 주제인 노년의 삶, 다문화, 노동 관련 글과 상호 교차하는 주제이다. 특히 보수 정부의 파렴치한, 노골적인 성차별 정책 방향이 이 글을 쓰게 했다. 그들의 여성 정책은 스스로 가부장제 수구세력임을 드러내는 것들이다.

5장 '작은 곳에서 작은 손들이 함께'는 지방 주민으로서 삶을 적었다. 서울에서 태어나서 시골에 친인척이 한 명도 없이 살아온 내가 탈서울을 10년 전에 했다. 10년 동안 충북에서 강원도로 이동을 했다. 은퇴 후 전원생활을 꿈꾸는 귀촌은 아니었으나, 시골생활에 대한 낭만적 기대가 전혀 없지는 않았다. 그러나 시간이 흐르면서 점점 지역의 복잡한 문제가 다가왔다. 낙관보다는 우려와 걱정이 앞서는 지방의 현실을 적었다.

6장 '소소한 일상을 나누는 존중'은 앞의 5개 주제와 직접적 연관성을 찾기 힘든 글들을 모았다. 책, 영화 리뷰라 할 수 있다. 매체의 콘텐츠를 사회 이슈와 연관하여 적었다.

책의 제목은 '작은 소리들'로 정했다. 작은 소리는 내가 주로 다루는 사회적 소수자들과 약자들의 소리라는 의미이며, 광장에서 만난 작은 소리이기도 하다. 이 칼럼집을 준비하고 있는 지금, 윤석열의 계엄령 선포와 계엄 해제 그리고 탄핵정국으로 이어지고 있다. 윤정부의 행위로 국가와 국민을 혼란과 혼동에 빠뜨렸다. 그러나 윤석열과 그 당은 아직도 국민을 거짓 선동하고 편가르기를 하고 있다. 민주주의란 이렇게 어렵구나 싶다. 군부독재 시기와 계엄령을 경험한 세대인 나도 이 상황에 당황스럽고 분노스럽다. 그런데 2030 세대는 어떨까. 그들의 작은 소리가 함성이 되어 광장을 메우고 있다. 내 글이 새 세상을 여는 함성에 함께하길 바란다.

마지막으로 그간 칼럼을 게재한 매체인 〈민중의소리〉 편집진에 감사드린다. 특히 내게 칼럼을 쓸 것을 권유하고, 내 칼럼을 끈기 있게 기다려 준 고희철 기자에게 고마움을 전한다. 그리고 책에 그림을 보태준 이종국 조각가에게 감사를 보낸다. 프롤로그를 쓰면서 내가 따뜻한 응원을 받으면서 살고 있다는 것을 새삼 느낀다. 모두 감사합니다.

2024년 12월

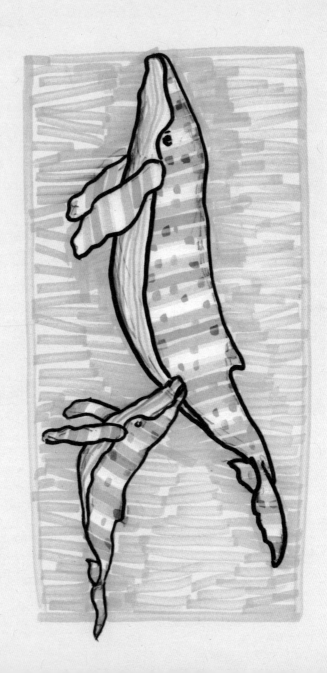

1장

'마처 세대'의 꿈

'마처 세대'의 꿈

생산가능인구 인구 비중을 높이면 그만인가

얼마 전, 한국조세재정연구원의 정기 간행물 『재정포럼』 5월호에 실린 정책 제안이 뉴스거리가 된 적이 있다. TV 저녁뉴스에서는 재정포럼이 생산가능인구 비중을 높이기 위하여 제안한 두 개의 주장이 소개되었다. 여학생의 1년 조기 입학과 노령층 은퇴이민 장려이다. "남성의 발달 정도가 여성의 발달 정도보다 느리다는 점을 고려하면, 학령에 있어 여성들은 1년 조기 입학시키는 것도 향후 적령기 남녀가 서로 매력을 더 느낄 수 있도록 하는 데에 기여를 할 수도 있을 것"과 "노령층이 상대적으로 물가가 저렴하고 기후가 온화한 국가로 이주하여 은퇴 이민 차원으로 노후를 보낼 수 있다면 생산가능인구 비중을 양적으로 높이는 데 기여할 수 있다"는 주장이었다.

대부분의 언론은 이 제안에 비판적이었다. 이 뉴스를 접하면서 어떻게 저런 제안이 나올 수 있는지 궁금했다. 혹시 언론이 제안의 맥락에 관계없이 과도하게 해석하여 보도한 것이 아닌가 하는 의심이 들 정도였다. 그래서 재정포럼을 검색해서 해당 연구논문을 살펴보았다. 읽고 나니 더 불편해졌다. 국가주의, 가부장주의 가치가 노골적이었다. 개인 인권에 대해서는 염두에 두지 않고 있다. 정책 제안자는 저출생 사회를 극복하기 위해서 현재의 결혼, 출산 지원만이 아니라 교제를 성공하기 위한 지원이 필요하다고 주장한다. "이를 개선하기 위해 만남을 주선한다든지, 사교성을 개선해 준다든지, 자기 계발을 지원해 이성에 대한 매력을 제고해 준다든지 하는 정책들"이 필요하다는 것이다. 남녀 교제의 성공을 높이기 위한 한 방법으로 여학생 조기 입학을 주장하고 있다. 어려서부터 남녀 교제를 위한 연령 배치가 필요하다는 주장은 생물학적 나이, 성별 나이에 의한 강한 편견에 기초하고 있다. 비혼가구 출산 지원 정책에 대해서는 "지원에 대한 원래 정책이 의도한 것은 결혼의지가 없던 사람들이 동거라도 해서 아이를 낳는 것이겠지만, 해당 정책을 활성화할 경우, 결혼해서 출산했을 사람들이 오히려 동거하고 아이를 낳는 경우로 전환하는 경우가 발생할 수 있음을 의미한다." 이러한 주장은 결혼 중심의 출생을 기본으로 하고 있다.

앞선 재정포럼의 두 가지 제언 중에 내 관심을 더 끈 것은 은퇴이민 장려였다. 내 세대를 겨냥하고 있기 때문이다. 생산가능인구의 비중을 높이기 위해서 생산가능인구에 포함되지 않는 인구, 즉 '피부양 인구'를 줄이자는 목표 하에 은퇴 이민 지원을 제안한다. 인간을 인구로, 통계 수치로 단순화하는 태도이다. 왜 나는 은퇴이민 장려가 해외로의 고령층 유출, 노인 유기 정책으로 들릴까?

'해외에서 살기'라는 꿈

나의 노후에 대한 막연한 계획 중에는 해외에서 살기가 포함된 적이
있었다. 내가 타지에서의 장기간 생활을 꿈꾼 것은 아니었다. 그저 요즘
유행하는 한 달 살기보다 조금 긴 기간의 해외 살기를 희망했다. 한 살이
라도 젊을 때, 즉 건강에 대한 염려가 적을 때, 공기 좋고, 풍광이 좋은 곳
에서 살아보려 했었다. 물론 이러한 낭만적 구상에는 한국 생활비와의
비교가 큰 몫을 차지했다. 그러나 곧 꿈은 그저 한낮의 몽상으로 끝났다.
물가가 한국보다 싼 나라에 간다고 해도, 현지인이 아닌 외국인이 고국
의 생활수준과 비슷한 생활을 하려면 비용이 만만치 않다. 노화에 따른
의료비도 그 비용 걱정에 포함된다. 그리고 외롭지 않을까 하는 걱정도
있었다. 언어와 문화도 낯선 타지에서 좋은 경치도 하루이틀이지 외로움
을 피할 수 없을 것 같았다.

어느 TV 프로그램에서 해외에서 한국 은퇴자들이 사는 커뮤니티 타
운을 소개하며, 한국인들의 교류도 활발하고, 골프 등을 즐기는 모습이
보여줬다. 따라서 언어나 문화 적응에서 오는 어려움, 외로움에 대한 걱
정을 덜 수 있다는 취지였던 것 같다. 그러나 이런 식의 생활은 스스로 현
지인들과의 거리를 두고, 그저 타지를 이용하는 것으로 생각되었다. 한
국에서도 그런 꿈을 꾼 적이 없는 나에게는 대안이 될 수 없었다. 아직도
종종 장기 여행으로서 해외 살기를 꿈꾼다. 그 꿈에는 타지에서의 사고,
병, 죽음이 들어가 있지 않다.

재정포럼에서는 은퇴이민이 "다른 정책들과 다름없이 여러 여건의 사

전적 준비가 전제조건"이라는 말을 했으나, 그 사전적 준비가 무엇인지에 대해서는 이야기하지 않고 있다. 그럼에도 피부양인구를 줄이기 위한 은퇴 이민 지원은 일본 영화 『나라야마 부시코』를 떠올리게 한다. 70세 이상이 된 노인을 유기하는 풍습에 대한 영화였다. 이제는 국내가 아니라 해외로 유기하는 것이 아닌가 싶다. 해외유기이든 해외 이민이든 이러한 제안들은 살아 있는 피부양자를 줄이자는 목표는 동일하다. 또한 이러한 제안이 21세기에 영화나 창작물로서 상상된 것이 아니라, 국책기관의 정책지에서 현실적 제안으로 나왔다는 점에 주목한다.

국책 기관지에 이러한 정책 제안이 자유롭게 게재될 수 있는 것은 한국사회가 다른 고령사회보다 발전주의적 틀 안에서 노령층을 혐오하고 있는 사회 현상을 반영한 것은 아닐까 싶다. 연구자는 이렇게 말했다. "비록 국가적 정책으로 추진하고 있지는 않지만 독일인들의 폴란드 은퇴이민 사례나 유럽인들의 태국 은퇴 이민 사례 등을 고려해 보면 지금의 노년층이 아닌 국제 경험이 풍부한 미래의 노년층에게는 은퇴 이민도 충분히 선택 가능한 옵션이 될 수 있을 것으로 사료된다." 연구자가 말하는 바와 같이, 서유럽에서는 은퇴자들이 해외에서 많이 산다. 한국보다 앞선 현상이다. 그러나 그들 정부가 국가적 정책으로 추진하고 있지 않다. 그 이유는 단순하다. '요람에서 무덤까지'라는 복지를 책임지는 정부의 기본임무에 충실하기 때문이다.

'마처 세대'의 꿈

'마처 세대'*라는 말이 이제는 익숙해졌다. 처음에 이 말을 들었을 때, 조어를 만드는 솜씨에 감탄하면서도, 사회현상으로 주목받는 것이 조금 늦은 감이 있다는 생각이 들었다. 내 주변 지인들만 봐도 마처 세대를 실감할 수 있다. 가까운 동네 병원을 가보면, 늙으신 부모의 진료를 위하여 동행한 보호자들은 대부분 베이비부머 세대이다. 그들은 예전 같으면 보호를 받아야 할 사람들이었으나 지금은 그렇지 않다. 간병인들의 나이도 젊지 않다.

동시에 부양하던 부모님들이 돌아가신 베이비부머들이 늘어나고 있다. 부모님이 돌아가시니, 이제는 자신 차례가 되었나 하는 탄식이 나온다. 몸이 성한 곳이 없다는 하소연이 튀어나온다. 병원에 보호자 없이 그들은 혼자 간다. 그렇게 혼자 올 수 있을 만큼 건강이 뒷받침되니 다행이다 싶다. 그러나 내일의 건강상태가 불안하니, 보험을 챙긴다. 고령자를 위한 보험 상품, 내용이 점점 늘어간다. 이제는 간병보험이 더해진다. 가족에게 간병, 부양을 부탁하기 힘들기 때문이다. 사회보험으로는 턱없이 부족하고 건강에 대한 자신이 없으니 민간 보험 비용이 늘고 있다.

이제는 가족 부양의무를 마쳤으니 자유롭게 해외에서 살아도 보고, 지금과는 다른 색다른 문화경험도 하고, 한국에서는 경제적 사정 때문에

★

부모를 부양하는 '마'지막 세대이자, 자녀에게 부양받지 못하는 '처'음 세대

접근하기 힘들었던 여가 활동도 가성비 좋은 곳에서 도전할 수 있다면 좋을 것이다. 그런데 그들에게 은퇴이민을 가겠냐고 묻는다면 아마도 흔쾌히 반기는 사람은 적을 것이다. 타지 적응이 더딘 나이에 익숙한 자신의 문화권을 떠나는 것이 반길 일인가.

마처 세대로서 나의 꿈은 해외 이민보다는 익숙한 문화에서 노년을 보내는 것이다. 여유가 된다면 마음에 맞는 친지들과 해외 바람을 쏘는 것은 좋을 것이다. 이런 꿈이 생산가능 인구비중을 늘리는 데에는 도움이 되지 않는다고 혀를 차는 소리가 들리지만. 이것이 고령층의, 특정 세대의 이기적 태도로 바라봐서는 안 된다. 고령층의 오늘 모습은 청년층의 내일 모습이 될 수 있다. 따라서 모든 세대가 정확하게 공유해야 할 사안이다.

■ 2024년 6월 21일

고령자에게 주어진 삶의 선택권

영화『플랜 75』를 드디어 봤다. 고령층이 되니 이런 영화에 대한 관심이 많아진다. 보고 싶었던 작품이었는데, 지역의 작은 영화관에서 무료로 상영된다는 소식에 달려갔다. 그 영화를 보러 가면서 오늘도 2~3명만이 영화를 보겠구나 싶었다. 작은 영화관은 항상 관객이 적었다. 특히 오전의 영화를 볼 관객이 많지 않을 것이라고 생각했다. 영사기에서 빛이 스크린을 가득 채우고 있을 때 한 무리의 노인들이 도착했다. 대부분 남성들이었다. 아마도 버스 서비스가 늦었나 보다. 어두운 상영관 계단을 내려가는 모습, 자리를 찾는 모습이 빛을 받고 있는 스크린에 커다란 그림자로 비쳤다. 구부정한 그들의 모습이 영화의 시그널 같았다. 몇 분들이 영화 도중 일어나 나갔다. 그리고 돌아오지 않았다. 이 분들은 왜 나갔을까?

『플랜 75』, 당신의 선택은?

초고령사회의 일본에서 정부는 75세 이상 국민의 죽음을 적극 지원하는 정책을 발표하는데, 그것이 '플랜 75'이다. 즉 안락사를 지원하는 것이다. 물론 신청자를 대상으로 한다. 그 목적은 고령자의 수를 줄여서 청년층의 부담을 줄이기 위함이었다. 물론 영화 속에서이다. 안락사, 조력사에 대하여 난 부정적이지 않다. 그러나 나와 같이 안락사를 인정해야 한다는 의견을 가진 사람들이 안락사를 지원하는 플랜 75에 대해서 찬성할 수 있을까. 아마도 고개를 절레절레 흔들 것이다. 플랜 75는 형식적으로 개별의 선택이긴 하나, 국가가 그것을 적극 지원하여 안락사 선택을 부추기고 있다. 무료로 안락사를 할 수 있을 뿐만 아니라 지원금도 지급한다. 노인들이 자연사할 때까지 드는 복지 재정부담보다 그것이 훨씬 적기 때문이다. 개인보다는 집단주의적 의식이 강한 일본 노인에게 미래와 애국하는 마음으로 용단을 내릴 것을 강요하고 있는 것이 플랜 75이다.

내가 영화에서 주목한 것은 누가 플랜 75에 신청하는가였다. 영화는 제도가 어떻게 작동하는지를 보여주는 것과 함께, 신청자의 신청 전 생활을 보여주는 데 공을 들인다. 소위 후기고령자에 속하는 78세 여성의 생활이 상세하게 보인다. 그는 호텔 청소부로 일한다. 다행히 비슷한 연령대의 여성 4명이 함께 친구도 하면서 일을 한다. 그런데 가장 높은 연령의 동료가 일을 하다 쓰러지고 만다. 이런 사태에 대하여 '노인이 일하는 게 불쌍하다'고 한 호텔 투숙객이 투서를 한다. 이 투서를 핑계로 호텔은 이들을 해고를 한다. 꽃다발을 받으며 퇴사한 이들은 갈 곳이 없다. 일자리를 찾아보려 하나 성공하지 못한다.

주인공 여성이 사는 가난한 동네에 지역개발 사업이 한창중이다. 그래서 여성은 퇴거당하게 되어 집을 알아보지만, 임대인들이 독거 노인을 꺼린다. 동료 중 한 명이 고독사를 한 것을 본 주인공은 플랜 75의 신청자가 된다. 또 다른 신청자, 남성 고령자도 마찬가지다. 오랫동안 혼자 살아온 그는 식사를 무료급식소에서 해결한다. 돈이 들어오는 일은 거리에서 휴지 줍는 것이다. 냉장고도 없는 생활을 하는 그도 신청자가 된다. 이렇게 플랜 75는 경제적·사회적으로 취약한 고령자들이 선택하게 된다. 그 선택을 순수한 개인의 의지라고 말할 수 있을까.

정부는 플랜 75가 고령자의 용기 있는 멋진 선택임을 해맑은 얼굴을 한 70대의 연기자가 미디어에 나와 끊임없이 홍보하는데, 그래서일까, 신청하러 온 사람들의 얼굴은 밝지는 않지만 극히 침착한 표정이다. 자신이 이 자리에 앉아 있는 것이 불운해서 온 것이 아니라, 극히 아름다운 선택임을 스스로에게 다짐하려는 의지의 표정이라는 느낌이 들었다.

『퍼펙트 데이즈』를 살기 위해서

영화를 감상하고 나오는데, 최근에 본 일본영화 『퍼펙트 데이즈』가 떠올랐다. '다음은 다음, 지금은 지금'이란 대사가 기억에 남는 영화다. 왜 이 영화가 연상되었을까? 아마도 일본영화라는 공통점과 독거 고령 노동자의 삶을 두 영화가 공통적으로 담고 있기 때문일 것이다.

『퍼펙트 데이즈』 영화는 공공 화장실 청소부의 하루하루를 보여준다. 아직은 플랜 75의 대상이 되지 않는 고령자로 보인다. 그는 화장실 청소를 하지만 하루하루 퍼펙트 데이로 살아간다. 유명한 대사처럼 그에게 미래에 대한 걱정이 없을 수는 없겠지만 그것은 그때이고, 지금은 지금을 살면 된다. 하루하루 성실하게 일하면서, 선술집에서 가볍게 술잔을 기울이면서, 중고서점에서 책을 사서 잠자기 전에 읽는 충만한 하루를 보낸다. 그의 자세에 내 현재 모습이 반성되고, 저런 태도로 살기를 희망했다. 그 영화를 보고 나오면서 보는 하늘은 얼마나 맑고 투명했는지. 마치 영화 속 인물이 청소하러 아침에 집을 나오면서 보는 하늘과 닮아 있어 기분이 좋았다.

그런데 『플랜 75』을 보고 『퍼펙트 데이즈』의 그를 다시 생각한다. 그가 노동할 수 있는 시간은 얼마나 남았을까. 성실한 청소부의 쓰임은 언제까지일까. 그의 퍼펙트 데이를 가능하게 하는 마음가짐은 얼마나 지탱할 수 있을까. 아니 퍼펙트 데이를 가능하게 한 마음가짐으로 살면 플랜 75에 어떤 대응을 할 수 있을까 궁금해졌다. 아침의 높은 하늘을 볼 수 있고, 노을 진 하늘을 볼 수 있는 날들을 선택할 것인가. '다음은 다음'으로 고민을 넘길 수 있을까. 매일 퍼펙트 데이를 사는 마음으로 플랜 75도 미련 없이, 미래를 걱정하지 않고 플랜 75를 선택할까.

『플랜 75』의 마지막, 주인공은 안락사 시설에서, 약물 투여하는 주사기를 스스로 빼고 일어나 그곳을 나온다. 그녀는 익숙한 곳으로 간다. 일도 없고, 퇴거될 집이 있는 곳의 언덕에서 노을을 바라본다. 어쩌면 나 같은 극히 평범한 고령자는 퍼펙트데이와 플랜 75를 왔다 갔다 하는지 모르겠다. 노동의 고단함과 고단함을 놓칠까 두려워하는 생활, 그러면서 먼 하늘을 바라보며 조용히 웃음을 지어보는 생활은 멀리 떨어져 있지 않다.

끊임없이 사회는 개인의 효용도, 능력을 사회적 직업, 일자리 가치에서 찾으라고 한다. 찾으려고 노력해도 고령자에게는 그 벽은 높고 가깝지 않다. 그 벽의 언저리에조차 가까이 가지 못한다. 국가의 역할은 무엇인가. 플랜 75의 영화 말미에 정부는 플랜 75가 성공적이라고 한다. 또 플랜 75에 민간기업 등이 참여하면서 경제적 파급효과가 컸다고 한다. 그러면서 플랜 65를 검토하고 있다고 발표한다. 요즘 영화에 자주 나오는 디스토피아 세상은 주로 외부의 침입에 이루어지고, 세상이 갑자기 뒤바뀌어지면서 모두가 우왕좌왕하는 모습이 보인다. 랜덤으로 희생자가 생긴다. 즉 디스토피아는 전멸로 나아간다. 그런데 『플랜 75』는 조용한 디스토피아 세계를 보여주고 있다고 생각하는 것은 과도한 감상일까.

한국의 다른 플랜 75

어떻게 살 것인가. 플랜 75인가, 퍼펙트 데이인가를 판단하는 것은 오로지 개인의 몫은 아닐 것이다. 정부의 역할이 중요하다. 영화 속 일본 정부는 적극적으로 플랜 75를 포장하는 데 적극적이다. 영화의 플랜 75의 배경인 초고령사회의 노년의 삶은 이미 한국에서 일상이다. 한국은 간접적으로 플랜 75를 실현하고 있는지 모른다. 영화처럼 제도화되어 있지 않지만, 경제적·사회적으로 고립되어 있는 고령자들에 대하여 플랜 75

작은 소리들

를 외치고 있는 상황이나 진배없다. 그 표증이 세계에서 가장 높은 노년 층의 빈곤율과 자살률이다.

노인빈곤율이 14년째 OECD 국가 중 가장 높다. 2022년 기준 39.7% 이다. OECD 평균 15%의 2.5배 수준이다. 초고령사회인 일본은 20.2% 이다. 이런 빈곤율은 연령이 높을수록 더 높아진다. 75세는 29.7%, 80세 이상은 54.0%이다. 60대 이하의 평균 빈곤율이 10% 이하인 점을 감안 하면 세대별 차이가 큰 것을 알 수 있다. 또한 66세 이상 여성 고령자의 빈곤율은 45.3%이고, 남성은 34.2%이다.(OECD 통계) 이렇게 세대 간, 성별 빈곤율은 차이가 크다.

빈곤과 고립은 자살률로 나타난다. 2020년 한 해에만 국내 65세 이상 노인 3392명이 자살했다(보건복지부 자살예방백서). 국내 연령대별 노 인 자살률은 60대 33.7명(10만명 당), 70대 46.2명 80세 이상 67.4명으 로, OECD 평균(60대 15.2명, 70대 16.4명, 80세 이상 21.5명)보다 2.2 배, 2.8배, 3.1배씩 높다. 이미 초고령 사회에 접어든 일본, 이탈리아와도 꽤 차이를 보이고 있다.[*]

2025년에는 한국도 초고령사회로 접어든다. 그렇다면 추세로 볼 때, 현재의 빈곤율, 자살률은 더 높아질 것이다. 자살률 제로는 기대할 수 없 어도, 적어도 OECD 평균은 되어야 하지 않을까.

■ 2024년 11월 11일

[*]
노인 자살률 OECD 압도적 1위… 준비 안된 초고령 사회, 『헬스 조선』, 2023. 1. 31

말투에 깃든 차별

반말이 격의 없는 친근감 표시?

A: "목에 이거 왜 했어? 목에?"

B: "목이 아파서요."

A: "아파가지고?"

B: "예."

A: "으응, 아침은 뭐 좀 드셨어?"

위 두 사람의 대화를 글로 보면, 대화를 나누는 둘의 관계가 무엇이라고 상상이 되나? 대화는 며칠 전 지방 방송 뉴스에서 나온 것이다. 뉴스 주제는 지역 소멸의 위기에 놓인 농촌에 대한 대책이었다. 민과 관이 협조해서 마을문제를 해결한다는 취지였고, 그 속에 마을 활동가가 혼자 사는 동네 어르신을 방문하는 장면이 있었다. 이 대화는 50대 후반의 남자 활동가(A)와 어르신(B) 사이에 이루어진 것이다. 화면에 어르신의 얼굴은 흐리게 처리되었으나 80대로 보이는 할머니였다. 나를 불편하게 한 것은 말투였다. 남성의 단단한 목소리와 여성의 힘없는 여린 목소리가 대조를 이루었다. 또한 남자는 반말을, 어르신은 높임말을 사용하고 있었다. 남자가 '아침을 드셨어?'라고 '드시다'라는 경어를 썼지만, 이도 반쪽이었다.

두 분의 이런 말투 사용에 방송국은 전혀 문제를 못 느꼈는지 그대로 방송되었다. 가족 같은 친근감의 표시로 반말을 사용한다는 변명을 들은 적이 있다. 그런 경우라도 친근감은 상호적이어야 한다. 그런데 이 대화는 일방적이었다. 특히나 50대 남성이 80대 여성에게 하는 반말은 상당히 위압적으로 들렸다. 뉴스의 본래 취지가 무엇이든, 한국사회의 고질적인 젠더화된 위계를 보는 듯하였다.

이런 사례는 주위에서 쉽게 목격된다. 최근에 무릎이 아파서 병원 물리치료실에서 치료를 받고 있다. 물리치료실의 주요 손님은 노인층이다. 그들을 돌보는 물리치료사들의 말이 귀에 들어온다. 물리치료를 받는 사람은 치료사를 '선생님'이라고 부른다. 치료사들은 환자들을 '어머님', '아버님'이라고 부른다. 이 호칭만으로 관계가 복잡해진다. 환자는 공적인 관계를 유지하지만, 치료사들은 환자를 사적인 관계로 끌어온다. 그곳 병원만이 아니다. 한국에서 어르신을 부르는 호칭은 이래야 한다는 정석이 없다. 여성 물리치료사들은 애교가 섞인 소리로 말하지만 말투는 대부분 반말체이다. 특히나 환자들이 여성일 때는 더욱 그렇다. 환자들도 종종 그 말을 받아, 반말로 대응한다. 의사들도 마찬가지이다. 정형외과 대기실에서 기다리다 보면 종종 진료실의 소리가 새어 나온다. 비슷한 상황이 재연되고 있다.

손위 어른에게 반말을 사용해서는 안 되고, 역으로는 괜찮은가? 지난해에 한 편의점에서 70대 어르신과 20대 여성 직원 사이에 반말 공방이 있어서 화제가 된 적이 있다. 손님이 우선 반말로 주문을 했고, 이에 직원이 물품의 가격을 반말로 답했다. 이에 화가 난 손님과 20대 여성의 언쟁이 시작되었고, 급기야 물리적 폭력사태로 이어졌다. 만약 편의점에 40대 이상의 남자가 일했다면 어땠을까? 70대 노인도 감히 반말을 사용하기 힘들었을 것이다.

사회적 관례가 된 이상한 말투

방송이나 실생활을 살펴보면, 많은 사람들이 노인을 어린이처럼 대하는 경우가 많다. 마치 어린애에게 하듯이 반말을 하고, 표정을 짓는다. 특히 어르신들이 돌봄 대상자가 되었을 때는 그렇다. 방송 카메라가 있는 자리에서도 저러는데, 평소에는 노인들이 마을에서 어떤 대우를 받으며 생활하고 있을까? 노인은 반말을 들으며 기분이 좋았을까? 어르신은 왜 이런 관계를 거부하지 않을까? 노인에게 자존심이 없을까? 편의점 직원처럼 대응하지 않았으니 괜찮다는 표시일까? 방송을 시청하면서, 병원에서 치료를 받으면서 이런 의문이 계속 들었다.

노인들, 특히 가난한 여성노인들, 병든 노인들, 독거노인은 반말을 수용할 수밖에 없는 조건이다. 생존을 위한 선택을 하고 있을 것이다. 잉여인간, 이등인간, 노인(NO人), 어른 어린이를 대하는 듯한 태도를 강요받고 있다. 굴욕과 자기혐오를 견디어 내고 있다. 그 속에서 '조용히 있는 것이 나을 수도 있다, 화를 내거나 감정을 드러내면 불편함으로 인해 마을 내에서 고립될지 모른다'라고 생각할 수 있다. 노인에게 고립은 생사와 연결된다.

높임말은 어떤가? 표정 없이 높임말을 사용하는 것을 종종 본다. 격무에 시달리는 서비스직 종사자들의 높임말이 주는 냉랭한 분위기가 있다. 말을 받는 상대방에게 편안함을 주지 않는다. 사실 이런 말투는 최근에 만들어진 것이 아니다. 오래된 사회적 관습이다. 그러나 그 말투가 유독 누구에게 집중되는가에 주목할 필요가 있다. 높임말은 형식적이 되고, 반말은 격의 없는 친절함으로 통치는 분위기가 언제부터인가 소외계층 주변에 스며들고 강화되고 있다.

말속에 깃든 차별은 내용, 표현만이 아니다. 말투나 그 표정에도 차별이 숨어 있다. 또한 이런 모습은 예절 없는 일부, 일부의 비인권적 작태라고 한정할 수 없다. 경제적 능력, 젠더 등이 얽힌 한국의 신분사회에서, 노인은 노화로 인한 육체적 취약함이 더해져 신분사회의 밑바닥을 차지한다. 특히나 고령층의 일인가구 비율이 최근 20년 사이에 급속히 증가하고 있다. "우리나라 전체 가구 유형 중 가장 큰 비중을 차지하는 1인 가구의 절반 가까이는 빈곤 상태에 놓인 것으로 나타났다. 특히 여성 1인 가구 빈곤율은 남성 1인 가구에 견줘 훨씬 높았다. 나이가 많을수록 가난을 경험하는 경우도 많다"[*]고 한다. 노인에 대한 존중은 부자 노인에게만 국한되는 사회가 되어버렸다.

마을에서 어르신들을 위한 식사 대접이 자주 이루어지고 있다. 특히 5

월에는 어버이날이 있어서 경로행사가 마을마다 열리고 있다. 고령층의 인구비중이 높다 보니 고령층을 대상으로 하는 복지 사업도 늘고 있다. 떠들썩한 그 행사와 사업 속에서 일하는 활동가에 대한 노인인권교육도 함께 이루어지길 희망한다. 격의 없는 반말 사용이 아닌 친절한 경어로 존중을 표하길.

■ 2023년 5월 21일

★
'1인 가구 절반은 '가난'…여성·노인에 더 가혹한 빈곤의 늪', 「2022년 빈곤통계연보」, 『한겨레신문』, 2023.4.19.

눈이 더 이상 기다려지지 않을 때

눈이 오면 굳어지는 몸

"하늘에서 눈이 내려와요" 90년대 초 코미디 프로그램 중 '맹구'라는 캐릭터가 만든 유행어다. 하늘에서 눈이 내려온다는 말이 왜 우스웠을까? 이 말을 할 때 맹구의 일그러지는 얼굴과 목소리 톤이 웃음을 유발했다. 이제는 맹구가 그 말을 해도 웃음이 날 것 같지 않다. 하늘에서 눈 온다는 소리만 들어도 덜컥 겁이 난다. 이제는 눈길이 더 이상 낭만적인 풍경이 아니다.

최근 며칠 동안 강설이란 재난 메시지가 모바일로 계속 떴다. "외출 시 자가용보다 대중교통을 이용해 주세요"라는 내용도 포함되었다. 이 안내를 보자 허탈한 웃음이 나왔다. 대중교통을 이용하라는 안내가 나에게는 고립하라는 경고로 들렸다. 자가용을 타고 사고가 나면, 운전자뿐만이 아니라 주변 차까지 사고가 연결되니 조심해야 한다. 또한 도로 상태가 안 좋아서 교통체증이 생기니 자가용을 피하는 것이 좋다. 그런데 대중교통 이용하기는 쉬운가? 대중교통을 이용하러 가는 것이 작은 시련이다. 눈 오는 날, 눈이 쌓인 날, 거기에 한파까지 겨울임을 뽐내는 날씨에 고령층의 걸음걸이를 봐라.

내가 사는 낡은 다세대주택 단지는 언덕 위에 있다. 비탈진 골목길을 내려갈 때는 폴더 폰처럼 몸을 최대한 숙여서 걸어야 한다. 평지도 쉽지 않다. 미끄러운 길을 안전하게 걸으려면 한걸음 한걸음에 무게를 실어야 한다. 미끄럼 방지를 위한 신을 신었으나, 신이 살짝 미끄러질 때 온몸이, 상가 앞에 있는 긴 풍선 인형처럼 너풀댄다. 마치 걸음을 배우는 아기처럼 조심스럽게 걷는 나의 앞으로, 두 손을 코트 주머니에 넣고, 슬리퍼를 신고 뚜벅뚜벅 청소년이 걸어가고 있다. 또 20대 정도의 여성이 한 손에 아이스커피가 든 플라스틱 컵을 들고 걷는다. 저들의 탱탱한 걸음걸이가 내 나이와 몸의 취약함을 더욱 실감하게 한다.

고립되는 고령층

우리 동네에는 유달리 고령층이 많이 산다. 걸음이 불편하신 분들은 보행보조기, 노인유모차를 밀고 다니신다. 다행히 주변에 작은 슈퍼가 있고, 배달서비스도 좋은 편이다. 그러나 동네 어르신들은 배달서비스를 받을 수 있는 4만원이상 구매액을 채우지 못해 한두 개 물건을 사서 직접 나르신다. 이런 장보기도 시골에서는 불가능하다. 가까운 곳에 장보기가 가능한 곳이 없기 때문이다.

나는 올해 치악산 아래 작은도서관에서 글쓰기 강사로 일했다. 글쓰기 수업은 작은도서관에서 진행되는 문해교실 프로그램 중 하나였다. 걸어서 5분 거리에 면사무소, 농협, 복지관, 작은도서관이 모여 있다. 그런데 여성이 대부분인 문해교실 참가자들은 면에서도 떨어진 곳에 산다. 자신들이 사는 곳과 작은 도서관을 연결해 주는 버스가 없어서, 문해교실 선생님들이 자신의 차로 학습자들을 모셔 와야 했다. 그런 수고가 없다면 문해교실은 열릴 수도 없었을 것이다.

학습자들의 나이는 평균 70세 이상이다. 조금 젊었을 때 글을 배웠다면 무엇을 하고 싶으셨는지 내가 글쓰기 시간에 물었다. 이구동성으로 운전이라고 답했다. 운전은 시골살이에서 필수적이다. 그 필수적인 것을 못하고 살았다. 이제는 한글을 읽을 수 있고 쓸 수 있지만 나이가 너무 들었다. 가지고 있던 운전면허증조차 반납을 요청받는 나이이다. 이제는 운전을 했던 배우자들이 저 세상으로 가고, 자식들은 타지로 떠나고 없다. 홀로 된 학습자들은 더욱 고립된 생활을 이어갈 수밖에 없다.

워낙 운동신경이 무디고, 겁도 많아서 아직도 '초보'라는 스티커를 붙이고 운전하는 나를 문해교실 참가자들은 부러워할 것이다. 나 또한 느리고 불안한 운전을 하여도, 운전을 할 수 있어 다행이다 싶을 때가 많다. 시골에서 일체의 속세 생활을 차단하고 면벽수행 하는 도인으로 살기로 작정을 하지 않거나, '나는 자연인이다'라는 프로그램의 은둔자들이 아닌 이상 이동수단이 없이 사는 것은 힘들다.

교통약자로 살아보니

　작은 도시에 사는 나와 시골에 사는 언니들의 예를 보았듯이, 교통약자가 되는 것은 시간의 문제이다. 그 누구도 영원히 건강한 성인으로서 살아갈 수는 없다. 몸이 늙으면 비장애인도 장애인이 되어간다. '자가용 또는 대중교통', 이러한 선택이 가능한 사람들은 비장애인, 비고령층, 그나마 대중교통서비스가 좋은 곳에 사는 도시인이다.

　난 오늘도 미끄러지지 않으려 힘을 주고 걸으며, 이 길에서 만나는 사람들이 아주 제한되어 있음을 발견한다. 고령층들이 눈에 들어오지 않는다. 궂은 날씨에 그들은 쉽게 보이지 않는 사람이 된다. 그런데 쾌청한 날씨에도 보이지 않는 사람들이 있다. 바로 장애인들이다. 대도시가 아닌 중소도시 주변부에서는 유난히 장애인을 보기 힘들다. 그들이 없기 때문일까. 왜 유독 이런 지방에 없는가. 없는 것이 아니라 보이지 않을 뿐이며, 찾고자 하면 보일 것이다. 아직은 작은 지방에서는 작은 소리라도 낼 수 있는 장애인 운동이 활성화되어 있지 않다. 장애인들이 보호시설에 수용되어 있고, 그들의 이동은 극히 제한된다. 지역의 무관심과 외면으로 지역으로부터 차단되어 있다. 비장애인, 비고령층에게 공기와 같은 자유가 다른 계층에게는 희박하다.

　온몸에 힘을 주어 걸어서인지, 어깨와 등이 뻐근했다. 버스에 올랐다. 모바일로 뉴스를 읽었다. 전국장애인차별철폐연대(전장연)가 잠시 중단됐던 지하철 시위를 내년 다시 재개한다는 소식이었다. 잠정 중단의 사유는 2023년 예산안 통과를 지켜보자는 것이었다. 그러나 결과는 절망

　　　　　　　　　　　　　작은 소리들

스럽다. 전장연이 요구한 예산액은 차치하고, 여야가 증액하기로 합의한 내용을 윤석열 정부, 기재부가 수용을 거부했다. 이에 전장연은 성탄절에 발표한 논평을 통해 "2001년 1월 22일 오이도역 지하철 리프트 추락 참사 이후 21년간의 외침은 22년간의 외침으로 넘어간다"고 밝혔다. 전장연의 지하철 시위에 대해서 서울시는 손해배상으로 대응하겠다고 한다. 법원도 마찬가지다. 우울하고 비관적인 성탄절이다.

점점 장애인이 되어가는 나에게 전장연의 시위는 그저 먼 거리에서 들려오는 이슈 중 하나가 아니다. 그들의 투쟁이 바로 나의 안전, 생존과 직결되기 때문이다. 그런 의미에서 비장애인은 그들에게 빚지고 있다. 이 글에서 사용한 '이동권', '교통약자'라는 용어도 그들의 끊임없는 외침 때문에 일반인이 이해할 정도가 되었다. 그들은 장애인만이 아니라 비장애인의 미래를 위해서 싸우고 있다. '무고한 시민 대 전장연'이란 프레임으로 비장애인과 장애인을 대립시키는 구도는 참으로 비현실적이다.

22년의 외침으로 이어지는 전장연의 요구(장애인권리보장법, 장애인의 이동권, 탈시설 지원, 평생교육, 특수교육 보장 등)가 새해에는 부디 모두 이루어지길. 작은 지방에서도 그 요구가 함께 이루어져 장애인을 길에서 만날 수 있는 기회가 많기를, 그리고 장애인이 되어가는 고령층에게도 그들과 함께 교통권을 누리길 기원한다.

■ 2022년 12월 26일

나이 듦, 그리고 힘겨운 인정 투쟁

명절이 지났다. 명절이 모두에게 즐거운 시간이 아님을 우리는 알고 있다. 명절은 여성과 젊은이들에게는 고욕의 시간이 되기도 한다. 나이 든 사람들이 상대적으로 대우를 받는 시간이다. 세대를 어우르는 가족의 만남이 드물어지지만 명절에만 이루어지는 만남조차 불편하다. 그 불편은 종종 일방적이다. 노년층이 젊은 층에게 불편을 끼치고 있는 것으로 이해된다.

명절 전에 시니어 식당에 갔다. 이 식당은 한 교회단체가 운영하는데 가격이 저렴하고 맛도 나쁘지 않아서, 가까이 이사한 후로 종종 가게 되었다. 점심시간에는 식당의 좌석이 꽉 찰 정도이다. 벌써 그곳을 다닌 지 5년이 되었다. 식당에서 일하시는 몇몇 분은 바뀌었으나 몇몇 분은 아직도 일을 하신다. 그런데 음식 맛이 달라졌다. 그리고 서비스도 조금 변했다. 어느 때는 간이 전혀 되지 않고, 어느 때는 설익은 음식이 나오기도 한다. 그래서 식탁 위에 놓인 고추장이나 장으로 손님이 직접 간을 해서 먹는 메뉴를 나는 선택하곤 했다.

"이곳은 친절하지 않네." 점심을 같이 하러 간 지인이 말했다. 그렇다. 그들은 얼굴이 환하지 않다. 인사도 없다. 화가 난 표정처럼 보인다. 손님 대우를 못 받는 느낌이 들 수 있다. 지인의 말에 난 반사적으로 말했다. "저분들은 노동하는 것도 힘든데, 친절을 기대하지 말자." 이 말에 식사를 같이 온 지인들의 분위기가 싸해졌다. 즐거워야 할 식사 시간에 내 '지적질'로 시무룩해졌다.

노인들의 얼굴은 근육이 내려가고 주름이 깊어지면서 화가 난 것처럼 보이기도 한다. 그런데 표정의 문제가 아니다. 힘들기 때문일 것이다. 홀에서 움직이는 모습이 안전해 보이지 않는다. 서빙할 때 팔의 근육도 위태롭다. 그렇다 보니 온 근력을 모아 식당일을 하는 것임에 틀림없다. 온힘으로 하는 노동에 환한 웃음과 말투를 장착하기 쉽지 않다.

이런 말을 하고 나니 걱정이 앞선다. 노인들 일자리가 더 없어질까 봐. 노인들 노동능력에 대한 의심은 최근에 더 심해졌다. 경제위기 속에서 노인들은 경제적 잉여인간으로 취급되고 있다. 생산성에서 먼 존재, 세금이나 축내는 존재로 추락했다. 혐오가 아니라고 하지만 무의식 중에 사회, 자신들 주변에서 노인들은 불편한 존재가 되고 있다. 시민에게 소비자 권리만이 남은 신자유주의 세상에서 그 불편함은 혐오의 다른 표현이다.

나이는 숫자에 불과하다?

왜 나는 식당에서 불쑥 그런 말을 하게 되었을까? 말을 한 후 최근에 내가 노인 문제에 예민해졌다는 생각이 들었다. 어쩌면 내 자신이 그 측에 가까이 가고 있기 때문일 것이다. 주변의 노년층에 대한 시선이 더 이상 남의 문제가 아니게 된 것이다. 단순한 연민, 동정이 아니라 내 문제가 된 것이다. 고백을 하자면 난 내가 나이 듦을 부정하려 했다. 나이가 들어도 능력에서 뒤지지 않는 사람이 되어야 된다고 생각했었다. 노년층에 대한 무심코 내뱉은 농담기 섞인 비하 표현에 대해서도 같이 웃으며, 마치 내 문제가 아닌 타인의 문제인 듯 보이려 했다.

한 드라마에서 이런 대사를 들은 적이 있다. "나이는 숫자에 불과하지만 출신학교는 글자에 불과하지 않는 (현실)." 드라마 속에 인물들이 학력 차별에 대한 이야기를 하던 중이었다. 이 대사 자체도 차별이다. 무지에서 오는 차별이다. 오히려 학력 차별은 쉬쉬한다. 그리고 개별적으로 이루어진다. 그것이 차별이며 옳지 않다는 것을 안다. 그러나 가장 공공연히 진행되는 일상적 차별의 하나가 나이에 대한 것이다. '어려서', '젊어서'하며 차별을 한다. 노인들은 역으로 차별을 받는다. 이렇게 나이 차별은 상호적이다. 그래서 저항도 없다. 노인들이 일상에서 차별과 혐오와 마주쳐, 화를 내면 까칠하고 뻔뻔스러운 노인이 되어 더욱 혐오대상이 될 뿐이다.

예전 전통사회에서는 '나이 듦'이 이런 대우를 받지 않았을 것이다. 세월이 주는 경험, 지혜가 인정받았다. 그런데 나이 듦에서 오는 경험, 지

작은 소리들

혜가 가치가 없어졌다. 굳이 가치가 있다면, 그 경험을 기록할 가치가 있다고 생각하는 사람들의 대상이 될 뿐이다. 향수를 자극하는 기록물이 된다. 초고속으로 빠르게 변하는 세상이 원하는 지식은 그들이 아니라 청년층에게서 나온다. 어쩌면 효율성, 생산성의 측면에서 인정받지 못함이 당연해 보인다.

능력 인정은 차치하고라도, 늙은 몸으로 사는 것은 일상에서 자유롭지 못하다. 일상 활동 자체가 젊을 때보다 힘이 들어간다. 느리게 보이는 걸음은 온 에너지를 모아서 한발 딛는 것이다. IT 혁명이라는 시대에 적응하기가 쉽지 않다. 모든 일상 행동, 인간관계 확장에 디지털 기술이 동원된다. 특히나 비대면 시기에 신기술에 대한 적응이 요구되었다. 적응하기 위해 벅벅 대다 보면 뇌의 문제까지 의심받는다. 또한 소비자로서 존재 가치조차 전 세대 중 가장 낮다. 경제적 자원을 노년층에게 기대하기 힘들기 때문에, 시장조차 그들에 대한 배려를 하지 않는다. 노인들이 많이 이용하는 재래시장에서도 무인단말기가 늘어나고 있다. 그나마 그들을 고객으로 인정하는 곳은 노인복지단체, 관련 기업뿐이다.

힘든 인정투쟁

요즘처럼 세대간 갈등을 심하게 목격한 적은 없는 것 같다. 세대갈등은 지난 대선을 경과하면서 더욱 두드러졌다. 사실 세대갈등으로 표현하기도 무색할 정도로. 각 정당의 청년층 끌어안기 경쟁을 벌였다. 청년층의 불안을 흡수해서, 그것을 혐오의 방향으로 확대하는 과정을 보여줬다. 그들의 불안이 의제화하는 것은 옳다. 그러나 그들의 현재, 미래에 대한 불안이 인구학적 이슈와 결합하여, 기성세대를 '미래를 약탈하는 세대'로 만들어 버린다. 그 반증 하나가 국민연금 고갈론이다. 현재 청년층이 수혜자가 될 때는 국민연금이 고갈이 되어, 청년층이 손해를 본다는 설명이다. 국민연금 위기가 맞다 하여도, 제도적 보완에 눈을 돌리지 않고, 손쉽게 노년층을 미래 약탈 세대로 규정함으로써, 노년층에 대한 혐오는 높아지고 있다.

노년층은 이러한 세태가 당황스럽다. 노동능력, 사회적 가치 측면으로 인정되는 나이에서 벗어나고 있다. 이제는 노동능력을 벗어나서 인정받을 수 있어야 한다. 이제는 노동하는 삶이 아닌 새로운 삶의 방식을 취했거나, 그에 대한 계획을 할 나이가 되고 있다. 그러나 얼마나 꿈같은 말인가? 한국의 복지시스템이 그렇게 한가하게 놔두지 않는다. 유럽의 노년처럼 임금노동을 떠나, 새로운 제2의 인생을 살아갈 수 있는 사람이 얼마나 될까? 우리나라 노인들은 아직도 노동능력이 있음을 힘겹게 보여줘야 한다. 인정을 받으려 노력한다.

그런데 비노년층은 나이 듦이 만드는 변화를 잘 모른다. 노인층에 대한 무지한 것이 아무런 문제가 되지 않는다. 사실 노년층을 자세히 보려, 가까이하려 하지 않는다. 왜? 그들에게서 피하고 싶은 미래가 있기 때문이다. 또는 그들로부터 불안, 추함이 오염될 우려가 있기 때문일 지도 모른다. 그런 점에서 나도 예외일 수는 없었다. 그러나 늙음을 피할 수는 없었다. 내 주변 지인들이 나와 같이 노년을 향해 가고 있다. 그들은 고민은 주변 특히 가족에게 폐가 되지 않길 희망한다. 그런데 그 희망을 이룰 수

작은 소리들

있을까? 또 있다면 그 방법은 무엇일까?

한국에서 자폐스펙트럼 장애에 대해 연구를 한 그린커 교수는 한국 영화 '말아톤'과 '이상한 변호사 우영우'가 "진정으로 인간을 인간이게 하는 것은 독립이나 자율이 아니라 의존이라는 것을 보여준다"고 말했다.[★] 그린커 교수는 의존이 부끄러워해야 할 것이 아니라는 점을 이해한다면, 장애에 따른 수치심과 불편함도 줄일 수 있을 것이라고 말했다. 물론 이 글은 장애에 대한 글이다. 그러나 노년층에게도 필요한 말이다. 왜냐하면 나이 듦은 비장애인이었어도 장애인으로 살아가게 만들기 때문이다. 비록 작은 장애지만 그 장애들이 쌓이고 영구화되는 것이 나이 듦이다.

나를 포함한 연령대의 사람은 우선은 스스로 노년층임을 인정해야 한다. 사회적·경제적·신체적 약자가 된 것을 불편하지만 부끄러운 일이 아님을, 의존을 요구하는 것이 권리임을 알 필요가 있다. 다만 그 의존은 가족에서 벗어나야 한다. 노년층이 힘들어지는 것은 그 의존을 가족에게만 요구하기 때문이다. 그리고 생산성이란 기준을 벗어난 인정, 새로운 사회적 기준의 상호인정을 만들어 가야 한다. 그중 하나가 서로 이해하는 인권교육이다. 그러면 노인을 향해 무심코 내뱉는 부정적 말에, 그것이 차별이며 혐오라고 지적하는 것도 벗어날 수 있지 않을까.

■ 2022년 9월 14일

★
'우영우 변호사가 아직도 이상해 보이나?', 『시사인』 780호

어디서 죽을 것인가

복 받은 죽음

차가운 바람이 부니, 부고 소식이 많아지는 것 같다. 동네의 가까운 지인 어머니가 돌아가셨다. 장례식장은 서울이다. 코로나19 때문에 조심스러워져서 조문을 갈 수 없었다. 조의를 간단히 문자로 표하고, 장례를 치르고 돌아온 지인을 만났다.

어머니가 힘들게 소천하시지 않았는지 물었더니, 그는 "그래도 복 받은 어른이란 소릴 들었어. 많이 누워있기는 했지만, 자신이 사는 집에서 돌아가셨으니"라고 답했다. 예전에 어른들은 집에서 잠자다가 눈을 감는 것을 복이라고 했다. 그런데 요즘은 집에서 죽는 것만으로도 복이 되었다. 그만큼 집을 떠난 죽음이 늘고 있다.

그러고 보니 나의 가족 경우만 봐도 죽음을 맞이하고, 장례를 치르는 장소가 많이 변했다. 집에서 돌아가시고 집에서 장례를 치렀던 때가 있었다. 그리고 집에서 사망하고 병원 장례식장으로 옮겨 조문객을 받은 적도 있다. 어머니는 요양원에서 돌아가셨다. 어머니를 요양원으로 옮기게 된 인지적·신체적 이유는 있었지만, 지금도 죄송스러운 마음을 떨쳐버리기 힘들다.

부모의 요양원 생활은 자식들에게도 죄책감을 갖게 하는 일이 된다. 어머니가 요양원에 입소하시기 전에 진정으로 깨닫지 못한 것이 있었다. 어머니와 집과의 관계이다. 아무리 낡고 누추한 집이라도, 어머니의 땀과 감정, 경험이 스며들어 있는 공간이었다. 집은 어머니의 의지가 만든 뿌리였다. 어머니는 집을 떠나면서 인지적 장애가 있었어도, 그 뿌리가 뽑히는 단절감을 느끼셨을 것이다.

리베카 솔닛의 『멀고도 가까운』에는, 알츠하이머병을 앓는 어머니에 대한 글이 있다. 어머니의 병세가 심해지자, 솔닛은 어머니의 거처를 옮긴다. "어둡고 엉망이 된 집에서 어머니를 데리고 나온 일은, 사실은 익숙했던 일상과 사물의 배치로부터 습관의 힘으로 버틸 수 있던 그곳으로부터 당신을 떼어낸 셈이 되었다", "어머니는 그곳이 임시거처나 호텔이 아니고, 잠시만 머물다 옛날 집으로 돌아갈 수 있는 게 아니라고 생각되자 자신의 물건들을 빼앗겼다고 여겼다. 어머니는 새로운 지도를 익히지 못했다"

영화 『다가오는 것들』에도 비슷한 내용이 있다. 우울증을 심하게 앓고 있는 어머니가 나온다. 그녀는 분리불안증이 있어 끊임없이 결혼한 딸을 부른다. 그리고 응석을 부린다. 어머니와 동거하는 가족은 단지 고양이 뿐이다. 어머니의 상태가 심각해지자, 딸은 '잠시 동안 요양원으로 가 있자'고 어머니를 설득한다. 어머니는 자신의 아파트를 떠나면서, 항상 껴

안고 지내던 자신의 반려묘를 쳐다보지도 않고, 어떤 것에도 관심을 보이지 않는다. 다시 보지 못할 것이란 것을 인지한 모습이다. 공허하면서 떨리는 눈빛으로 자신의 거처를 떠나는 모습이 인상적이었다. 딸은 고급 요양원으로 어머니를 모시지만, 요양원을 나오면서 '죽을 날만 기다리는 냄새'를 맡는다.

가족 간병의 어려움

흔히들 '집에서 죽기'를 희망하지만, 2018년 통계를 보면 전체 사망자의 약 15%, 암 환자로 좁히면 약 8%만이 집에서 사망하고 있다. 그리고 65세 이상 노인들은 사망하기 전 2년 동안 요양원, 요양병원 생활을 하는 것으로 나타났다. 자신의 집이 있음에도, 집에서 죽음을 맞지 못하는 이유는 복잡하다.

고령사회에서 죽음에 이르는 과정은 길고 느리게 일어난다. 몸이 쇠약해지고 인지장애가 생기는 것도 갑자기 일어나지 않는다. 스스로 자립할 수 있는 능력도 느리게 퇴화한다. 먹고, 배설하고, 청결하게 몸을 관리하는 일이 서서히 불가능해진다.

이런 자립능력이 상실되어 가는 상태를 집에서 간병하기 위해서는 또 다른 가족의 희생이 있어야 한다. 돌봄을 책임지는 가족 일원은 일을 포기해야 하고, 가족의 삶이 훼손되기도 한다. 노인장기요양보험의 재택간병서비스 시간도 제한되어 있어 가족돌봄은 필요하다. 또 노인이 노인을 돌봐야 하는 상황도 많다. 간병을 하며 가족 간병인은 육체적 힘듦과 마음의 병을 겪게 된다. 종종 '간병살인'이 일어나는 이유이다.

이러한 어려움 때문에 시설 이용이 늘어난다. 노인들은 가족이 있든 없든, 자신이 소유한 집이 있든 없든, 점차로 집에서 떨어져 시설로 보내진다. 이를 결정하는 사람은 당사자가 아닌 가족이다. 만약 당사자가 결정했다 해도 이는 가족에 피해를 끼치기 싫다는 배려 때문이다.

『누구나 혼자인 시대의 죽음』의 저자 우에노 치즈코는, 집에서 죽는 것을 방해하는 요소 중 가장 큰 장애요인이 가족이라고 말한다. 물론 돈이 많으면 그나마 노인의 최소한의 존엄이 보장되는 시설, 요양원 개인실로 보내질 수도 있다. 그렇지 않은 경우에는 대부분 시설 공급자의 편의에 입각해 돌봄이 이루어지는 곳으로 보내진다. 이런 시설들은 노인들을 개개인으로 돌보는 것이 아니라, 그룹으로 돌본다. 입소한 이들은 대부분 누워서 생활하는 시간을 보내게 된다. 그래서 노인은 시민 자격이 박탈된 상태로 살게 된다.

우에노 치즈코는, 사람들은 '누구나 혼자인 시대'에 살고 있다고 말한다. 결혼 경험 유무가 아니라, 각 세대별로 다양한 이유로 혼자가 된다. 고령세대인 경우, 사별, 이혼, 자녀의 독립 등으로 혼자 사는 인구가 늘고 있다. 한국도 일본과 상황이 다르지 않다. 초고령화 사회를 눈앞에 둔 한국, 고령자의 간병은 어떻게 할 것인가.

Aging in place

최근에 한 중년남자가 고독사했다는 뉴스가 있었다. 그분이 병원이나 요양원 등 시설에서 죽었다면 고독사로 불리지 않았을 것이다. 고독사의 근거는 집에서 홀로 죽었다는 것과, 며칠 동안 방치되어 있다는 것이다. 독거 자체를 마치 어두운 그림자처럼 취급하며, 불운으로 취급하는 문화에서 홀로 죽음을 맞는 것은 비극의 최정점으로 비친다.

우에노 치즈코는 이에 대해 역으로 반문한다. 그는 "고독사라는 건 그 전부터 고독하게 살던 사람의 이야기다. 혼자 살아도 고독하지 않으면 고독사가 아니다. 고독사가 아니라 '집에서 홀로 맞는 죽음'이다"라고 짚었다.

나아가 그는 집에서 홀로 맞는 죽음을 부정적으로 보지 말고, 집에서 죽을 수 있는 환경을 만들어야 한다고 주장한다. "죽음은 서서히 진행되는 과정이다. 음식을 못 먹게 되면서 기아상태가 되고 물도 못 마시게 되면서 탈수 상태가 되고 이윽고 호흡 곤란이 오면서 하악 호흡이 시작되고 끝내 숨을 거두게 된다." 그런데 병원에서는 이런 과정을 병으로 취급해 심폐소생술 등으로 죽는 자를 더 힘들게 한다고 우에노 치즈코는 말한다. 그러면서 그는 '죽음의 병원화'에 대해 반대한다.

우리 사회에서도 에이징 인 플레이스(Aging in place) 운동이 서서히 일어나고 있다. 자신이 살던 곳에서 늙고, 죽어갈 수 있는 환경을 만들자는 것이다. 'Aging in place'는 고령기에 접어들어 거동이 불편한 상황이 되더라도 시설 입소를 하기보다는 살던 장소에서 계속해서 늙어가면서, 건강상태나 경제적 여건이 변화하더라도 자신이 살던 지역공동체 내에서 지속적으로 거주하는 생활방식을 의미한다. 이를 위해 지역공동체의 서비스 연계가 필요하다. 간병, 간호, 의료가 연결되어 함께 하는 운동이다.

　내가 사는 곳에서는 커뮤니티 케어를 본격적으로 고민하고 제도화하려는 움직임이 보이지 않는다. 나를 포함한 많은 사람들이 죽음에 대한 이야기를 터부시 해 왔다. 그래서 죽음은 항상 준비되지 않은 상태에서 당하게 된다. 죽음도 삶의 일부분이다. 잘 살기 위해서 죽음도 준비해야 한다.

　최근에 주변에서 일어나는 죽음을 보면서 나는 '어디서 죽을 것인가'를 고민하게 된다. 이 고민은 임종기의 장소를 정하는 문제만이 아니다. 사전 연명의료 의향서를 작성하는 것에서부터 시작이다. 그리고 어떤 형태로 건강 약자의 삶을 살 것인지를 고민해야 한다. 내 죽음의 장소가 현재 수준의 요양원, 요양병원, 응급실이 결코 아니길 바란다.

■ 2021년 1월 30일

평안한 죽음을 선택하는 생명체들

존엄한 생과 죽음의 선택

호주의 학자, 데이비드 구달이 안락사/조력사(AVD, Assisted Voluntary Death)로 생을 마감했다. 그 소식을 들었을 때, 아마존에서 자연과 더불어 사는 수아르족 인디오의 죽음 의식이 떠올랐다. 수아르족은 평화롭게 죽으면 평화로운 내세를 가질 수 있다고 믿는다. 그래서 스스로 죽음의 순간을 결정하고, 치차즙과 나테마즙을 마시고 그 환각증세로 고통 없이 죽음을 맞는다. 산자들은 죽은 자의 용기와 평화를 기원하는 송가, '어넨트'를 부른다.

이런 죽음 의식은 데이비드 구달의 안락사 과정과 흡사하다. 수아르족의 치차와 나카테 즙은 데이비드 구달에게는 정맥주사이고, 수아르족의 어넨트는 데이비드 구달에게는 베토벤 교향곡 9번, 환희의 송가이다. 데이비드 구달의 마지막 날 모습을 담은 사진은 평화로워 보였다.

우리도 평화로운 죽음에 대한 동경이 있다. '편안히 가셨다'는 말은 남은 자들에게 보내는 위안이다. 부모님의 임종을 지키지 못한 나는 죽음 직전의 그분들이 어떤 얼굴을 하셨는지 모른다. 생을 마친 부모님의 얼굴은 덤덤했다. 얼굴빛도 나쁘지 않았다. 그 얼굴을 보면서 남은 자식들은 안도감을 느꼈다. 임종 당시 어떤 표정이었는지는 상상하지도 않았다. '편안히 가셨다'는 그 말을 믿기로 했다.

그런데 내가 키우던 개를 통하여 죽음 직전의 모습을 보았다. 개가 죽기 며칠 전 갑자기 걷지를 못하고, 먹지도 않았다. 그러더니 숨이 가빠졌다. 나는 개의 임종을 옆에서 지켜보았다. 숨소리가 방문을 넘을 정도로 커졌다. 가쁘고 거친 숨을 쉬더니, 목이 부러진 것처럼 고개가 옆으로 꺾이었다. 놈의 밑으로 물이 나와 흥건히 고였고, 코 밑으로 물기가 흘렀다. 그것이 끝이었다. 떠있는 두 눈을 감기며 느끼는 놈의 몸은 따뜻했다. 사후 강직이 일어난 것은 반나절이 지나서였다.

그놈의 임종을 지켜보면서 고통이 빨리 끝나길 바랐다. 놈과 나는 두려움에 휘청거리는 날을 보냈다. 엄마는 이런 고통을 겪지 않은 편안한 죽음이었길 바랐다. 수아르족이라면 이런 상황에 어떻게 대처했을까. 놈에게 환각제를 주어서, 평안한 얼굴로 가도록 했을 것이다. 두려움과 고통에 찌든 얼굴로 죽으면 평안하지 못한 동물로 환생된다고 믿기 때문이다.

한판 싸움을 벌인 뒤에 취하는 죽음

루이스 세폴베다의 소설, 『연애소설 읽는 노인』은 전 세계에서 손꼽히는 대표적인 환경소설이다. 루이스 세풀포다의 글 대부분이 그렇듯이 간명하게 메시지를 전달한다. 이 책도 '자연 대 개발, 원주민 대 백인'이란 이분법적 구도로 아마존 자연의 아름다움과 자연의 보호 필요성을 전한다. 그리고 이 책에서 죽음에 대한 수아르족의 태도를 엿볼 수 있다.

개발에 밀림의 깊은 곳으로 밀려나는 수아르족, 인간에 복수를 하는 살쾡이, 그리고 인간의 야만성을 잊기 위해 연애소설을 읽는 노인, 이들은 승리자가 아니다. 그러나 그들의 삶은 탐욕스럽지도 비루하지도 않다. 오히려 아름답다. 아름다운 생명체, 생활에 동화된 독자들은 밀리는 이들의 처지에 분노를 느낄 것이다.

살쾡이 가죽을 얻기 위해 살쾡이 새끼를 죽이고 수컷을 죽음 직전으로 몬 인간에게 복수하는 암살쾡이가 있다. 암살쾡이를 잡기 위해 수색대가 조직되고, 그 수색대에 수아르족 인디오와 함께 밀림에서 산 경험이 있는 노인이 강제 편입된다. 암살쾡이의 분노가 극에 달했더라도 인간의 거처까지 접근하는 무리한 행동을 하는 이유를 노인은 생각한다.

"짐승은 복수에 나섰다. 하지만 그 짐승은 스스로 죽음을 찾아 나섰던 거야. 그랬다. 짐승이 원하는 것은 죽음이었다. 그러나 그 죽음은 인간이 베푸는 선물이나 적선에 의한 죽음이 아닌, 인간과의 물러설 수 없는 한판 싸움을 벌인 뒤에 스스로 선택하는 그런 죽음이었다."

그리고 한 가지 더 있었다. 백인이 쏜 총탄에 고통을 당하는 수컷과 자신을 죽여줄 사람을 선택한 것이다. 노인이었다. 암살쾡이는 노인을 수

컷이 괴롭게 숨을 쉬는 곳으로 유인한다. 노인은 암살쾡이의 마음을 읽고 수컷의 머리를 쓰다듬고 가슴팍에 총을 겨눈다. 그리고 중얼거린다. "친구 미안하군, 그 빌어먹을 양키놈이 우리 모두의 삶을 망쳐 놓고 만거야."

마지막으로 암살쾡이가 희망하는 대로, 암살쾡이와 노인은 한판 싸움을 벌이고, 짐승은 자신이 원하는 죽음을 취한다. 죽은 암살쾡이의 털을 어루만지던 노인은 자신이 입은 상처의 고통을 잊은 채 명예롭지 못한 그 싸움에서 어느 쪽도 승리자가 될 수 없다고 생각하면서 부끄러움의 눈물을 흘린다.

아주 오래된 전통

데이비드 구달의 죽음 소식을 듣고 나는 『연애소설 읽는 노인』을 다시 읽었는데, 책이 다르게 읽혔다. 죽음을 맞는 아름다운 생명체를 보았다.

데이비드 구달은 식물학과 생태학의 연구자, 교수로 한평생을 보냈다. 그의 직업, 연구도 안락사 선택에 영향을 주었을 것이다. 생명의 성장, 사라짐을 연구했던 그는 마지막 생애를 호주에서의 안락사 합법화 운동에 매진하였다. 현대 의학이 죽음을 자기 의지로 결정하는 것을 막고 있다고 그는 생각했다. 생명의 담지자인 자신이 아니라 의학적 판단이 자신의 삶과 죽음을 결정하는 세계에 우리는 산다. 그에게 수아르 족의 죽음 방식은 인류의 전통이며, 또한 다시 살려야 할 미래로 해석되었을 것이다.

행복한 생을 추구하듯, 마지막 순간도 고통 없이 이루어지길 바라는 것은 우리 모두의 꿈이다. 그런데 우리에게 그 꿈은 수동적이다. 죽음을 어떻게 맞을 것인가에 대한 준비는 없다. 죽음 준비도 결국 죽음 자체보다는 삶을 어떻게 살 것인가로 귀착되는 경우가 많다. 결국 죽음은 인간의 의지가 범접할 수 없는 초자연적 힘의 영역이라고 남겨둔다.

죽음에 대한 내 입장도 별반 다르지 않았다. 조심스럽다. 만약 부모님이 회복될 수 없는 힘든 병에 고통을 받고 있다면 나는 어떤 선택을 했을까? 그 당사자가 나라면 나는 어떤 결정을 할 것인가?

■ 2018년 5월 24일

작은 소리들

100세 시대, 고령노동자의 삶

과로노인과 하류노인의 교차점에서

"나이 들면 온화한 눈빛으로 살아가고 싶었는데 백발이 되어서도 핏발 선 눈으로 거친 생계를 이어가게 될 줄은 몰랐다." (조정진, 『임계장 이야기』)

'젊었을 때 고생은 사서도 한다'는 말이 있다. 이 익숙한 말이 어디서 연유했는지는 몰라도, 미래를 위해서 젊었을 때 고생을 마다하지 말라는 뜻이 포함되어 있을 것이다. 젊었을 때의 고생을 사지는 않았으나 피하지 않았던 고령자들을 기다리는 삶은 어떤 모습일까? 저녁 있는 삶을 포기하면서 성실하게 일한 사람들은 은퇴 후 어떤 취미를 향유하며 살고 있을까? 100세 시대를 대비하여 제2의 인생 준비하자는 책들이 쏟아지고 있다. 이들은 한결같이 새로운 인생이 시작되는 희망의 노년을 이야기하고 있다.

이러한 분홍빛 전망과 달리, 은퇴 후 노동시장에 재진입하는 고령자들이 늘고 있다. 그런데 이번에는 젊을 때 상상하지 못한 노동이 기다린다. 임계장(임시+ 계약직+ 노인장)이 된다. 은퇴고령자가 어렵사리 얻은 일자리는 단순노무직일 가능성이 크고, 보통 임금은 노동적령기에 비해 낮다. 최저임금이 보장되는 일자리는 하늘에 별 따기와 같다. "내가 전에 다니던 공기업을 세상 사람들은 신의 직장이라고 불렀다. 나는 그 말이 월급은 많고 일은 적다고 비난하는 소리라 생각했다. 그러나 퇴직 후 경비원 일을 해보니 신의 직장이란 표현은 과장이 아니었다." (『임계장 이야기』)

보통 65세 이상을 고령자, 노인이라 부른다. "우리나라 65세 이상 고령자의 경제활동참가율은 OECD 회원 국가 중 여성은 1위고, 남성은 2위를 차지한다. 이렇게 높은 이유는 고령자의 소득빈곤율과 관련이 있다.

사회안전망이 부족한 한국 사회에서는 은퇴 후 준비는 온전히 개인에게 달려 있다. 우리나라의 실제 은퇴연령은 평균 57세이다. 그러나 "OECD 통계에 따르면 한국의 유효은퇴연령은 71.9세이다. 이 의미는 은퇴 준비 부족으로 상당한 시간을 더 준비를 해야 한다"는 것이다.(임상범, 『혐로사회』) "고령자가 되어도 돈이 필요해서 일을 해야 하는 노인층, 과로노인이 되기 쉽다. 한국은 일본보다 고령자 생활이 더 어렵다. 일본의 상대적 빈곤율은 19.4%인데, 한국은 49.6%나 된다."(후지다 다카노리, 『과로노인』)

인간 수명 100세를 바라보는 시대가 희망이 되지 못하고 재앙이 될 수

작은 소리들

있는 이유이다. 젊었을 때는 은퇴 후 제2의 인생을 꿈꾸었으나, 그 꿈은 포기된 지 오래다. 가난에 노환으로 인한 의료비 증가로 한국의 고령자 상당수가 위기에 직면해 있다. 이제는 고령자에게 가난과 노동이 변수가 아니라 상수가 되었다. 이들은 과로노인이 되어 하류노인으로 전락한다. "하류노인은 4苦를 견디어야 한다. 빈고貧苦, 고독고孤獨苦, 무위고無爲苦, 병고病苦이다." (임상범,『혐로사회』)

과로노인, 이들이 바로 노회찬 의원이 말하는 6411번 버스 승객이다. "아직 동트지 않은 거리로 나오는 첫차의 승객들은 항상 똑같다. 이 도시의 새벽을 깨우는 경비원 할아버지들, 미화원 할머니들이다. 매일 마주치니까 서로 얼굴을 안다. 그래도 인사를 건네지는 않는다. 내면 깊숙이 할 말은 많아도 입을 여는 사람은 없다. 고단함은 나눌 수 없는 것이다." (『임계장 이야기』)

노동의 최하단, 고령자 비정규직

"나도 젊었을 때 이런 일을 견디지 못했을 것이다. 그러나 나이를 먹은 지금은 견뎌 낸다. 육체적 고단함도, 정신적 학대도, 나이를 먹으니 견딜 수 있게 됐다. 나이에는 그런 힘이 있다. 나이가 들면 견뎌야 하는 일이 늘어나기 때문에 하느님께서 고령자에게 견딜 수 있는 힘을 더 주신 걸까. 그러나 견뎌야 할 것들은 참 많았다." (『임계장 이야기』)

젊은이가 못 견디는 일을 노인들은 견뎌낸다. 견딜 만해서가 아니다. 견디는 것 말고는 다른 선택지가 없기 때문이다. 그들은 늙은 소처럼 불평이 없다. 그런데 생계를 위해 견뎌야 하는 일이 늘어나고 언제 끝날지 모른다. 고령 노동자들은 스스로를 죽이는 삶을 살고 있다. 과로로 인해 면역력이 떨어져 취약해진 육신을 가지고 또 과로를 하며 산다. 매일매일 죽은 사람으로 숨을 쉬고 있다. 임계장은 의사가 더 이상 일하는 것은 자해라고 막는데도 불구하고, 자해를 계속할 수밖에 없다.

우리 사회가 언제부터인지 경로사회가 아니라 노인 학대사회가 되어버렸다. 신축 아파트 주민들은 젊은 경비원을 선호한다. 고령층은 낡은 아파트로 밀린다. 거기서 그들은 경비 업무만이 각종 심부름을 하는 노예가 된다. 그러나 고령자들의 노동은 사회적 노동으로 인정받지 못하고 용돈벌이가 된다. 공직에 있는 정치인조차 이렇게 말한다. "여러분은 고령자가 일하는 모범사례이십니다. 집에서 따분하게 노는 것보다 일을 하시니 건강에도 좋고 용돈도 벌 수 있으니 얼마나 좋아요?"(『임계장 이야기』)

고령자라는 이유 하나로 이들은 비정규직 중에서도 가장 아래에 위치한 시급노동자가 된다. 일과 관련된 상해도, 작업 중 발생한 질환도 개인적 사유, 노환으로 처리한다. 그리고 너무 쉽게 잘린다. 임계장이 경비원으로 일하면서 가장 많이 한 말은 '잘못했습니다'일 것이다. 자연재해로 사고가 나도, 길고양이 때문에 사고가 나도 원인은 경비원들의 감시 업무 태만 때문이기 때문이다. 그리고 제일 많이 듣는 말이 '자른다'이다. '고르기도 쉽고, 다루기도 쉽고, 자르기도 쉬운' 고령자 비정규직이다. 위험을 혼자 감당하고 책임도 혼자 감당해야 한다. 정규직과 비정규직 사이의 간극은 커지고, 불행하게도 같은 사업장에서 일하는 비정규직의 처우에 대하여 정규직들은 무관심하거나 냉담하다. 결국 고령 비정규직 노동자들은 이중삼중의 차별과 부당함을 견디어야 한다.

여기서 벗어날 수는 없는 걸까? 『임계장 이야기』의 마지막 부분에 나오는 저자의 목소리, "전태일 시대의 가혹한 노동은 현시대에 단기 비정규직이라는 이름으로 되살아나고 있다. 이 시대의 비정규직이 없어지려면 또 얼마나 많은 전태일이 스스로를 태워야 하는 것일까?" 오늘도 전태일이 죽음을 선택했다. 청년 전태일이 아니라 중장년 전태일이 죽음을 선택했다.* 중장년의 죽음에는 비정규직이 겪어야 하는 차별에 보태어 고령자에 대한 혐오 의식도 한몫을 하고 있다.

고령자들은 젊었을 때의 고생이 미래에 답할 것이란 꿈을 꾸며 살아왔다. 그러나 고생은 과거와 현재의 일이며, 미래에는 멈출 것이란 희망이 없다. 그 시련에 인격 살인적 성질이 포함되면, 이들은 인간임을 나타내기 위해, 저항으로 죽음을 선택한다. 오늘 많은 사람이 죽음의 앞에 서있다. 이들을 긴급하게 죽음 앞에서 구하는 대책을 현실화해야 할 시간이다. 모든 것을 포기하려는 순간, 그들에게 당당하게 살아야 할 이유가 충분함을. 임계장의 서사가 나오는 거리가 먼 일이라고 믿고 싶은 우리가, 이웃이, 사회가 말해야 한다.

★

2020년 5월, 경비원 최희석 씨는 주차관리 문제로 주민에게 폭행과 폭언을 당했다. 최희석 씨는 "제 결백을 밝혀주세요"라는 유서를 남기고 스스로 세상을 떠났다.

"더 이상 좋은 것을 취할 수가 없다는 것을 알 때,

그들은 왜 노인이 미쳐야만 하는지 알리라."

– 예이츠, 왜 노인들은 미치면 안 되는가. –

■ 2020년 6월 9일

여성 청소노동자가 전해주는 인생

작년 이맘때 『임계장 이야기』를 읽었다. 당시 경비노동자의 죽음 소식을 들은 후였다. 『임계장 이야기』에서 내가 사는 빌라의 경비 아저씨를 보았다. 임시, 계약직, 노인장의 약어인 임계장에서 바로 그들의 불안정한 노동현실이 잘 드러난다. 노동시장에서 60대를 노인으로 호칭하는 것은 의도적이다. 그들을 특별히 '노년노동'이라고 부르면서 다른 세대보다 저임금군에 속하게 하고 쉽게 해고하는 데 이용한다. 실제로 70세 이후가 되면 경비노동자들은 그 일자리를 잃는다. 책을 읽으면서 경비노동자의 이야기 속에서 여성 청소노동자의 모습이 스쳐 지나갔다. 경비노동자들이 일하는 곳 주변에는 보이지 않게 일하는 여성 청소노동자들이 있다. 걸레를 들고 구부린 자세로 일을 하고 있는 모습들이 떠올랐다. 그들의 조건은 임계장보다 나을까? 그들은 현재 노동조건에 어떻게 대응하고 있을까?

"오로지 내 노력으로 살아온 거야"

노년알바노조준비위원회가 엮은 책, 『노동으로 일군 한평생』의 부제는 '70대 여성청소노동자들의 인생 이야기'이다. 9명의 70대 여성이 짧게 구술로 자신의 인생을 말한다. 정말 제목처럼 노동으로 일군 평생이다. 딸이라는 이유로 학업 대신에 집안일을 해야 했던 어린 시절, 10대 후반부터는 남의 집 살이, 공장생활 그리고 결혼 후에는 가사노동과 실제적으로 경제적 가장의 역할을 해야 했던 어머니, 그리고 청소일을 하면서 그 일을 잃을까 걱정하는 노년 노동자.

아침 드라마에서도 이제는 다루지 않는 소재, 어른들의 고생 이야기는 진부하게 들릴 수 있다. 아마도 청년들이 할머니를 바라보면서 잠시 스치는 에피소드로 소비되는 정도일 것이다. '노동으로 일군 한평생'의 이야기는 나와 같은 세대에게는 익숙하다. 내가 공장에서 일할 때 내 옆에서 같이 일했던 친구들, 언니들의 이야기이다. 그들은 밝고 따뜻했다. 일이 서툰 나를 감싸주던 얼굴들이 기억난다. 그들은 이후 어떻게 살았을까.

홍은전 인권기록 작가는 다음과 같이 인권기록을 말한 적이 있다. "나는 경이로운 존재들의 이야기를 쓰고 싶었다. 나는 차별받는 사람이 아니라 저항하는 사람들의 이야기를 썼다. 거대한 비참과 불의에 저항하는 기적 같은 존재들이다." 홍은전 작가의 말처럼, 『노동으로 일군 한평생』속의 인물들은 다양한 차별에 노출된 피해자를 넘어 다른 세상을 열어가는 존재들이다. 이 책에 등장하는 여성노동자들 또한 경이로운 모습을

작은 소리들

보여준다.

소위 말하는 부모 빽, 남편 빽도 없이, 오로지 자기 노동에 의존해서 살아온 인생들, 그럼에도 자신을 도와준 사람들을 기억하며, "어디든지 가면 꼭 좋은 사람을 만났어요. 사람들이 저더러 인덕은 있다고 그래요"라고 말한다. 자신을 가난하게 만든 사람과 세상이 있음에도 그것을 탓하기보다는 자신이 인덕이 많다고 하는 고운 사람들. 그리고 우뚝 서는 사람들이다.

"어려운 일이 생기면 노조에 가서 이야기했지.
우리들만 위해서 있는 거잖아."

코로나 사태로 인해서 병의원 종사자에 대하여 감사하는 마음이 깊어진다. 우리 사회가 감사를 표하는 영웅적 노동 종사자는 대부분 의료인이다. 그런데 병의원에서 전염병과 싸우는 보이지 않는 많은 필수 노동이 있다. 그중 하나가 청소노동이다. 이들은 평상시에도 잘 보이지 않는다. 사람과 대부분 마주치지 않는 시간, 새벽에 일을 시작한다. 보이지 않는 시간에 쾌적한 환경을 만들기 위해서 일을 한다. 일하는 모습이 보여도 못 본 척 외면당하는 투명인간의 노동, '유령' 노동이다.

이들은 큰 빌딩, 학교, 병원에서 일을 해도 용역회사 소속이다. 따라서 최저임금이 최고임금이다. 그리고 용역회사가 바뀌면 수습기간을 다시 거쳐야 한다. 급여 계산하는 방법도 제대로 알지 못하여 주는 대로 그대로 받는다. 주말 노동에 대한 수당도 없고, 기타 노동법이 보장하는 최저기준은 언감생심인 경우가 많다. 재계약을 빌미로 일어나는 용역회사의 갈취도 있다. 그들의 작업 환경은 어떤가. 각종 독성을 포함한 청소물품으로 인하여 고통을 받는다. 그런 유해물질에서 최소한으로 방어해 주기 위해 필요한 마스크, 장갑 등 청소용품을 노동자들이 준비하는 경우가 비일비재하다.

비인간적 대우는 이것만이 아니다. 직원식당은 사용할 수 없어서, 도시락을 싸가지고 다녀야 했다. 휴게실이 없어서 화장실 옆 작은 공간에서 밥을 먹는 경우도 많다. 이런 열악한 상황이 알려지면서 '따뜻한 밥 한 끼의 권리' 캠페인이 사회적으로 주목받은 적도 있다. 공공성, 공익을 외치는 곳에서 일을 해도 그들은 공익의 외곽에 위치한다. 용역회사로 노동자의 처우를 모두 떠맡기는 학교, 병원 등 공공 단체의 무책임성과 비도덕성이 청소노동을 더 유령노동으로 만든다.

그런 그들이 얼굴을 드러냈다. "노조가 없을 땐 저희가 무슨 말을 해도 코웃음도 안 쳐요. 저희를 유령 취급했다고." 노동조합을 모르고 살아온 평균 60대의 노동자들이 노동조합을 만들고 데모를 시작했다. 홍대 노동자로부터 연세대 노동자 그리고 최근에 LG 트윈타워 노동자들이 그 주인공들 중 하나이다. 이제는 자신의 급여 명세서에 의문이 생기거나 어려운 일이 생기면 노동조합을 찾아간다. "노조 없는 데는 너 그만둬 하면 그만둬야 해요. 어디에 하소연할 데가 없어요. 노조가 나를 보호해 주는 거야. 노조가 중요하다는 걸 그때 알았어요." 그뿐만이 아니다. 슬쩍 빠지던 수당도 제대로 받고. 월급이 오르고. 휴게소도 생겼다. 단결하여 스스로 든든한 힘을 만든 것이다. 무엇보다 자존감이 높아졌다. "제일 하

작은 소리들

바리 직업이고 못 사는 사람들이 하는 일인 줄 알았거든." 이제는 자신이 청소일을 하고 있다는 것을 숨기지 않는다.

"국회의원들은 나이 먹어도 일을 하면서, 우리는 왜 잘러?"

그런데 평균 65세, 70세 이후에 이들은 노동조합이 있는 일터를 떠나야 한다. 일터의 정년 규정이 그렇고, 일하는 현장에서 나이든 노동자를 꺼리기 때문이다. 65세 이상이 되면 일을 찾기 힘들다. 이제는 용역회사 소속도 아닌 단기 알바로 일해야 한다. "백세 세상에 65세에 잘려서 놀고 있으면 뭐 하냐고."

이들은 청소노동을 계속하길 원한다. 경제적 절박함이 큰 이유일까? "일 다니면서 사람들 만나서 맛있는 것도 먹고, 구경도 하고 그러는 거지. 내가 학교를 다녀서 동창이 많기를 해? 난 동창이고 뭐고 없잖아요. 일하면서 사람들을 만나서 여적 이렇게 살아왔잖아요."

학교를 다니지 못해서 동창 모임도 없다. 마을에서 친구들을 만들고 어울릴 정도로 시간적 여유도 많지 않았다. 그들은 줄곧 일을 해왔다. 그런데 그 일이 임금이라는 경제적 보상뿐만 아니라 슬픔과 기쁨을 나누는 우정을 준다. 9명 중 대부분이 혼자 산다. 가족이 있어도 그들은 허전하다고 말한다. 그들은 경제적으로도 불안하지만 더 큰 불안은 고립이다. 일터는 바로, 특히 노동조합이 있는 일자리는, 그들에게 쓸쓸함을 벗어나게 하는 공간이며 삶의 활력을 주는 곳이다.

"이제는 바라는 것도 없어. 내 몸 건강하고 자식들한테 폐 안 끼치고 살고 싶다 이 생각뿐이야. 자식들에게 손 안 벌리고 신세 지지 않는 게 부모 된 도리잖아. 그게 행복이라고 생각해."

9명의 70대 여성은 격변의 사회를 통과해 왔다. 이들이 살아온 좌표의 배경으로서 한국의 사회문화적 변화는 상전벽해라는 말이 부족하지 않을 정도이다. 그러나 이들은 한결 같이 살아왔다. 남에게 폐가 안되는 생활을 하려고 노력해왔다. 독거노인, 청소노동자라고 연민의 눈으로 보지 말기를. 마지막까지 독립인으로서 삶의 자세를 견지하려는 태도가 아름답다. 이들의 희망인 일과 우정을 함께 나눌 수 있는 일터를 만드는 데 노년을 위한 노동조합이 큰 몫을 할 것이라고 기대해 본다.

■ 2021년 6월 24일

작은 소리들

농촌지역에서 만나는 '쇼핑 난민'

쇼핑 난민, 식품 사막

얼마 전, 한 일간지에서 '쇼핑 난민'에 관한 일본 소식을 접했다. "집 근처 슈퍼·편의점 문 닫고, 대중교통 끊겨서 일본 노인 4명 중 1명은 먹거리를 구하기 힘들다"는 기사였다. "일본 농림수산정책연구소의 정의에 따르면, '쇼핑 난민'이란 점포까지 500m 떨어져 있고, 자동차 이용이 어려운 65세 이상의 고령자를 말한다."★

'쇼핑 난민'과 함께 '식품 사막(food desert)'이란 용어도 최근 화제가 있다. 식품 사막은 사막에서 물을 찾기 어려운 것처럼 식료품을 구하기 어려운 지역을 의미하는 말이다. 특히 채소, 과일, 우유 같은 신선 식품을 살 수 있는 상점이 근처에 없는 경우를 일컫는다. 아직은 생소한 용

★
일본 노인 4명 중 1명은 '쇼핑 난민', 『한겨레신문』, 2024.4.3

어가 우리와는 무관한 현상을 말하는 것일까. "1970년 고령화 사회로 접어든 일본의 65세 이상 고령인구 비율은 2000년 17.4%였고, 2010년 23.0%에 도달했다. 2000년 들어 고령화 사회에 진입한 한국의 고령인구 비율은 2021년 16.5%였고 2028년이면 23.3%로 상승할 전망이다."[*]

일본과 같은 쇼핑 난민, 식품 사막화 현상이 이미 우리 농촌에서 일어나고 있다. 현재의 쇼핑 난민, 식품 사막화 현상은 점점 더 악화될 듯하다. 이러한 현상이 먹거리에만 영향을 주는 것은 아닐 것이다. 생활필수품을 제대로 구입하기 힘든 상황이면, 보건·의료의 질적 보장은 장담하기 힘들다. 또한 사회적 관계의 고립화로 인한 피해도 지금보다 더 심해질 것이다.

시골버스 안에서

올해 초에 자가용을 팔았다. 귀촌을 하면서 구입한 차였는데, 대중교통과 시장 등에 접근이 편리한 곳으로 이사를 한 후 차를 없앴다. 그러다 보니 다양한 버스를 이용하게 되면서, 농촌의 고령화, 나아가 쇼핑 난민 현상을 실감하게 되었다.

대도시와 달리 시골 버스 이용객 대부분은 고령자 여성이다. 보통 고령자라면 65세 이상을 말하지만, 70대 중반까지는 아직 시골에서는 청

[*]
20년 들여 '65세 고용' 정착한 일본, 『연합뉴스』, 2023.11.21

작은 소리들

년이다. 그리고 고령자 중에서 여성들이 절대적으로 많다. 등하교 시간에 만날 수 있는 학생도 많지 않다. 시골에서는 학생수가 줄어들어 폐교하는 중학교가 늘고 있다. 고등학교는 원거리 학생들을 위한 기숙사 시설이 있어서 평상시에 학생들을 보기 힘들다. 고등교육 기관도 마찬가지다. 대부분 시골에 위치해 있지 않기 때문에 청년이 눈에 잘 안 띈다.

나는 일주일에 한 번 읍에서 리로 들어가는 버스를 이용하고 있다. 작은 마을, 리 단위로 들어가는 버스의 하루 운행 횟수는 3~4번에서 7~8번까지 다양하다. 7~8회 버스가 운행되는 곳은 아직도 마을 인구가 어느 정도는 유지되고 있거나, 공장 등이 있는 곳이다. 읍 버스 정류장에는 버스를 기다리는 사람들로 항상 줄을 선다. 어르신들의 버스 대기는 버스 도착 2~30여분 전부터 시작된다. 그 버스를 놓치면 또 2~3시간 정도 기다려야 하기 때문이다. 버스는 도시의 버스만큼 붐빈다.

여기서 잠시 버스 안 풍경을 보자. 버스가 도착하여 문이 열리면 짐이 먼저 버스 안으로 던져지는 경우가 종종 있다. 지팡이에 의지하시거나, 무릎이 안 좋으신 분들이 많아서 읍에서 장보기를 한 보따리를 들고 있다가, 버스가 도착하면 짐을 먼저 버스 안으로 던지는 것이다. 그리고 본인은 버스 문의 안전바를 두 손으로 꼭 쥐고 오르신다. 그리고 거의 짐을 굴리면서 자리를 찾는다. 버스에 타는 사람 중 아직도 거동이 불편하지 않은 고령자들은 버스에 오르면 앞 좌석이 아닌 버스 뒤편으로 가서 앉는다. 다리 불편한 분들을 앞 좌석에 앉게 하려는 나름 이용객들의 문화이다.

오일장이 서는 날에는, 버스 자리를 못 잡은 어르신들이 버스 안 이곳

저곳에 털썩 주저앉는다. 탑승 시간은 길어야 30~40분이다. 그 시간을 내내 서서 가기 힘들기도 하지만, 한 정거장도 서서 가기가 힘들어하신다. 일전에는 버스가 사람이 많아서 두 분이 버스 하차문 계단에 앉으셨다. 그리고 두 다리를 뻗으셨다. 그런데 버스문이 닫히지 않았다. 안전 때문에 계단에 센서가 있는 모양이었다. 그러자 운전사가 소리를 질렀다. 그런데 두 분은 허리에 힘이 없어서 빨리 일어날 수가 없었다. 뒤에 있던 남자분이 두 할머니를 도와주어서 겨우 일어났다. 결국 천천히 버스 뒤편으로 옮기어, 뒤편에 앉아 있던 젊은 노인의 자리를 양보받았다. 시골 버스가 마을 정류장에 닿으면 또 짐이 먼저 밖으로 던져졌다. 뒤이어 짐 주인이 하차 문의 안전바를 잡고 내려가셨다. 그곳에 전동휠체어를 탄 어르신이 기다리고 있었다. 전동휠체어를 타고 이렇게 마을 버스 정류장까지는 나올 수 있지만, 읍까지는 나가기 힘들었을 것이다. 시골 버스는 저상버스를 찾기 힘들다.

쇼핑 난민, 그 대책

이분들이 이렇게 읍으로 힘든 걸음을 하는 이유는 무엇일까? 버스 밖 시골 풍경, 예전에는 흔했던 버스 정류장 부근의 마을 슈퍼가 보이지 않는다. 읍의 슈퍼마켓 배달서비스를 이용할 수 있으나 이도 일정 가격 이상 구입해야 한다. 예전에는 면 단위에 오일장이 섰었다. 그러나 이도 없어진 곳이 많다. 적은 횟수라도 운행되는 버스가 언제 운행을 멈출지 모른다고 걱정하시는 분들도 있다. 온라인 쇼핑이 이들에게는 아직도 익

작은 소리들

숙지 않다. 타지에 나가 있는 자녀의 도움을 받아 이용해야 한다. 24시간 편의점 간판이 있고, 음식점 간판이 있는 곳은 주변에 고속도로로 연결되는 IC가 있거나, 도시인들을 끌어당기는 관광지가 있는 곳이다. 즉 지역민을 위한 곳이 아니라 타지의 자가용 이용자들이 접근하기 좋게 만든 곳이다.

마을 소멸을 우려할 정도로 마을 인구가 감소하고, 온라인 쇼핑의 활성화로 작은 마켓 자영업자들이 버티기 힘들다. 간간히 오던 만물트럭도 자취를 감춘 지 오래다. 그러니 이제는 공적 제도가 부족한 점을 채워가야 한다. 고령화와 외딴곳의 거주가 반드시 '쇼핑 난민'과 '식품 사막'으로 연결되는 것은 아니리라. 일본처럼 민관이 이동형 마트 등을 운영할 수 있도록 지원하는 정책도 생각해보아야 한다. 그리고 고령화에 따라서 시골 운행 버스에 대한 대책도 필요하다. 다행히 많은 농촌 지역자치단체가 65세 이상 고령자는 버스를 무료로 이용할 수 있는 정책을 시행하고 있다. 그런데 무료 버스 카드를 사용할 버스 운행이 줄어들고 있다. 대형버스보다는 소형마을버스로 마을을 자주 운행하게 할 필요가 있다. 또한 몸이 불편한 고령자들이 편하게 사용할 수 있는 저상버스 도입이 시급하다. 평생 살아온 곳, 익숙한 곳에서 최소한의 편리를 놓치지 않고 살 수 있는 것이 그렇게 큰 소원인가.

■ 2024년 5월 31일

쌉싸래한 추억이 담긴 음식

언니들의 소중한 기억

중년 이상의 나이가 되면, 나이는 매일 건강이 기울어져 간다는 표지가 된다. 커다란 병이 아니더라도 몸과 정신이 예전 같지 않다는 것을 매일 느끼면 살게 된다. 우선 제일 큰 증상은 '깜박깜박'하는 것이다. 머리에 그림이 그려지는데, 그 그림에 맞는 단어가 곧바로 튀어나오지 않는다. 그 단어가 복잡하고 어려운 것이 아니라, 일상어인 경우가 대부분이어서 더 괴롭다. 마치 머리 저 깊은 뒤에서 그 단어를 당기고 있는 듯한 느낌이 들 때가 있다. 그리고 그 당김을 풀고 튀어나와도 다시 이빨 사이에서 뭉개진다.

이런 경험은 나만이 겪는 것은 아닐 것이다. 내가 깜빡깜빡하는 증상이 심해지면서, 주변 언니들을 떠올렸다. 바로 '언니네텃밭'의 소농 여성들이다. 언니들도 마찬가지로 나와 같은 증상을 겪고 있다. 60대 초반에서 70대 초반의 여성으로 구성된 언니네텃밭은 직접 언니들이 농사지은 농작물과 그것들을 재료로 만든 반찬을 매주 한번 소비자들에게 꾸러미 형식으로 택배를 보내는 일을 하고 있다. 이 꾸러미는 소비자가 물품을 선택하는 것이 아니라, 생산자가 보내주는 대로, 제철 농산물과 반찬을 받는 믿음의 꾸러미이다. 내가 횡성으로 이주해 온 이후, 언니들의 토종 씨앗 지키기 이야기를 기록하기 위해서 언니들을 만난 적이 있었다. 그때 언니들의 경험과 기억이 무척 귀하다는 생각이 들었다.

나는 언니들이 귀한 기억들을 잊지 않고 살았으면 했다. 그러면 어떻게 해야 할까? 언니들이 요즘 글자를 접하는 기회는 카톡이나 문자 메시지를 보는 정도이다. 아마도 길어봤자 1분 이내 분량일 것이다. 핸드폰을 통해 뉴스거리나 흥미가 있는 소식을 접근하는 것은 언니들에게는 낯설고, 시력도 따라주지 않는다. 문자 메시지에 대한 언니들의 답장은 짧다. 이모티콘으로 대체되기 십상이다. 소리 내어 긴 문장을 읽는 활동을 통해서 언니들의 깜빡하는 증상을 조금은 늦출 수 있지 않을까 싶었다. 그래서 언니들에게 소리 내어 책을 같이 읽자고 제안했다. 치매예방을 위해서 도움이 될 것이라고 말하니 언니들이 반가워했다. 난 읽기 모임을 통해 언니들 건강도 살피고, 언니들의 소중한 기억을 건져 올리고 싶었다.

"배를 채우는 것만으로 만족했지. 그 만족이 맛이지."

책에서 언니들이 멀어진 지 오래되었다. 책을 읽는다고 하니 처음에는 약간 긴장해 보였다. 그리고 시간도 문제였다. 언니들은 농사일, 언니네

텃밭 활동 그리고 집안일 등으로 말 그대로 몸이 열 개라도 모자란 나날을 보내고 있다. 바쁜 활동 시간에 또 하나의 활동을 더하는 것은 무리일 수 있었다. 그래서 일주일 한번 꾸러미 작업하는 날을 이용하기로 했다. 점심시간에 언니들과 식사를 하고, 책을 읽기로 했다.

읽을 책은 음식과 그와 관련한 시골의 에피소드를 담은 것으로 정했다. 작가가 언니들의 나이와 엇비슷하고, 자신이 사는 지역의 음식 이야기이니 낯설지 않아서 읽기 좋을 듯했다. 그래서 읽을 글 한 꼭지를 14~15포인트로 크게 프린트하여 '소리 내어 책 읽기' 모임을 시작하였다. 우선 구강운동을 하고, 큰 소리로 또박또박 읽고, 책에서 소개하는 음식을 마중물 삼아 언니들의 이야기를 나누었다. 언니들은 현재나 가까운 과거보다는 먼 어릴 때로 되돌아갔다. 말을 나눌수록 기억해 내는 것이 더 많아졌다. 언니들도 신기해했다.

같이 읽은 책은 강원도의 소박한 음식과 재미난 에피소드가 어울려서 따뜻한 정감을 느끼게 하는 책이었다. 소위 도시인에게 힐링이 될 수 있는 추억거리가 많았다. 나는 비슷한 느낌을 언니들 이야기에서 받을 수 있으리라 기대했었다. 그러나 읽기 첫날에 그 기대가 얼마나 언니들 삶과 먼 것이었는지 알았다. 내가 지역이나 과거의 시점을 하나로 획일화시키고, 음식을 낭만적 추억거리로만 보는 TV 예능에 물들어 있다는 것을 깨달았다. 각각 개인의 삶이 다른 파장으로 이어진다는 것을 다시 자각했다. 일례로 책 속의 강원도 영서 지방의 음식이 언니들의 고향, 홍천과 횡성과 인접해서 비슷할 줄 알았으나, 같은 음식이라 해도 만드는 방법과 들어가는 재료가 달랐다. 여기에는 각각의 경제 수준의 차이가 큰

작은 소리들

몫을 했다. 지금처럼 지역 간 교통이 원활하지 않고 지역 간 문화를 전달하는 미디어의 발달이 덜 된 때인지라, 경제 수준에 따른 생활과 음식의 차이가 더 컸다.

횡성 오산리의 언니네텃밭 언니들의 음식 이야기 속에는 가난, 결핍이 있다. 어린 시절, 초등학교 시절, 그리고 가족 그리고 또 다른 가족 등으로 이어지는 퍽퍽한 삶이 있다. 우리가 강원도, 횡성, 홍천 음식이라고 말하는 것 속에는 하나의 추억거리로만 좁혀질 수 없는 각각의 쌉싸래한 맛이 있다. 고향의 맛이 누구에게는 간장에 오랫동안 쩔은 장아찌의 맛일 수 있다. 노랗고 하얀 잎이 하나도 없는 푸르뎅뎅한 김치일 수도, 사료용 옥수수로 만든 수제비일 수도 있다. 언니들에게 맛을 물으면 이렇게 답하곤 했다. "맛으로 먹나. 배고프니까 먹었지." "그러나 맛있었지. 배를 채우는 것만으로 만족했지. 그 만족이 맛이지."

언니들의 삶이 희망이 되는 세상을

공중파에서 맛집 순례가 한창 인기를 끌었다. 코로나로 전과 같지는 않지만, 영상 플랫폼으로 그 맛의 향연은 아직도 계속되고 있다. 맛집 순례와 함께 음식 만들기 경연은 여전히 시청자들이 즐기는 프로그램 중 하나이다. 그러나 그 맛의 세상에는 그 맛을 접근하는 개별 삶의 처지가 보이지 않는다. 물론 그 맛의 기본 재료를 만드는 사람들도 보이지 않는다. 간혹 그들은 밝지 않은 사회뉴스에서만 보일 뿐이다.

언니들이 말하는 음식의 맛은 농촌과 고향을 떠나 추억하는 맛이 아니다. 언니들은 소농의 딸로 태어나서, 소농의 아내가 되어, 소농으로 살아가고 있다. 언니들은 농촌의 과거이며, 현재이며, 또한 미래이다. 우리나라 농촌의 고령화 현상은 최근의 일이 아니다. 이미 70년대 말부터 들었다. 언니들이 청년이었을 때부터 고령화를 걱정하는 소리가 있었다. 그런데 언니들이 그 고령층의 당사자가 되었다. 고령자가 된 언니들의 삶은 나아졌는가. 건강은 어떠한가.

가까운 미래에는 언니들에게 어떤 세상이 펼쳐질까? 예전의 가난한 음식을 잊지 않으면서도, 눈과 입을 즐겁게 하는 맛집, 이색적인 특이한 음식을 찾아다닐 여유를 가지는 것도 나쁘지 않을 것이다. 언니들이 농사를 짓는 것만으로 존경을 받는 세상의 기반을 다지는 새해가 되었으면 좋겠다. 지자체들이 고령화를 염려하여 출생률과 도시민의 귀농률을 높이는 것에 집중하는 만큼, 농촌을 지켜온 고령층의 안녕을 위해서도 힘을 써주었으면 한다. 그리고 언니들이 좀 더 여유롭게 책을 소리 내어 읽을 수 있는 시간을 가질 수 있기를 바라본다.

■ 2022년 5월 8일

작은 소리들

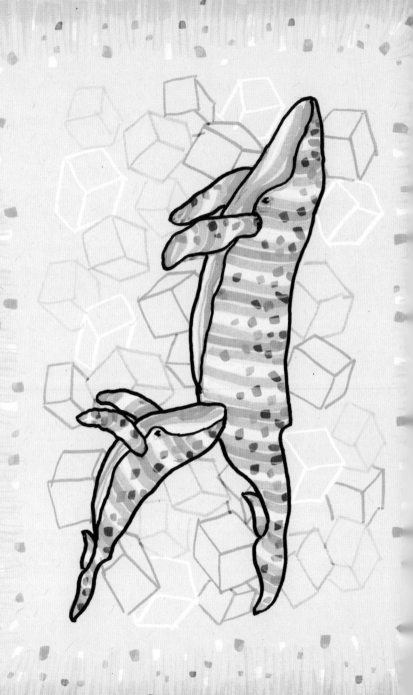

제2장

그림책에 숨은 그림

누구를 위한 다문화주의인가

문화적 제노사이드

지난 7월 말, 프란치스코 교황이 캐나다 원주민에게 사과하는 뉴스를 봤다. 지난 100여 년 동안, 가톨릭 기숙사 학교가 원주민 자녀에게 행한 원주민 언어 사용 금지, 체벌 그리고 폭력에 의한 사망에 대한 사과였다. 이 사과가 있기까지 가톨릭에 수차례 사과 요청이 있었다고 한다. 백인지배층에 의한 원주민 강제 동화 정책 중 하나였던 원주민 기숙학교에 대하여 캐나다 정부는 2017년에 공식적으로 사과했다. 트뤼도 총리는 사과 후 교황을 만나, 교황이 캐나다를 방문하여 원주민에게 직접 사과해 줄 것을 요청하였다. 그러다 2021년 5월, 캐나다 가톨릭 기숙학교 여러 곳에서 아동의 주검 1,200여 구가 발견된 이후에 사과가 이루어졌다. 교황은 이날 "원주민들을 기독교 사회로 강제 동화시킨 정책으로 그들의 문화가 파괴되고, 가족과 세대가 단절됐다"며 "기숙학교의 정책은 재앙적이었다"고 말했다.

서구의 아메리카 대륙 정복은 자원 약탈만이 아니라, 제노사이드까지 가져왔다. 원주민을 인간이 아닌 야만인으로 취급하여 무자비한 학살이 있었다. 그리고 노예화했다. 조금 발전하여 인간으로 인정을 하되 문화적 동화를 시키는 정책을 시행했다. 원주민의 모어와 문화를 말살하는 문화적 제노사이드였다.

우리 역사에도 유사한 경험을 가지고 있다. "일제강점기에 소학교를 다녔던 선친께서 들려주신 일화다. 학교에서 조선말을 쓰지 못하게 했지만 아이들은 대화 중에 계속 조선말을 썼다. 어느 날 일본인 교장이 전교생을 모아 놓고 앞으로 조선말을 쓰다 걸리면 운동장 구석에서 큰 돌덩이를 들고 서 있는 벌을 받을 것이라고 경고했다. 한번은 아버지가 벌을 받게 되었는데 다른 아이가 잡혀 차례를 넘겨줄 때까지 울면서 계속 돌덩이를 들고 있어야 했다는 것이다. 억압적 언어정책이 우리 민족에게 얼마나 깊은 정신적 상흔을 남겼을까."★

공공장소에 일어난 문화적 폭력

현재의 한국 사회는 이런 문화적 폭력과 무관할까? 몇 년 전 나는 천안에서 제천으로 가는 고속버스 안에서 폭력 상황을 목격했다. 설연휴 기간이었다. 버스 안에는 승객이 많지 않았다. 버스가 중간에 휴게소에서

★
[조효제의 인권 오디세이] 한글날에 생각하는 문화와 생명, 『한겨레신문』, 2019.10.8.

정차했다. "빨리 갔다 와." 화장실 가기 위해 내리는 두 명의 승객에게 운전기사가 짜증 난 목소리로 말했다. 그들은 동남아에서 온 듯한 외국인이었다. 그 친구들은 돌아왔고, 얼마 안 있어서 버스는 달리기 시작했다. 두 명의 이방인이 대화를 시작했다. 그러자 운전기사가 운행을 중지하고 이들에게로 왔다. "야, 너희들 조용히 안 해. 버스 안 예의도 몰라." 버스 안에서 대화를 하는 것이 운행을 중지할 정도로 큰 사건이었나? 마주편 칸에 앉아있는 남성은 그보다 더 큰 소리로 핸드폰 통화를 하고 있었다. 그럼에도 그에게는 제재가 없었다. 이건 명백히 이주자에 대한 폭력이었다. 난 떨리는 목소리로 말했다. "아저씨, 왜 외국인에게 야단이세요. 말도 못 해요. 시끄럽긴 뭐가 시끄러워요. 그리고 왜 승객에게 반말이에요." 다행히 난 봉변을 당하지 않았다. 그리고 버스가 도착지에 도착했다. 내가 주섬주섬 내리려 준비하는데 외국인 이주자 한 명이 내게 왔다. "고맙습니다"하고 인사를 했다. 그 인사가 더욱 내 마음을 아프게 했다.

나도 알고 있다. 낯선 언어가 더 크게 들린다는 것을. 이해가 불가한 소리는 단지 소음일 뿐이다. 그런데 그 외국인이 백인이고 영어를 썼다면 운전기사와 나를 포함해서 그 소리가 귀에 거슬릴 정도로 크게 들렸을까. 그 언어를 이해하기 때문이 아닐 것이다. 언어의 문제, 소리의 문제만이 아니라, 사람에 대한 차별이 숨어 있다. 버스라는 공공장소에서 기사가 당당하게 반말로 승객을 대할 수 있게 만든 것은 무엇일까? 한국 사회가 인종에 대한 차별이 일상적이란 의미가 아닐까?

난 정반대의 경험이 있다. 내가 홍콩에서 얼마간 살 때, 홍콩 재래시장을 갔었다. 상점에 가서 영어로 물건의 가격을 물었다. 그런데 대뜸 상인

작은 소리들

이 영어로 답했다. "광둥어, 여기 살면 광둥어를 사용해야지" 하는 것이었다. 예전에 호주에서 온 백인과 함께 시장에 갔었다. 백인은 문제없이 영어로 웃으며 대화를 했다. 그 사건 이후로 다시는 재래시장을 안 갔다. 대신 말이 필요 없는 슈퍼마켓에 갔다. 공식언어에 영어가 포함됨에도 불구하고 광둥어를 강요하는 시장에 화가 났다. 이렇게 한국이나 홍콩이나 문화적 폭력이 공공장소에서 버젓이 발생하고 있다.

동화주의에서 상호다문화주의로

한국이 다문화사회를 선언한 지 어느새 15년이 지났다. 노무현 정부는 2016년 단일민족을 버리고, '다문화 다민족사회'로의 이행을 선언했다. 그 배경에는 한국사회가 저출생으로 인하여 인구절벽으로 향해가고 있다는 절박함이 한몫했다. 선언 이후 선언을 뒷받침하는 정책과 활동이 이어졌다. '재한외국인처우법', '다문화가족지원법'도 그 하나이다.

그런데 정책의 방향이 이주민에게 한국에로 적응을 도와주는 것을 넘어서, 동화에 맞추어져 있다는 점이다. 캐나다만큼의 야만적이고 폭력적인 동화정책은 아니지만 한국의 생활 적응을 돕는다는 이유로 일방적인 정책이 진행되고 있다는 것이다.

이주민과 가까이 생활하는 가족이나 고용주, 이웃에 대해서 이주민의 언어, 문화에 대한 교육이 없다. 나는 얼마 전 결혼이주민 여성을 인터뷰한 적이 있다. 그런데 한국인 남편이나 시댁 식구들은 이주민이 온 고향, 모국에 대한 언어를 전혀 모른다. 최소한의 인사말조차. 어떤 가족들은 집이나 마을에서 이주여성이 모어를 쓰는 것을 금지시킨다. 이들이 이주자인 것을 숨기고 싶어 한다. 결혼이주자가 한국어를 못하면 부적응자가 된다.

OECD 기준, 전체 인구의 5% 이상이 다문화사회이다. 통계청에 따르면, 이주배경인구는 2020년 218만명에서 2030년 264만명으로 증가해 전체 인구의 5.2%를 차지할 것으로 추계됐다. 이는 보수적 통계이다. 미등록자를 포함한다면 이미 5%에 진입했다는 주장도 있다. 이제는 한국사회 전체가 다문화사회 적응을 고민해야 할 때이다.

다문화 하면 즉각 떠오르는 것이 국제결혼 이주자, 동남아 등 한국보다 가난한 나라에서 온 이주민이다. 그런데 다문화주의의 주체는 이주민 이전에 한국인이어야 한다. 다문화사회의 시민으로 살아가기 위한 준비가 필요하다. 한국의 문화를 성찰하고, 다른 문화를 이해하는 것에서 출발해야 한다.

여성가족부가 2021년부터 '다문화교육'을 의무화하는 사업을 발표했다. 이런 교육 의무화는 2014년 성인지교육 의무화의 과정과 비슷하게 진행될 예정이다. 전체로 한꺼번에 일시에 진행되는 것은 아니다. 우선 관련부서나 단체의 종사자부터 출발한다. 그리고 학교에서도 조만간 의무교육을 시행할 예정이다. 현재 어린이집이나 초등학교에서는 다문화교육을 실천하는 곳이 있다. 특히 이주배경 인구가 많은 곳에서 교육이 진행되고 있다.

이런 변화는 다문화수용지수에서도 나타나고 있다. 성인보다 청소년의 지수가 높았고, 일상에서 이주민을 자주 볼수록 다문화수용성이 높아

작은 소리들

지는 경향성이 있었다. 그리고 청소년은 다문화 교육에 참가한 청소년일수록 지수가 높게 나타났다.[*]

다문화사회에 필요한 것은 주류 문화에 동화하는 것이 아니라, 상호주의적 접근이 필요하다. "이 접근의 핵심은 원만한 관계의 출발점을 타인이 아닌 나 자신에게서 찾는 데 있습니다. 그래서 상호문화적 접근은 무엇보다 자기와 자기 집단에 대한 활동이라고 봅니다. 실제로 이 접근은 타인에게 하는 만큼 많은 질문을 자신에게 던지게 합니다."[**]

이제 나에게 질문을 던져보자. 내 평상시 말과 행동이 다른 문화권에서 온 사람에게 혹시 상처가 되지 않는지?

■ 2022년 8월 4일

[*]
여성가족부 공식 블로그에서 인용
[**]
장한업, 『차별의 말들』 중

영화 『미나리』와 아시아인 혐오

『미나리』 남매가 만나는 문화적 갈등

한국 이민자 가족이 시골의 작은 교회 예배에 참가한다. 신자가 전부 백인인 교회에서 첫 예배가 끝난 후에 백인 소년이 한국 소년 데이비드에게 다가와서 묻는다. "왜 너는 얼굴이 평평하니?" 데이비드는 억울한 표정으로, 평평하지 않다고 말한다. 한국 소녀 앤에게 백인 소녀가 다가와서 자신이 우물거리는 소리 중 너의 언어와 비슷한 단어가 있냐고 묻는다. 그들에게 아시아 언어는 우물거리는 소리로 들렸나 보다. 백인 소년소녀의 악의 없는 호기심은 한국 소년소녀를 주눅 들게 한다. 데이비드는 역으로 '너는 왜 그렇게 생겼어'라고 묻지 못하고, 누나는 '너희 말도 이상해'라고 말하지 못한다. 백인 소년소녀는 소수자가 이상하지만, 비주류인 한국인 소년소녀는 자신들과 다른 주류 문화를 그저 수용해야만 한다.

영화 『미나리』는 정형화된 문화 대립적 요소를 의도적으로 피하는 듯하다. 영화는 낯선 곳에 정착하면서 부딪히는 물리적 어려움, 그를 둘러싼 가족의 갈등 나아가 가족애라는 보편성을 보여주려 한다. 외부로부터의 갈등보다는 지극히 사적인 친밀성에 기반한 내부 갈등에 초점을 맞춘다.

백인 사회에서의 문화적 갈등을 어렴풋이 유추할 수 있는 장면은 교회 장면이었다. 그 장면을 보는 나는 인종적 갈등으로 인하여 가족이 어려움을 겪게 될까 불안했다. 그러나 그런 전개는 없었다. 그럼에도 교회 장면은 현재 벌어지고 있는 아시아 혐오범죄와 겹치면서 그들의 미래를 상상하게 된다. 다른 인종이 거의 보이지 않는 아칸소에서의, 미나리 남매의 청소년 생활은 어땠을까. 무사히 잘 지냈을까.

보이지 않던 오래된 오늘

미국 내 인종문제는 백인우월주의가 만들어내는 흑인에 대한 폭력, 혐오로 대부분 표현된다. '흑인 목숨도 소중하다'(Black Lives Matter) 운동은 반인종주의의 상징이 되었다. 그런데 이번 달에 발생한 애틀랜타의 총격 사망사건은 아시아계 미국인에 대한 혐오가 얼마나 강한지를 보여준다. 최근 미국 내 아시아인에 대한 혐오 범죄가 급격히 늘어나고 있다는 조사가 있다. 2020년 신고된 아시아계에 대한 범죄는 3,800건에 달하고, 아시아 혐오 범죄가 팬데믹이 시작된 이후 150% 증가했다는 보고도 있다. 코로나19 공포 때문에 아시아인에 대한 공격이 늘어났다는 것이 일반 언론의 태도이다. 코로나19를 '우한 바이러스', '차이나 바이러스',

쿵후에 빗대어 '쿵 플루'라고 부른 트럼프 전 대통령의 인종주의적 발언과 선동도 반아시안 정서에 한몫을 했을 것이다. 최근 아시아인에 대한 혐오범죄 때문에 아시아계 이민자들은 외출하는 것이 두려울 정도정도라 한다.

미국 내 아시아계의 인권단체는 아시아 혐오 사건이 새로운 일이 아니라고 말한다. 일상적으로 일어나는 일이라는 것이다. 길거리에서 힘없는 아시아계 노인들에게 쏟아진 폭력을 알리는 비디오가 없었다면, 그리고 애틀란타처럼 누군가 살해당하는 사건이 아니었다면, 아시아인에 대한 혐오범죄는 예전처럼 사회적 주목을 받지 못했을 것이라고 말한다.

미국 내 아시아인에 가해진 역사적 폭력의 사례들은 많다. 미국정부에 의해서 자행된 대표적인 폭력의 역사를 보면, 우선 중국인 이민자들을 향한 폭력이 있다. 1882년 시행된 '중국인 배척법'이 그것이다. 미국인의 일자리를 보호한다는 명목으로 중국인의 재입국 금지와 시민권 중지를 합법화했다. 그리고 전염병이 발생할 때마다 차이나타운은 전염병을 옮기는 진원지로 낙인찍혀서 격리되었다. 또한 2차 세계대전 때에는 적국 일본과 내통할 수 있다는 혐의로, 미국 내 일본인 전체를 수용소에 강제로 수용했다. 2차 세계대전의 다른 적국 출신인 독일인, 이탈리아인에 대해선 그런 조치가 없었다. 또한 LA 폭동 때 한국인 소유 가게들에 벌어진 방화와 도둑질에 미국 경찰은 거의 수수방관했다. 만약 백인 소유 사업이라면 그랬을까. 9.11 이후 벌어진 무슬림에 대한 무차별적인 혐오와 폭력이 있다. 명분은 내부 테러 방지였다. 이렇게 전쟁, 전염병 등 중대 사건이 터질 때마다 미국 내 이민자들에 대한 폭력이 공적으로 사적으로

작은 소리들

급증되었다.

그런데 백인 주류사회는 한 손에는 이런 폭력적 수단을, 다른 한 손에는 분리정책 또는 회유책을 사용하여 아시아인을 조종했다. 그들은 흑인 사회를 정신적으로 억압하기 위해서 아시아계를 이용했다. 미국 주류사회는 아시아인을 '모범적 소수자(Model Minority)'라고 부르며, 흑인과 비교하여 우월감을 갖게 했다. 1950년대에 미국 내 중국인계와 일본계 일부가 경제적으로 성공하는 것을 보고, 이를 일반화하였다. 유교적인 가족관, 공동체성, 자녀에 대한 학업열, 근면성이 바로 'Model Minority'의 기초라고 했다. 아시아들은 이런 가치관을 가지고 아메리칸드림을 성취하고 있다는 점을 강조한다. 따라서 인종적 차별은 존재하지 않으며, 흑인들이 생각하는 불평등은 스스로 만든 것이라는 의식이었다.

모범적 소수자는 아시아계 이민자의 스테레오타입이 되었다. 이는 대다수 이민자들이 겪는 경제적 고통, 사회적 고립, 인종 차별 등을 덮는 역할을 해왔다. 그럼에도 아시아 이민자들을 지배하는 이미지가 되었다. 80년대에 이민 간 '미나리' 가족, 특히 아버지 제이콥은 이런 스테레오타입을 강하게 보여준다. 제이콥 같은 가부장적 아시아계 아버지들에게 인종문제나 문화적 대립은 부차적인 성질이었을 것이다. 인종적 피해 경험은 흑인들의 몫이고, 스스로가 성공하지 못해서 오는 것이라는 생각을 내재적으로 받아들이고 있었다. 이또한 인종주의가 낳은 결과이다.

아시아인이 경험하는 인종주의 피해는 많이 알려지지 않았는데, 여기에는 아시아계의 이민 특징도 작용을 했다. 아시아들은 이민온 후 영주권, 시민권이란 합법적 신분을 얻기 위해서 미국 사회가 요구하는 방식대로 조용히 지내야 하는 이주의 기간이 필요했다. 또한 스스로 자신들의 경험을 소리 낼 수 있는 운동 경험과 기반이 약했다. 아시안 아메리칸으로 스스로를 호명하게 된 것은 베트남 전쟁과 흑인 민권운동의 영향을 받은 후였다.

이민 제2세대, 3세대가 되면서 스스로 자신을 옹호하는 움직임이 나타났다. 아시안계 단체, 여성단체들은 끊임없이 소중한 목소리를 내왔다. 그들은 '영원히 외국인'으로 취급당할 수밖에 없는 미국이란 사회에 아시아인만이 아니라 다른 소수자 인권을 옹호하는 활동을 하고 있다. 이번 사건들을 계기로 아시아인 내에서 인종적 언어, 물리적 폭력을 경험한 사례들이 더 공개되길 기대해 본다.

인종주의에 의한 Model Minority에 갇히지 않길

한국에서 미나리 영화는 미국에서 아시아인 혐오범죄가 급증하는 때에 상영을 했다. 미나리가 이때에 상영되는 것이 어쩌면 불운일지 모른다. 나와 같은 관객은 이 영화 속에서 보이지 않는 인종주의와 그 갈등을 추측하기 때문이다. 이러한 정치 환경 때문에 감독이 말하고자 했던 주제가 더 많이 이야기되지 않을 수 있다는 안타까운 생각도 들었다.

감독은 문화적 갈등을 가볍게 스치듯 지나갔으나, 영화가 내딛은 세상은 그렇게 가볍지 않았다. 골든 글로브에서 현지 영화로서 인정받지 못했다. 외국어영화로의 분류는 다양한 문화사회로서의 현실을 무시한 인종주의적 판단이었다. 어쩌면 미나리 제작진은 이런 영화계의 인종주의를 예측했을지도 모른다. 그럼에도 한국어를 고집하면서 다양한 이민 사회를 사실적으로 그려낸 것은 인종주의에 대한 다른 저항의 표시라는 생각이 들었다.

영화가 아카데미에는 외국어 영화에서 벗어나서 본선 후보 명단에 올랐다. 본선 후보 부문 중 하나라도 누군가 수상을 한다면, 그것이 Model Minority 표상으로서 수상이 아니길 바란다. 그리고 수상 소감에서 인종주의 문화에 힘찬 발언을 하길 기대해 본다. 세상은 다양한 역사를 가진 다양한 인간이 살고 있음을 외치는 계기가 되길.

■ 2021년 3월 24일

그림책에 숨은 그림

『Hide and Sheep』

얼마 전부터 마을에서 영어그림책 모임에 재능기부를 하고 있다. 자신의 자녀가 글로벌 시대에 뒤처지지 않도록 엄마들이 열심이다. 그중 하나가 영어교육이다. 반촌반도인 이곳도 예외는 아니다. 한 엄마가 그룹을 만들어 내게 수업을 맡아달라고 부탁을 해왔다. 참가자들은 유치원, 초등학교 저학년 학부모들이다. 아이에게 영어 그림책을 읽어주면서 아이들에게 영어에 대한 흥미를 주고 싶다는 취지였다. 물론 자신들도 글로벌 시대에 필요한 영어 실력을 늘리고 싶어 했다.

도서관마다 영어 도서가 늘어나고 있다. 해외에서 직접 구입해 온 책들이 꽤 넓은 서가를 차지하고 있다. 나도 따뜻한 그림들과 생생한 표현에 흥미가 생겨 재능기부하기로 했다. 지역 도서관에서 어떤 책을 같이 읽을까 찾다가 『Hide and Sheep』(2011)을 골랐다. 농장을 도망쳐 온 양 무리가 마을의 이곳저곳, 동물원, 서커스, 극장, 야구장 등을 다니며 즐

작은 소리들

겁게 사고를 치는 이야기다. 보고 있으면 얼굴에 저절로 미소를 짓게 하는 책이었다.

미국에 있는 오랜 지인과 SNS로 잡담을 나누다가 내가 보고 있는 그림책 이야기를 했다. 그런데 내게 돌아온 지인의 즉각적 반응은 책에 대한 비판이었다. 물론 그 친구는 이 책을 알지 못하고 있었다. 내가 보내준 몇 장의 그림을 보고는 화를 낸 것이었다. 요지는 양들과 함께 나오는 마을의 많은 사람이 모두 백인이라는 것이다. 내게는 그저 마을사람으로만 보였는데, 그 친구의 지적에 다시 보니 그랬다.

만약 그림책에 나오는 사람이 전부 남성이었다면 나는 어떻게 했을까? 그림책을 집어던졌을 것이다. 아마도 그 친구의 즉각적인 반응과 같았을 것이다. 그러나 인종에 대해서는 난 그렇지 못했다. 나도 한국사회에서는 이주자, 난민에 대하여 적극적 수용 자세를 취해야 한다고 생각하고 있었는데, 다수자, 주류로서의 의식에 젖어있다는 것을 인정하지 않을 수 없었다. 나는 인종 문맹자였다. 친구 덕분에 『Hide and Sheep』는 인종주의 학습 도서로 그림책 읽기 목록에 포함되었다.

위험한 어린이 도서

『Hide and Sheep』을 보는 한국의 아이들은 어떨까? 책의 주인공들은 양들에 섞여 있는 많은 사람들 중 자신과 같은 사람이 없다는 것을 알아차릴까? 아이들은 미국 사회의 인구는 백인이라고만 이루어졌다고 생각하지 않을까? 그리고 주류사회 중심의 의식으로 자연스럽게 젖어들 것이다. 도서를 지도하는 어른도 그림 사회 속에 숨은 자, 보이지 않는 자가 있다는 의식이 미약하여, 그런 편견을 지적해주지 못하니 더 그럴 것이다. 남의 나라 사정이니 신경 쓸 일이 아니라고 무시할 문제가 아니다. 아이들이 즐겨 읽는 문학책의 상당 부분이 남의 나라 이야기이기 때문이다. 또한 그러한 이야기를 통해 주류 사회의 의식을 닮아가게 된다.

아주 오래전에 나온 세계 동화집을 읽고 자란 나는 말할 것도 없이 주류, 즉 백인 사회의 일방적 사고에 젖어 있었다. 내가 어릴 적 본 서부개척시대 관련 영화와 도서는 바로 백인 대 인디언이란 구도로 만들어진 것이 대부분이었다. 그 속에서 인디언은 착한 사람이 없었다. 어렸을 때 TV에서 많이 보았던 서부 영화에서 백인은 '우리 편'이었고 인디언은 우리 편이 무찔러야 할 적이었다.

세계 아동도서에는 『톰 아저씨의 오두막』, 『허클베리 핀의 모험』 등은 흑인이 등장하면서 인종차별 철폐를 다룬 작품이 있었지만, 아주 드문 사례이다. 그런데 『허클베리 핀의 모험』의 작가인 마크 트웨인도 인종차별적인 작품을 썼다. 바로 『톰 소여의 모험』이다.

여기에서 인디언에 대한 부정적 의식을 노골적으로 보인다. 인디언인 인저 조는 톰 소여의 모험에 등장하는 인물 중 유일한 악당이다. 톰 소여는 공동묘지에서 인디언 조를 보는 순간부터 그를 "혼혈아 조, 살인마 조"로 불린다. 왜 그런 별명을 가지게 되었는지 설명이 없다. 그것은 개인적 별명이라기보다, 그저 인디언 일반에게 붙는 수식어였다고 한다. 인디언 피가 흐르기 때문에 악마적 본성을 가지고 있다는 것을 암시한다. 이 작품은 인디언에 대한 왜곡된 태도를 보여주는 문화를 무비판적

작은 소리들

으로 보여주고 있다.

『톰 소여의 모험』을 통해서 그 당시 인디언들이 어떤 위치에 있었는가를 살필 수 있다. 인디언 조는 마을 판사에게 복수를 하겠다는 말을 계속한다. 무고한 자신을 공공장소에서 채찍질하고, 부랑자로 몰아 감옥에 가게 했다는 것이다. 마을 사람과 섞여 살지 못하게 된 인저 조는 결국 사람을 죽이고, 도둑질을 하고 도망 다니다가 동굴에 갇혀 죽는다. 물 한 모금 없는 동굴에서 그는 비참한 최후를 맞는다. 죽은 후에야 마을 사람이 모여 그를 애도한다. "좋은 인디언은 죽은 인디언이다"라는 그 당시의 속설을 증명한 셈이다.

Hide and Sheep에 대한 친구의 비판에 힘입어, 도서관에서 최근에 미국에서 발간된 어린이 도서를 살펴보았다. 긍정적 변화가 보였다. 알라딘, 모아나, 코코 등 다양한 문화를 보여주는 것들이 늘고 있다. 그런데 이 이야기들은 다인종, 다문화가 함께하는 것이 아니라 각각 자기 문화, 인종이 따로 자기 이야기를 한다. 고학년용 미국 그림동화책에는 일상사 속에서의 다양한 문화권, 인종이 섞여 있는 모습이 보이기는 하는데, 주인공 백인 어린이를 중심으로 한 배경으로 취급되고 있다.

글로벌 시민의 조건

미국사회와는 배경을 달리하지만 한국사회도 다민족 다문화사회로 향하고 있다. 한국정부가 다민족 다문화사회로의 이행을 선언한 지 10년이 넘었다. 내가 살고 있는 횡성군은 인구 5만이 되지 않는다. 서울의 한동(洞) 인구보다 적다. 이도 최근 몇 년 사이에 증가한 수이다. 5만도 안되는 작은 곳에도 다문화가족지원센터가 있다. 그들의 주요 업무는 결혼이주자를 지원하는 것이다. 도서관에도 중국, 베트남, 캄보디아 등의 언어로 된 다문화 도서가 비치되어 있다.

농어촌에서 결혼이주자뿐만 아니라 이주노동자들도 심심치 않게 만난다. 농번기에 우리와 피부색이 다른 수줍은 얼굴의 이주노동자가 농가에서 고령 농부들 일손을 대신하고 있다. 이제 농업과 어업은 이주노동자가 없이는 불가능하게 되었다.

우리보다 빨리 해외 인력을 받아들이고, 우리가 겪는 고령화, 저출산, 노동인력 부족을 먼저 겪고 있는 일본이 2018년 말 출입국관리법을 개정했다. 그동안 소수의 전문 인력에게만 부여했던 영주권을 단순직 노동자에게도 부여하기로 하는 내용이었다. 여성의 사회진출 확대나 정년 연장 등 고령자의 근로환경 개선으로도 부족한 일손을 메우기에는 턱없이 부족하다고 판단한 데 따른 것이다. 그러면서 외국인 유입이 가속화되어 '이민국가'로 전환을 하는 신호로 받아들이는 여론도 있었다. 이 변화가 일본사회로 그치지 않을 것이다.

이런 변화에 발맞추어 어린이 독서 교육 그리고 영어교육이 빠르게 변화하고 있는지 궁금해진다. 읍에 있는 초등학교와 중학교 앞에 제법 큰 영어학원이 있다. 학원은 전국 체인 학원 중의 하나이다. 학원이 있는 건물의 한 면에 백인 어린이들이 즐거운 얼굴로 공부하는 모습으로 채워진 사진이 걸려 있다. 그 학원을 보면서 무심한 마음을 갖기 힘들다. 글로벌 글로벌 외치면서 모두 분주한데 그 준비가 무엇이 되어야 하는지, 영어

작은 소리들

그림책 모임 회원들과 이야기해 봐야겠다.

■ 2019년 10월 29일

소수자를 다루는 드라마의 위험성

이혼을 둘러싼 진실 공방

내가 최근에 즐겨보는 드라마가 있다. 『신성한, 이혼』이다. 이 드라마를 본방 사수하며 시청 중이다. 이 드라마의 장점은 이혼 당사자들을 전적으로 가해자, 피해자로만 나누지 않는다는 점이다. 『신성한, 이혼』에 나오는 에피소드 전개에는 일정한 패턴이 있다. 각 소송마다 반전이 숨어있다. 예를 들면, 성관계 동영상 사건으로 화제가 된 여성의 양육권 청구소송이다. 동영상만으로 양육권을 청구하는 여성에게 결함이 분명해 보인다. 그러나 사건을 조사하는 중에 남편의 가해 행위, 의처증과 폭력성이 드러난다. 결국 의뢰인의 결함과 사건의 진실은 다르다는 점을 보여준다. 그런 점에서 상식을 깨뜨리는 재미가 있다.

그런데 지난 주말에 방영된 7, 8회편은 불편했다. 7, 8회에는 이혼을 요구하는 베트남 결혼이주여성이 나온다. 농촌의 다문화가족의 전형적인 모습, 나이 차이가 많이 나는 부부가 보인다. 아내는 남편의 폭력을

작은 소리들

이유로 이혼과 양육권 청구한다. 남편은 억울하다며 변호사, 신성한에게 변론을 부탁한다. 드라마에서 농촌의 결혼이주여성과 남편을 보자마자 난 불안해졌다. 이 드라마의 스토리라인 전개의 특성상 의뢰인 남편의 억울함을 증명하는 식으로 소송은 끝날 것이다. 즉 결혼이주여성의 결함을 드러내면서, 남편의 억울함에 힘이 실릴 것이란 것을 예상할 수 있었다.

이 부부가 사는 농촌의 평범한 지역민이 전해주는 말들. "남편 마춘석은 베트남에 있는 아내의 가족까지 먹여 살리기 위해 배로 열심히 노력했다" "베트남 부인은 매일 한국어를 배우기 위해서 밖으로 나간다. 학원을 성실히 다녀도 당최 말이 늘지 않는다" 결국 이 드라마 속에 밝혀진 이야기는 이주여성은 남편이 고생함에도 남편 일도 돕지 않고, 밖으로 나가 베트남 남자를 만났고 그의 아이를 낳았다는 것이다. 이혼과 양육권을 갖기 위해서 베트남 결혼이주여성이 주장한 남편의 폭력도 허위였다.

우리 사회에는 결혼이주 여성에 대한 강한 편견이 있다. 가난한 나라에서 온 결혼 이주여성은 돈 때문에 결혼했고, 도망을 갈 것이라는 편견이다. 이런 편견을 고정시키는 드라마가 아니길 바랐으나, 이 케이스도 앞선 소송 에피소드들의 흐름에 따라서 남성의 억울함은 풀리고, 명예는 회복된다. 베트남 여성은 반대의 자리에 서게 되는 것으로 소송은 마무리되었다.

소수자를 다루는 드라마, 왜 불편한가

『신성한, 이혼』에서 다룬 소송건을 보면 모두 상식적, 보편적이지 않다. 오히려 상식이라는 허울을 벗겨준다. 각각 케이스마다 보이는 진실과 실제의 진실은 다르다는 점을 말하고 있는 듯하다. 즉 사람에 대한 이해도 마찬가지다. 보편성이란 기준으로 사람을 인식하는 것의 위험을 지적한다. 단순화시키지 말고, 각 개인을 볼 필요가 있다고 말하는 듯하다. 이것이 『신성한, 이혼』 드라마의 장점이다.

그런데 이런 장점이 소수자를 다루는 드라마에서도 발휘할 수 있을까? 대중 드라마에서 소수자의 사례를 소수자 집단과 무관한 개별 사건으로 바라볼 수 있겠는가 하는 점이다. 왜냐하면 다수자와 소수자에 대한 우리 의식은 동일하지 않기 때문이다.

소수자는 단순히 수적 차이를 드러내는 정의가 아니다. 소수자는 다수자에 대한 사회적 약자를 가리킨다. 또한 이들은 단순화, 정형화되기 쉬운 그룹이다. 다수자에 속하는 개인의 행동은 개인적, 개별적으로 이해된다. 그러나 소수자 각 개인의 행동은 소수자 대표로 바라보는 사회에 살고 있다. 즉 소수 인종, 민족에 속한 개별의 언사, 행위를 개인적인 것이 아니라, 인종과 민족적 대표성을 부여한다. 즉 중국연변 출신이니까, 무슬림이니까 등으로. 성소수자인 행동은 개인의 특징이 아닌 성소수자 전체의 특징으로 정형화한다. 그런 점에서 이런 사고와 관습은 폭력이며, 명백한 차별, 혐오이다. 우리는 소수자들에게 과대한 대표성보다는 각각 개인으로 볼 필요가 있다는 점에 찬성한다.

그럼에도 소수자에 대한 편견, 어떤 이의 행위를 그가 속한 소수자 그룹에서 발생된 극히 본래적, 자연적 의미를 갖는다는 의식이 강한 사회에 살고 있다. 따라서 다수자와 같은 접근 방법을 취하는 것은 우리의 편견을 강화하는 효과를 가져오지 않을까 걱정된다. 드라마 속 결혼이주자 '틴 티화'는 아주 개별적인 인간으로 이해될까? 틴 티화는 아마도 국제결혼한 여성들을 대표하게 될 수 있다. "거봐, 국제결혼하면 조심해야 돼. 그들의 결혼은 가짜야. 그들은 언제든지 도망가려 기회를 노릴 거야" 나는 이런 시청자의 소리가 들리는 듯하다.

『신성한, 이혼』의 다문화가족의 에피소드를 만약에 결혼이주여성이 봤다면 어떻게 생각했을까. 그들은 자신과 무관한 각각의 개인사, 개인적 성질로 보았을까. 이번 이야기가 자신들에게 향하는 의심스러운, 따가운 시선을 더 상기시키지 않았을까 싶다.

한국 사회는 이미 국제인권기구에서도 우려를 자아낼 만큼 인종적 차별이 심각하다. 한국의 인종주의는 단일민족주의라는 신화와 명예 백인이 되기 위한 의식을 기반으로 한다. 백인을 롤 모델로 삼는 태도는 가난한 나라에서 온 이주자에 대한 차별을 낳는다. 그런데 이런 의식은 피해의식과 연결되어 있다. 국민의 정체성인 단일 언어, 문화를 지켜야 하고, 이를 훼손하는 타자와 외부에 대하여 경계심을 드러낸다. 이방인을 우리로 받아들이는 데 극히 인색하다. 그러면서 이방인을 끊임없이 의심한다. 그 결과 이주자가 한국어, 한국문화에 적응하지 못할 경우에 쉽게 배제시키려 한다. 드라마에서도 "한국어를 오래 배웠는데 하지 못 한다"며 이상하다고 의심한다.

소수자, 사회적 약자를 다수자를 접근하는 관점으로 접근하려는 것은 위험하다. 소수자에 대한 고정관념을 강화시키는 역할을 하기 때문이다. 이중적 잣대를 사용하는 한국사회에서 사회적 맥락과 관련한 고민 없이 다룰 때, 순한 영향력을 기대하기 힘들다. 『범죄도시』『청년경찰』에서와 같이 재중동포를 다루는 방식은 그 자체가 얼마나 사실을 내포하고 있는가와 무관하게 재중동포에 대한 편견을 강화한다. 드라마가 극히 도덕 교과서적인 이야기만 해야 하는가 하는 반문이 들 수도 있다. 나는 드라마 속 결혼 이주민, 틴 티화의 케이스가 결혼 이주민을 대표하는 것이 아닌 개별 인간의 결함으로 받아들일 수 있는 사회를 열망한다. 그러나 먼저 그 사회를 이루기 위한 일환으로, 드라마 제작 등에서 소수자 당사자 입장에서 생각해 보는 자세와 노력이 필요하다.

■ 2023년 4월 1일

외국인 가사노동자 도입, 누구를 위한 것인가

2년밖에 안된 가사근로자 보호법

2021년 6월 16일 '가사근로자의 고용개선 등에 관한 법률(가사근로자법)'이 시행되었다. 이로 인해 가사노동자도 고용보험 등 4대 보험에 가입하고 최저임금, 연차휴가 등의 권리를 법적으로 보장받게 되었다. 가사노동자는 1953년 근로기준법 제정 후, 68년 만에 노동자로서 법적 지위를 인정받게 된 것이다. 그리고 2022년 6월 16일, 한국노총 '가사·돌봄서비스지부 노동조합(가사·돌봄 유니온)' 노동조합이 출범했다. 이는 ILO가 '가사노동자협약'을 채택한 해인 2011년 이후 10년 동안, 돌봄노동의 가치를 인정받기 위해 싸워 온 가사노동자들의 노력으로 이룬 성과이다.

가사근로자법의 한계는 분명하다. 근로기준법 상 11조(적용범위)에서 가사사용인은 적용하지 않는다는 적용제외 '독소조항'이 그대로 유지된 채 '특별법' 형식을 취하고 있는 것이 가사근로자법이다. 따라서 가사근로자법으로 보호받을 수 있는 대상은 '가사서비스 제공기관'이 파견하는 가사근로자만이 포함된다. 즉 간접고용 노동자이다. 정부로부터 인증을 받은 가사서비스 제공 기관의 역할이 중요하다. 그런데 가사근로자법에서는 공공기관 육성에 대한 조항이 빠져 있다. 민간기관이 중심이 된다. 이에 대한 우려가 높다. 가사근로자법이 아니라 가사사용자법이라는 비판이 있기도 했다.

그런데 올해 6월 16일 국제가사노동자의 날을 맞는 가사노동자들에게는 1년 전과 다른 심각한 상황에 부딪히고 있다. 세계최저 0.78명(2022년 기준)이라는 초저출생률을 해결하겠다고 외국인 가사노동자를 도입하려 하고 있다. 이 주장들은 한국사회의 초출생율이 여성의 육아부담 때문이니, 이 육아부담을 덜기 위해서는 경제적으로 부담스럽지 않은 도우미가 필요하다는 것이다. 시대전환 조정훈 의원은 외국인 가사노동자들을 최저임금 대상에서 배제하는 법안을 발의했다. 이 법안에 10여 명의 여당의원이 동참했다. 고용노동부와 서울시가 올해 하반기부터 외국인 가사노동자를 시범적으로 도입하겠다고 발표했고, 이번에는 약 100여 명 정도가 될 것이라 한다.

가사근로자법이 시행된 지 아직 2년밖에 되지 않았다. 1년밖에 되지 않은 신생 노동조합에게는 해결해야 할 과제가 많다. 아직도 대부분의 가사노동자들이 비공식 노동으로 남아 있고, 가사근로자법을 통해 그 가치를 공식화하고 평가·측정을 못 받고 있다. 현재의 노동자 처우 개선을 위한 과제가 넘쳐난다. 그런데 외국인 가사도우미라니.

작은 소리들

홍콩 이주가사노동자 그 실상

적극적으로 외국인가사노동자를 도입하자고 주장하는 정치계는 그 참고 사례로 싱가포르와 홍콩을 들고 있다. 조선일보는 "월급 100만원? 그럼 가죠."라는 제목의 기사로 싱가포르와 홍콩 이주노동자들의 근로조건을 소개했다. 월급 100만원이면 동남아에서 올 가사노동자가 많다는 것이다.[*] 싱가포르, 홍콩의 근로조건과 비교할 때 좋은 조건이라는 것이다. 조선일보 기사를 참조하면, 홍콩의 가사노동자 임금은 홍콩 국민 월평균 급여의 최소 25 %, 싱가포르는 8~12% 수준이다.

이들 나라를 여행한 독자라면, 주말에 공원이나 시청 주변에서 낯선 장면을 맞닥뜨리게 된 경험이 있을 것이다. 공원과 주말에 문을 닫은 공공건물 주변에 옹기종기 종이상자나 신문지를 깔고 앉아 있는 동남아 가사노동자들이다. 각 나라별로 서너 명씩 앉아 가벼운 식사를 하거나 이야기를 즐기고 있었다. 한두 팀이 아니다. 그들이 모여 있는 곳 사이를 지나가면 다양한 언어를 들을 수 있다. 그들은 대부분 입주 노동자들로서, 주말에 그들이 일하는 집에서 나와 있는 곳이다. 그들이 일하는 집에 그들만의 방이 있다 해도, 휴일에 그 공간에서 편하게 쉴 수 없다는 것을 알 수 있다.

이뿐만이 아니다. 외국인 가사노동자에 대한 각종 비인권적 대우, 폭

[*]
『조선일보』, 2023.3.31

력에 대한 사례는 넘친다. FADAU(Hong Kong Federation of Asian Domestic Workers Unions)에 따르면 장시간노동과 휴일이 보장되지 않는 경우도 많았다. 홍콩 가사노동자은 평균 하루 16시간 노동했다. 이동의 자유 침해를 받고 있으며, 46.3%가 신선하지 않은 음식, 남은 음식 등 부적절한 식사를 제공받았으며, 55% 이상이 신체적 언어적 정신적 학대를 경험했다.[*]

보수정치인과 조선일보가 싱가포르, 홍콩을 들먹이는 것 자체가 그들이 원하는 세상이 어떤 세상인지를 여실히 보여준다. 합법적으로 차별하고, 반노동사회를 지향한다는 의지를 보여준 것이다. 싱가포르는 최저임금제도 자체가 존재하지 않으며, 홍콩은 특별법으로 가사노동자를 대우하면서, 최저임금을 적용하지 않는다.

가부장제 질서를 공고히 하는

그렇다면 싱가포르와 홍콩의 출생률은 어떤가? 그들의 주장대로 두 나라에서 이주가사노동자 제도로 저출생을 해결했는가? 이 제도를 도입하길 찬성하는 자들은 그것에 대해서 말하지 않는다. 싱가포르의 경우를 보면, 외국인가사노동자 도입된 해인 1978년에는 합계출산율이 1.79명이었으나, 2022년도 합계 출산율은 1.04명이었다. 2022년 홍콩의 합계

[*]
『국제기준 및 법 제도 정비 실태와 해외 이주노동자 현실』, 최혜영, 윤미향의원실 토론회 자료집

출산율은 0.7명이었다.★★ 이 두 국가는 세계적으로 최저출산율을 기록하고 있다. 싱가포르, 홍콩의 사례가 저출생을 위한 해법이 되지 못한다는 것은 명백하다. 한국사회에서도 실패할 것이 뻔하다.

그런데 왜 이런 해법이 나오게 되었을까? 추진하는 자들의 무지 탓인가. 자료 조사를 소홀히 한 탓인가. 그렇지 않다고 생각한다. 그들은 의도적으로, 적극적으로 사실을 보여주지 않고, 국민을 우롱하고 있다. 무엇을 위해서?

현재 서울시와 고용노동부가 시범적으로 추진하는 가사노동자 월급은 최저임금을 지킨다면 200만원 선이 될 것이다. 그렇다 해도 보통가정에는 부담스럽다. 그렇다면 그 비용을 감당할 수 있는 가구는 중산층 이상만이 가능하다. 이미 동남아 가사노동자를 고용하고 있는 상류층에게는 불법을 벗어날 수 있는 길이다. 결국 이 제도는 누구를 위한 것인가가 명백해진다.

이는 단순히 비용만이 문제가 아니다. 가사노동과 육아를 여성이 전담해야 한다는 가부장적 질서를 더욱 강고히 한다. 성평등이란 과제는 더욱 멀어질 것이다. 글로벌 가족위계를 만들어 가사노동을 다른 나라에서 온 여성에게 맡기면서, 한국여성들은 성평등사회를 즐길 수 있을까. 외국인 가사노동 사용이 출생률을 높일 수 없다고 기존 사례가 증명하고 있지만, 설사 출생률이 높아진데도 미래의 자녀들은 어떤 사회에 살게

★★
www.statista.com/statistics/317215/hong-kong-fertility-rate

되는가. 인종적 위계와 차별이 확실한 가정에서 자란 아이에게 한국 사회는 평등하고 민주적인 사회로 인식될 것인가.

최근에 캐나다에서 LCP(Live-in Care Program), 노르웨이에서는 오페어(Au Pair)가 폐지되었다. LCP나 오페어나 모두 입주가사노동자 제도이다. 이 제도가 '현대판 노예제'로 인권을 심각히 침해하고, 노동권 실현에 장애가 된다는 것이 폐지 이유이다. 고용과 관련한 세세한 제도적 장치들이 부족해서 이런 비판을 받는 것이 아닐까? 그렇지 않다. 이 제도에는 이주가사노동자들의 인권을 보호하기 위해 매우 상세한 규정들이 있었다. 문제는 구체적인 노동의 현장에서 이 법들이 지켜질 수 있냐는 것이다. 언어 소통이 어려운 이주노동자, 이주노동자 체류 지속 여부에 관한 결정권을 가진 고용주, 폐쇄적인 사적 공간인 일터. 이런 조건들은 은밀한 착취 관계를 만들 가능성이 높다.

이렇게 다양한 국가에서의 실패 사례가 있음에도 불구하고, 정부는 왜 적극적으로 도입하려 하는가. 현재 진행되는 외국인가사노동자 도입은 계급·젠더·인종 차별을 일상화할 것이다. 결국 한국사회의 인권과 민주주의의 발전에 도움이 되지 않을 것이 뻔하다. 한국사회를 거꾸로 돌리려는 의도가 아닌 이상, 이 제도의 도입 의도를 이해하기 힘들다.

■ 2023년 6월 19일

10대들과 가사노동자

60~70년대 식모

"식모?"

인터뷰를 하던 고등학생들이 이 단어에 서로 눈을 보며, 그 뜻을 추측해 보는 듯했다. 이들은 내가 지도하는 구술생애사 참가 학생들이다. 그날은 마을 할머니의 생애를 듣는 인터뷰 시간이었다. 70대 후반 어른의 이야기는 학생들에게는 종종 낯선 세계와 맞닥뜨리게 한다. 그 세계를 전하는 어휘도 낯설다. 어른이 구술한 맥락으로 대담자 학생들은 '식모'가 그들의 어휘로, 가정부, 가사도우미라는 것을 알게 되었다. 나에게는 익숙한 단어이다. 익숙하기에 자동적으로 그 단어가 전하는 내용이 머리에 무겁게 그려졌고, 구술자의 10대가 어둡게 다가왔다.

할머니는 전형적인 60년대 식모의 생을 사셨다. 집에서는 '계집애'라 학교도 못 가고, '입을 하나라도 덜기 위해서' 10대 초부터 아기 돌보는 일을 했다. 십리 길을 걸어서, 가족이 있는 집과 아기집을 오고 가며 아기를 돌보았다. 받는 돈은 없었지만, 배불리 먹을 수 있어서 다행이라 생각했다. 나이가 조금 더 드니 가족을 떠나서 식모로 일하게 되었다. 이촌향도의 바람이 불던 60년대에 소녀는 고향에서 멀리 떨어진 도시에서 식모 생활을 했다. 거기는 폭언과 폭력이 난무했다. 애가 운다고, 밥을 태웠다고 맞았다. 끼니가 해결되니 다행이었지만, 매만 맞지 않았으면 했다. 아버지가 월급을 선불로 가지고 가시어, 일을 그만둘 수도 없었다. 그 월급은 소녀의 손도 거치지 않고 가족의 생활비로 쓰였다.

인터뷰를 끝내고 돌아와 학생들에게 물었다. 가사나 육아를 돌보는 아줌마, 이모, 누나가 있었던 경험이 있었는가와 함께 도움을 받는 가족 입장에서의 생각을 듣고 싶어서였다. 부유한 집에서나 가능한 것이 아니냐며, 자신들의 집은 형편이 그렇지 않았다 한다. 그렇다, 80년대 이후에 한국에서 재가 가사노동자를 찾기는 힘들어졌다. 학생들의 부모 세대가 바로 80년대생이니, 부모들도 그런 경험은 적었으리라. 만약 있었다면, 어땠을까 하고 물었다. "일을 도와주는 것은 좋지만, 같이 사는 것은 귀찮을 것 같다"고 답이 돌아왔다. 그들도 자신들이 도련님, 아가씨 행세를 할지 모른다고 경계하고 있었다.

구조적 변화가 없는 도우미 정책

식모, 그 단어가 사라졌다. 집안일을 관리하는 여성 노동자들에 대해서 다양한 호칭들이 생겨났다. 가정부, 가사도우미, 파출부, 가정관리사 등으로. 단순히 호칭만이 바뀐 것은 아닐 것이다. 노동 환경도 달라지고,

사회적 의식도 달라졌다. 그런데 여기에 새로운 변수가 등장했다. 외국인 가사노동자 도입이다.

"서른아홉의 늦은 나이에 쌍둥이를 출산해 회사 업무와 육아를 병행하다 보니 편의를 도모하고자 가사도우미를 고용하게 됐다", "한국인 도우미는 주말에 일을 하지 않기 때문에 자연스럽게 외국인을 찾기에 이르렀다." 이것은 2018년 대한항공 부사장 조현아의 법정 발언이다. 그의 가족과 함께 법정에 선 이유는 법적으로 허용되지 않은 외국인 가사도우미를 고용했기 때문이었다. 이 사건 이전에도 소위 재벌들이 외국인 가사도우미를 고용하고 있다는 이야기를 들은 적이 있다. 조현아 가족 집에서 일하던 많은 외국인 가사도우미가 오래 일을 하지 못했다고 한다. 잦은 욕설과 폭언 때문에 시달리다 떠났다. 60년대 식모 소녀의 모습이 교차한다. 집과는 멀리 떨어져서 도움을 청할 수도 없고, 주인과 한집에서 사니 24시간 묶여있는 신세 같았을 것이다. 땅콩회항사건을 일으킨 오너 가문이니, 사적 공간에서는 어땠을지 추측된다.

어쨌든 재벌의 가족이 더 이상 이런 일로 법정에 서는 일은 없을 것이다. 저출생 대책 중의 하나로, 일과 육아의 양립을 위한 지원책의 하나로 정부가 외국인 가사노동자 도입에 적극적이기 때문이다. 재벌을 비롯한 중산층에게는 정부가 고마울 것이다. 외국인가사노동자 고용을 합법화시킬 뿐만 아니라 더 싸게 그들을 고용할 수 있는 길을 열어주려 하기 때문이다.

윤석열 대통령은 지난 4월 민생토론회에서 "현재 내국인 가사도우미와 간병인들의 임금 수준은 부부들이 감당하기 부담이 큰 것이 현실"이라며, "국내 거주 중인 16만3000명의 외국인 유학생들과 3만9000명의 결혼이민자 가족분들이 가사와 육아 분야에 취업할 수 있도록 허용하는 게 효과적"이라고 말한 바 있다. "가정 내 고용으로 최저임금 제한도 받지 않고 수요 공급에 따라 유연한 시장이 형성될 것"이라고 말했다. 다행히(?) 6월 24일 고용노동부 장관은 최저임금은 적용되는 외국인 가사관리사 제도를 도입할 것이라고 말했다.

저출생이 사회 의제의 으뜸이 되고 있다. 저출생을 극복하기 위해서는 외국인 육아도우미 도입이 적극적으로 필요하다는 점을 정부는 홍보하고 있다. 그런데 외국인 육아도우미 도입과 관련해서는 그들의 노동환경, 안전, 인권보다는 최저임금을 적용하느냐에 초점이 맞추어져 있다. 근로기준법상 적용 제외 대상이었던 가사노동자들은 특별법, '가사근로자법'의 제정으로 노동자로서 보호받게 되었다. 이러한 법 제정에는 오랜 기간이 필요했다. 그런데 다시 후퇴하는 예외를 만들려 한다. 정부가 앞장서서 외국인 가사노동자에 대해서 공공연하게 최저임금 적용 예외를 운운하는 분위기를 만들어냈다. 싼 외국인 가사노동자 도입으로, 우리의 저출생 문제는 극복될 수 있을까?

OECD 보고서*는 한국 정부의 출생 지원 정책에 우려를 표했다. 유아교육·양육비용 등 전반적인 가족 지원 규모를 늘렸음에도 한국은 합계출산율의 하락 추세를 막지 못했다고 지적했다. 합계출산율이 OECD 국

★
Society at a Glance 2024, OECD

작은 소리들

가의 평균(2022년 기준, 1.5)에 한참 못 미칠 뿐만 아니라, 최하위(2023년 기준, 0.72)를 기록하고 있다. 정부는 최근 육아기 단축근무 기간을 늘리고, 아빠의 출산휴가를 늘리겠다고 발표했다. 그런데 이러한 혜택을 받을 수 있는 사업장에서 일하는 여성과 남성들은 얼마나 될까? 한국처럼 다중적 노동구조 하에서 육아휴직을 눈치 보지 않고 누릴 수 있는 안정된 일자리를 가지고 있는 인구는 극히 적다.

OECD 보고서에 따르면, 이미 OECD 국가에서 소득별로 출생률이 달리 나타나고 있다. 가난한 커플이 소득이 높은 커플에 비해서 출생률이 낮다. 따라서 고용시장의 복잡한 구조를 해소하고, 젠더 평등을 이루는 것이 중요하다고 보고서는 말하고 있다. 그러나 한국 정부는 구조의 문제를 그대로 두고, 외국인 가사노동자를 유입하여 불평등한 구조를 더욱 악화시키려 하고 있다.

환경이 얼마나 달라졌을까

시골의 작은 학교 고등학생들은 60년대 10대 식모가 경험한 반인권 상황을 들었다. 이제는 할머니가 된 이들은 이런 상황에 놓였던 것은 가난한 집에서 태어난 탓이요, 개인의 능력 문제 때문이라고 생각해 왔다. 사회의 피해자로 보지 않았다. 인터뷰 후, 학생들과 60~70년대 식모들의 생활을 담은 신문 기사를 같이 읽었다. 그들이 인터뷰한 할머니의 이야기가 한 개인사를 넘어, 그 당시 많은 10대 소녀들의 이야기라는 것을 알게 되었다. 그러면서 가난한 나라에서 온 여성들이 맞닥뜨릴 공적·사적 환경이 60~70년대와 비교하여 얼마나 달라졌는지, 어떤 수준이어야 하는지 생각해 보았다.

　가사, 육아 돌봄은 사적 공간에서 일어난다. 이 공간에서 일어나는 인권, 문화에 대해서 우리 사회는 얼마나 준비되어 있는가. 차별로 시작한 외국인 돌봄노동자 도입은 돌봄의 현장에 대한 안정을 보장할 수 있을까. 한국보다 앞서 비슷한 제도를 도입한 홍콩과 싱가포르 등의 사례를 살펴보면, 이 우려가 현실이 될 것이라는 불안감은 증폭된다. 돌봄은 사람과 사람 사이의 긴밀한 접촉 속에서 일어난다. 가장 인간적인 예우가 필요한 부문이다. 그러나 비용만을 이야기하는 사회가 돌봄을 안전과 인권의 기반 위에서 실현할 수 있을까. 이러한 구조 속에서 자란 아이들은 어떤 의식과 문화를 가질 것인가.

■ 2024년 7월 10일

수많은 클레오에게 희망을

영화『로마』를 추천하는 이유들

언제부터인가 나의 영화 선택에 결정적 도움을 주는 것은 SNS이다. 알폰소 쿠아론 감독의 영화『로마』를 보게 된 이유도 SNS의 추천 때문이었다. SNS 친구들이 영화『로마』를 추천하는 이유는 크게 세 가지이다. 하나는 흑백의 유려한 영상이란 점, 두 번째는 70년대 멕시코의 정치사회적 상황과 개인 역사를 잘 조합하고 있다는 점, 세 번째는 여성들 간의 자매애를 보여주는 영화라는 점이다. 영화를 본 후 나는 앞의 두 가지 추천 이유에는 동의하나, 마지막은 수긍하기 힘들었다. 동의할 수 없는 이유 때문에 오늘 리뷰를 쓴다. 클레오와 소피아 가족의 관계를 자매애로 읽는 순수하고 순진한 관객이 될 수 없어서 안타깝다.

마지막 이유에 동의하지 않는다고 해서 이 영화를 비추천하는 것은 아니다. 나도 앞의 두 가지 이유에 조금 말을 보태어서 좋은 영화로『로마』를 추천하고 싶다. 우선, 흑백필름이 전달하는 신선함이다. 흑백이 보여주는 단순함과 무거움의 이미지가 회상, 기억이란 테마와 잘 어울렸다. 또 다른 이유는 독특한 정치영화라는 점이다. 영화가 71년에 있었던 '성제축일 대학살'*의 사건을 보여주고 있기 때문만은 아니다. 가정부 메스티소**클레오와 집주인 백인 소피아 가족의 사적 관계가 주요 스토리 라인이지만, 그 배경으로 전개되는 시대적 상황과 인종·신분 차이가 만들어 내는 장면들은 정치영화로 손색이 없었다. 백화점과 시위 현장, 백인들 중심의 파티와 하인들의 파티 그리고 도시와 지방의 거리 모습 등의 이질적 장면들을 배치함으로써 리얼리티 영화의 정수를 보여준다.

감독은 자신을 키워준 보모에 대한 사랑, 존경을 영화에서 전달하고 있다. 영화 포스터가 보여주는 이미지도 클레오와 소피아의 모성으로 만들어지는 가족이다. 그럼에도 의문이 들었다. 영화 『로마』는 수많은 클레오에게 따뜻한 이야기일까? 주인 가족을 위해서 노동한 사람들은 그 가족과 당시 상황을 어떻게 기억하고 있을까? 백인 아이들의 기억과 같은 기억을 할까? 영화 속에서 클레오와 소피아는 무책임하고 비도덕적 남성에 대한 희생자로서 동병상련적 감정이 생긴다. 그런데 이런 감정이 자매애라고 부를 수 있을까? 평형추가 기울어진 상태에서 만들어진 자매애가 지속적일 수 있을까?

★
1971년 정부 지원을 받은 우익무장단체가 시위학생 120명을 학살한 사건
★★
중남미(라틴 아메리카)의 대다수를 차지하는 인종

작은 소리들

수많은 클레오가 만드는 가정

클레오는 말이 적고, 성실하고, 순종적인 가정부이다. 클레오는 주인
집 아이들에게 생모보다 사랑한다는 말을 많이 한다. 이런 클레오가 임
신을 했을 때, 임신했음에도 해고하지 않고, 출산의 도움을 주는 것은 집
주인 소피아다. 가난한 고향에 돌아갈 수도 없고, 아기의 아빠도 도망간
상황에서 그녀에게 소피아의 집은 마지막 보루이며 희망이다. 임신한 이
후, 클레오의 말수는 더욱 줄어든다. 그녀의 입은 거의 열리지 않는다.
임신 후에도 그녀는 예전처럼 성실하고 순종적으로 일을 한다. 그러나
클레오는 죽은 아기를 출산한다. 아이를 잃은 죄책감에 빠져 있는 클레
오는 주인집 가족에 대하여 더욱 애착을 갖게 된다.

만약 아기가 건강하게 태어났다면 어떤 삶을 살게 되었을까? 특별한
일이 발생하지 않는다면 아이는 외할머니집에 보내지고, 클레오의 가정
부 생활은 계속 유지되었을 것이다. 또는 가정부들이 사는 별채 이층에
서 클레오는 딸과 살면서 여전히 가정부로 살았을 것이다. 클레오의 딸
도 자연적으로 엄마를 도울 것이다. 클레오는 더욱 말이 없는 생활을 할
것이다. 어쩌면 클레오의 생활은 변화가 없을 것이다. 경제적으로 독립
이 불가능한 처지의 그녀에게 기댈 곳은 남의 가족이다.

한국의 경우도 영화 로마와 같이 70년대 초에는 도시의 중산층 가정
에서는 시골에서 올라온 입주 가정부가 있었다. 시골에서 온 어린애들은
수양딸로 받아들여 집안일을 시키기도 했다. 나는 비슷한 환경을 2000
년대 초에 다른 나라에서도 목격한 적이 있다. 필리핀에서 내가 단기간

동안 입주했던 집에서 만난 보모와 주인 여자는 또 다른 클레오와 소피아였다. 보모의 주인과 아이들에 대한 헌신이 놀라웠다. 주인집 여자가 아이들을 야단치고 짜증을 낼 때마다, 아이들이 달려가는 곳은 보모 옆이었다. 지금 그들의 이름은 모두 잊었지만 얼굴 표정은 또렷하게 기억하고 있다. 소파에 앉아서 편안한 얼굴로 TV를 시청하던 여자, 그 여자의 뒤편에서 세 아이를 돌보느라 항상 쉴 새가 없지만 아이들의 살 같은 애교에 이보다 '더 행복하랴'는 의미를 품은 웃음을 짓던 또 다른 여자. 이들 사이를 자매애로 부를 수 있을까.

보모, 가정부 대신 가사노동자

70년대 초가 아닌 2019년에도 한국뿐만 아니라 세계 중상류 가정을 가정부, 보모들이 지키고 있다. 차이가 있다면 글로벌한 노동의 이주가 증가하여 가난한 나라의 여성이 부자 나라의 아이와 가사를 돌보는 현상이 늘어났다는 점일 것이다. 가사노동자들을 보여주는 드라마는 힘들지 않게 찾을 수 있다. 영화 속 주요 인물의 성격을 드러내는 배경, 장식품보다 더 낮은 지위에 있을 때도 있다. 이들이 스스로 주인공이 되지 않는한, 영화나 드라마에서 이들은 중산층의 신분을 드러내는 소품의 하나로취급된다. 이들은 보이지 않는 존재여야 하고, 침묵하는 자여야 한다. 우리의 실제 삶이 그렇다. 그런 의미에서 『로마』는 클레오에게 초점을 맞추었다는 점에서 고마운 영화이다.

그럼에도 2019년에는 클레오들의 이야기가 한 발짝 더 나아가길 원한

작은 소리들

다. 클레오가 소피아의 배려에 감동하는 것보다는 소피아의 짜증과 화풀이를 묵묵히 감내하기보다는 사소하게라도 저항을 했으면 좋겠다. 집주인과의 우정을 기대하는 것보다 영화『헬프』속 주인공들처럼 클레오와 또 다른 동료가 친구로 의기투합하면 어떨까. 그리고 보모, 가정부들이 가사노동자로서 권리를 갖기를 희망한다. 만약 클레오가 가사노동자 노동조합에 가입한다고 하면 클레오는 따뜻한 환영을 소피아로부터 받을 수 있을까. 임신했을 때 클레오를 해고하지 않은 것처럼 클레오의 권리를 인정하는 자매애였으면 좋겠다.

■ 2019년 1월 9일

『나의 결혼원정기』에서 놓친 이야기

농업·농촌 살리기 일환으로 시작된 '농촌총각 장가보내기'

오일장이 열리는 장터 가까이 위치한 현수막 걸이대. 걸이대에 '베트남 여성 결혼 중개'라고 적힌 현수막이 펄럭이고 있다. 이러한 광고는 농촌을 보여주는 하나의 풍경이 된 지 오래다. 예전만큼 많이 볼 수는 없지만, 적지 않게 있다. 그래도 예전처럼 눈살을 찌푸리는 문구는 없어진 듯하다. "OOO 여자는 도망가지 않습니다." "OOO 숫처녀"라는 문구가 국제결혼에 대한 우리의 의식을 반영하듯 부끄럼 없이 걸려있었던 적도 있었다.

『나의 결혼원정기』라는 영화를 많은 분들이 기억할 것이다. 코미디 영화로 기억할 독자들이 많을 것이다. 결혼적령기(?)의 농촌 남성들이 자신의 삶터에서 결혼 상대를 찾기 힘들어, 고려인 여성을 찾아서 우즈베키스탄으로 간다는 이야기이다. 영화가 상영된 2005년 경은 농촌에서의 국제결혼 비중이 높아지고 있던 때였다. 지자체별로 경쟁하듯 '농촌총각

작은 소리들

장가보내기' 조례를 만들고, 국제결혼을 위한 여행경비를 지원했다. 농촌의 인구감소를 막고, 농업과 농촌을 살리기 위한 중요한 방안으로 국제결혼, 원정결혼이 의심의 여지없이 받아들이고 있던 시기였다. 영화는 그런 한국 농촌 현실을 반영하고 있었다.

횡성을 예시로 들면, 영화가 상영된 2005년에 비슷한 사업을 추진했다. "횡성군은 2005년 해외선진문화기행을 통한 '농촌총각 장가보내기 운동'을 추진한다." "방문대상국은 베트남으로 추천대상자에 대해 … 왕복 항공료를 지원할 예정이다." "해외선진문화기행을 통한 농촌총각 장가보내기운동은 농촌지역에 활력을 주고 농촌총각들의 선진 풍물기행 습득의 기회를 주는 한편 횡성군 인구 늘리기 시책과 연관되어 추진한다." 초기에는 해외선진문화기행의 이름으로 추진되었다가, 2009년부터 본격적으로 '농촌총각 장가보내기'라는 이름으로 사업이 진행되었다.

횡성은 오히려 늦은 감이 있었다. 농촌총각 보내기 운동은 80년대 말부터 시작되었다. 1991년 중앙일보 기사에 따르면, 이미 보수적인 여성단체들이 나서서 지원사업을 하고 있었다. "전국주부교실 중앙회는 연변으로 맞선 보러 가는 강원도 총각 11명의 여행경비마련을 위해 26~28일 롯데백화점에서 우리농산물 직거래장을 운영한다." 중국과 수교가 이루어지기 전임에도 불구하고, 농촌 미혼남성들은 선진문화기행이란 이름으로 국제결혼 여정을 떠났다.

농촌 미혼남성들을 위한 국제결혼 추진 과정은 민간업체인 국제결혼 중개업체에 의해 전적으로 조직되고 진행되었다. 관에서 지원을 받아도, 또한 민간에서 후원을 받아도 개인이 부담해야 하는 비용도 있었다. 때문에 원정결혼에 참가한 농민들은 원정결혼을 성공해야 하는 부담감을 갖게 된다. 결혼중개업체의 계획, 1주일 동안 또는 그 이하의 기간 동안 여러 차례 맞선을 보고, 결혼식을 하는 등 초고속 결혼과정은 일반 상식에서 많이 벗어나 있었다. 전쟁을 치르듯이 진행되었다. 그럼에도 이러한 과정이 쉽게 받아들여졌다.

농촌에서 줄어들고 있는 국제결혼 가정

농촌총각 장가보내기라는 사업은 이렇게 전국에서 농촌과 농업을 살린다는 취지로 진행되었으나, 점차 그 수가 줄어들고 있다. 통계청에 따르면, 2005~2012년이 정점으로 국제결혼 건수가 3만건을 넘는다. 그러나 2013년부터는 2만건 이하로 줄어들었다. 이 통계는 한국인 남편과 외국인 아내와의 국제결혼이고, 농촌지역에 국한된 것이 아니다. 그러나 농촌진흥청에 따르면 2004~2010년 한국 농림어업종사자들의 국제결혼 사례는 전체 농림어업종사자 결혼 건수의 27.4%~41.4%에 이른다. 이런 추세로 보면 전체 결혼 증감에는 농촌 국제결혼 건수가 많이 반영되어 있다고 할 수 있다.

농촌총각 장가보내기 사업의 추진으로 농촌 미혼남성이 상당 부분 국제결혼이 이루어지고, 출산억제 정책의 여파와 이농의 여파로 결혼연령대의 남성이 줄어드니 국제결혼이 줄어들고 있는 것은 당연하다. 또한 국제결혼이 농촌이 아닌 도시로 옮겨지고 있다고 한다. 농촌국제결혼의 역사도 지자체 차원에서 관심을 갖기 시작한 때를 기점으로 할 때 20

년에 이른다. 20세가 갓 지나서 한국에 온 여성에게 이제 자신들의 모국, 고향보다 한국 농촌이 더 익숙해진 제2의 고향이 되었고, 이들의 자녀들은 청소년, 성인이 되었다.

　농촌국제결혼 건수가 줄어든 배경에는 객관적 인구 변화도 있지만, 진행되었던, 또는 진행 중인 국제결혼에 대한 높아진 비판적 의식도 한몫했다. 처음부터 우려와 비판이 없었던 것은 아니다. 우선, 매매혼이란 비난이다. 한국보다 경제적 조건이 열악한 나라의 여성을 상품화한다는 비판이 끊임없이 제기되어 왔다. 이런 비판의 확대 속에서 '농촌총각 장가보내기' 조례를 폐지하는 지자체가 늘고 있다.

결혼이주여성의 목소리

　이제까지 농촌총각 장가보내기의 배경과 그 과정을 간략히 보았다. '농촌의 공동화를 막고, 농촌의 부계 중심의 가부장제 문화를 유지할 수 있는 수단으로 취급된, 이주자 여성이 한국 농촌에서 어떤 위치에 있을지 짐작할 수 있다. 결혼이주여성들은 자신과 20년 정도의 나이 차가 있는 남자의 배우자일 뿐 아니라, 가부장제 가족의 며느리이고, 농업인이다. 그들의 배우자와 그 가족 대부분은 농가의 평균적 소득 이하 계층이며, 시골에서도 주변적 위치에 있다. 그러나 결혼이주여성들이 못 사는 나라에서 왔다는 이유로 이런 열악한 환경조차 고마워해야 한다는 시각이 지배적이다. 또한 가장 중요한 소통의 수단인 한국어의 어려움으로 결혼이주여성들은 고립화를 벗어나기 힘들다.

그리고 가족뿐만 아니라 지역도 문화적 차이를 무시하고 무조건 일방적으로 한국문화에 적응할 것을 요구한다. 결혼을 위장하여 들어오는 여성으로 취급하기도 한다. 한국에 도착하면 여성들이 도망간다는 소문이 그중 하나이다. 도망을 막는다는 이유로 남편은 여성이 한국에 도착하자마자 여권을 압수하기도 한다. 또한 여성들이 체류자격을 유지하기 위해서는 남편의 신원보증이 지속적으로 필요하다. 만약 한국인 남편이 신원보증을 하지 않으면 결혼 이민자는 불법 체류자가 된다. 이렇게 결혼이주여성에 대한 억압에는 사회적 의식뿐만 아니라 법 제도도 큰 몫을 하고 있다.

그런데 이러한 문제는 가정이란 울타리 안으로 그치지 않는다. 울타리 밖에서 결혼이주여성의 대부분은 저임금 노동자층을 구성한다. 그러다 보니 결혼이주여성들이 취약층, 희생자, 지원의 대상자로 재현되고 있다. 그러나 여성들이 객체로서의 피해자, 지원의 수혜자의 위치에만 있지는 않다. 최근에는 결혼이주자들이 다른 모습으로 성장하고 있다. 구조가 만든 차별, 폐해가 사라졌다는 의미가 아니라, 주체로서 피해를 고발하는 용기를 보이고, 자신들을 갇힌 존재로 만드는 구조와 상황을 적극적으로 해결하려는 모습을 만나는 것이 어렵지 않다.

영화 『나의 결혼원정기』에서도 보여주듯이 결혼과정은 남성 중심이었다. 맞선의 상대인 여성들에 대한 내러티브는 없다. 이제 결혼이주자들 스스로 자신의 이야기를 시작하고 있다. 그들이 말하는 '나의 결혼원정기(이야기)'에 우리가 주의를 기울여야 할 때이다.

이러한 당사자들의 힘겨운 노력과 발전에 조응해야 할 정부는 어떠한

작은 소리들

가. 10일에 취임한 새 대통령은 '여성가족부 폐지'를 공약화했다. 한국 사회에서 구조적 성차별은 없다는 후보는 여가부의 사업이 각 다른 부서에서 대체가능하다고 말했다. 그런데 다문화가족 지원, 결혼이주자 사업의 주무부서는 여가부이다. 이들을 대상으로 하는 지원이 복지부, 교육부 등으로 옮겨져, 개별로서 지원은 지속될 수 있을지 모른다. 그러나 결혼이주자에 대한 차별과 폭력, 다문화가정이 처한 구조적 문제는 어떻게 해결될 수 있을까. 이러한 문제들을 종합적으로 고민하는 부서가 필요한 것은 당연하다. 새 정부가 결혼이주여성들의 주체적 관점에서, 그들의 현주소를 이해하려는 노력을 경주해 주길 바란다.

■ 2022년 5월 22일

우리에게도 평등한 기회를

10개월짜리 계약직으로 5년 근무

"저 잔업 수당도 있고, 퇴직금도 있어요." 결혼 이주여성, C가 말했다. 공장에서 일하게 되어 기쁘다고 했다. 주사기 만드는 공장이고, 같이 일하는 공장 노동자들은 모두 이주여성이라 했다. 그의 직장은 이것이 처음이 아니었다. 다문화가족지원센터(현재 가족센터)에서 5년간 일했다. 나름 전문직에서 공장으로 이직한 것이 저렇게 기쁜 일인가? 나의 일자리에 대한 통념 속에서 이해하기 힘들었다.

공장에서의 급여 수준은 센터에서와 같다. 최저임금 수준이다. 매년 최저임금이 올라야 그의 급여도 오른다. 다른 점은 새로운 일자리에서는 근속에 대한 호봉이 있고, 퇴직금도 있다. 그리고 식사도 무료로 제공된다. 잔업 수당이 있다. 그래서 그는 수입을 늘리기 위해 잔업을 마다하지 않는다. 직장 동료가 비슷한 처지의 여성이라 분위기도 좋다고 했다. 이렇게 그가 만족하는 것은 바로 전 직장과의 비교 때문이었다.

전 직장에서는 매년 10개월짜리 근로계약서를 썼다. 매년 팀 이름이 변경되었다. 그러나 하는 일과 일하는 책상은 동일했다. 그가 10개월짜리 근로계약서를 써야 했던 것은 특별히 직무능력이 떨어져서가 아니었다. 그의 일은 이중언어를 활용하여 이주여성을 상담하는 것이었으므로 당사자인 그만큼 잘 아는 사람도 없었다. 사무실에는 자신과 같은 일을 하는, 베트남어, 캄보디아어, 중국어, 태국어, 러시아어를 하는 이주여성이 있다. 그들은 해를 거듭하면 무기 계약직으로 바뀔 수 있지 않을까 하는 혹시나 하는 마음으로 버티었다. 그러나 변화는 없었다.

C는 자신이 대학 졸업장이 없고, 자격증이 없어서 자신의 위치가 취약하다고 생각했다. 그러나 대학을 마친 여성도 마찬가지였다. 센터에서 같이 일하는 동료, R은 러시아어 통번역과 상담을 했다. 그는 결혼 후 한국 검정고시를 보고, 지역에서 다문화 여성 특별전형으로 대학을 입학하여, 대학을 마쳤다. 마침 지역에는 정규직으로 근무하는 결혼이민여성이 있었다. R은 그 선례를 따라 자신도 정규직화 될 것이라고 믿었다. 그러나 그러한 경우는 더 이상 확대되지 않았다. R에 대한 처우는 대학 졸업 후에도 마찬가지였다. R도 이후에 공장으로 이직을 했다. 자신의 일에 대한 자부심이 유달리 강한 여성이었다. 그러나 몇 년 동안 일이 경력으로 인정되지 않고, 미래도 비슷할 것임을 알았다. 억울한 마음이 커져서 더 이상 일을 계속할 수 없었다.

5년 전과 비교하여 대우는 달라진 것이 없었다. 근로조건은 일을 새로 시작하는 사람과 같다. 그 기간 동안 비슷한 시기에 입사한 선주민들은 중간 관리자로 승진했다. 결혼이주 여성이 받는 처우에 대하여 같이 분노해 주는 선주민 동료는 없었다. 당연한 불문율로 이해되고 있는 듯했다. C와 R은 공공기관에서 이런 차별이 버젓이 일어난다는 데에 더욱 실망했다. 자신들은 계속 선주민과 다른 대우를 받는 것, 차별을 받아야 한다는 점을 깨달았다.

자격증이 많아도 취업이 어려워

T의 집 진열장에는 커피 바리스타, 미용, 네일 아트 등 자격증이 마치 상장처럼 진열되어 있다. 이중 언어를 이용한 취업은 기회가 아주 적었고, 일은 힘들지 않지만 대부분 수입이 생각보다 높지 않았다. 그리고 일자리가 불안정한 비정규직, 시간제였다. T는 이전에도 많은 직업을 가졌다. 동네 식당에서부터, 공장까지 많다. 그러나 이런 일들이 안정적이지 않은 듯하여 자격증에 도전을 했다. 자격증이 있으면 곧 안정된 일자리가 생길 줄 알았다. 그러나 그렇지 않았다. 고용주들은 이방인을 꺼렸다. 특히 서비스직에서는. 실제로 일을 하는 데 필요한 정도 또는 그 이상의 한국어 구사가 가능했으나, 발음이 조금 어색하다는 이유로 일자리를 구하기 쉽지 않았다. 거기다가 피부색이 조금 검어서 티가 난다고 거절당한 적도 있다. 손님들이 이주민을 꺼린다는 이유였다.

사실 직업훈련 기회는 적지 않았다. 결혼이주민 일자리를 창출한다는 정책 하에 각종 기관에서 저렴한 가격으로 배울 수 있었다. 그러나 취업은 책임져주지 않았다. 연계가 되어도 인턴 정도의 기간이었다. 지금 있는 자격증은 어쩌면 사장될지 모른다. 그러나 T는 다시 자격증을 따려

작은 소리들

한다. 그것은 요양보호사 자격증이다. 몸을 많이 쓰는 일이라 하니, 선주민들이 이러한 일을 꺼려할 것 같았다. 또한 동네 어른들을 보니, 이에 대한 일자리는 많을 것 같아서였다.

이렇게 결혼이주여성, 농촌지역으로 결혼 온 여성들이 농업 외 다른 일자리를 찾는 것은 남편들도 바라는 바였다. 대농이 아닌 이상 농업이 안정적 수입원이 되고 있지 못한다. 오히려 적은 액수지만 고정적 수입원이 가계에 필요하다. 그래서 부인이 일자리를 갖는 것을 원한다. 집에서 부양할 가족이 없거나, 자녀가 영유아가 아닌 경우는 대부분 그랬다. 그리고 상대적으로 젊은 나이인 여성들은 집 밖의 생활이 필요했다. 선주민 여성과 마찬가지로 장기적으로 자신이 경제적으로 독립할 수 있는 능력을 갖추길 원한다. 또한 국제결혼가정도 한부모 가족이 늘어나고 있다. 한부모 이주여성들은 한국에서 기댈 곳이 전혀 없다. 그래서 그들이 자녀와 함께, 혹은 홀로 자립해야 한다. 그들은 대부분 농업 일을 떠난다. 현금성이 강한 일자리를 찾는다. 그러나 일자리의 기회는 아주 제한적이며, 일자리를 얻는다 해도 불안하고, 선주민과 다른 차별이란 장해를 감수해야 한다.

더 높아진 장벽

앞서 이야기한 여성들은 한국에서 15년 넘게 살았다. 이들이 직장인으로, 경제적 독립성을 가지려 노력한 지 짧게는 5년, 길게는 10년이 된다. 이들은 쉰 적이 없다. 일자리를 찾으면서도 일을 했다. 자격증을 준비하면서도 일을 했다. 경제적 취약층인 선주민도 마찬가지라고 말할 수 있을 것이다. 그런데 이들은 선주민보다 더 많은 노력, 다른 종류의 인고를 갈아 넣어야 했다.

결혼이주여성들의 한국생활이 길어지면서, 초창기의 언어 소통의 어려움을 넘어 다른 어려움이 커지고 있다. 처음에는 적응의 어려움이 자신의 한국어 실력에서 온다고 생각했다. 그러나 언어 소통이 어느 정도 가능해져도 그 적응과 정착에는 어려움이 있었다. 경제적 자립, 독립의 욕구를 실현하기 위해서는 개인의 노력 범위를 넘은 장벽이 있다. 이들은 말한다. 우리에게 평등한 기회를 달라고. 이에 답하고 해결해야 할 당사자는 누구인가?

제3차 다문화가족정책 기본계획(2018-22년)에는, 결혼이주 여성에 대한 정책적 목표가 분명히 나와 있다. 이제는 가족정책이 도입기, 적응기를 거쳐 정착기에 맞게 정책을 변화한다고 천명하고 있다. 따라서 결혼이주여성들의 사회진출 욕구 증대 및 경제사회적 참여를 강화한다는 목표설정을 하고 있다. 그렇다면 결혼이민자들의 경제사회 참여를 강화한다는 목표는 어떻게 이루어질까? 결혼이주자에게 일자리에 접근할 수 있는 교육훈련의 프로그램을 많이 제공하는 것으로 그칠 일이 아니다. 선주민, 이주민 모두 평등하게 일할 수 있는 사회 분위기를 만들어야 한다. 2023년에는 제4차 다문화가족정책 기본계획이 시작된다. 새로운 해에는 이러한 문제를 실질적으로 해결하는 해가 되길, 진정으로 결혼이민 여성이 정착할 수 있기를.

■ 2022년 12월 9일

작은 소리들

마을에서 함께 살게 하자

사장님 차를 기다리지 말고

"외국인 노동자가 없이는 이제 농사를 짓기 힘들다." "외국인 노동자 없이는 우리 식탁 위에 오르는 국산 농산물은 사라질 것이다." 이런 말들은 이제 더 이상 새로운 이슈도, 놀랄 거리도 아니다. 나처럼 직접적인 농사 현장과 떨어진 읍에 사는 주민도 농촌에서의 이주노동자 증가를 실감한다. 읍내 슈퍼를 가면 물품 판매대에 동남아의 글자가 새겨진 식품이 내가 이주한 몇 년 전과 비교하여 많이 늘었다. 얼마 전 오일장이 열리는 시장 가까이 태국 상점이 생겼다.

슈퍼와 시장에서 종종 동남아에서 온 듯한 수줍은 표정의 얼굴을 볼 수 있다. 지난주, 읍의 시장 부근 거리에서 한 이주자가 슬리퍼를 신고 서성거리고 있는 것을 보았다. 겨울에 슬리퍼라니. 물론 그는 털모자를 쓰고 있었고, 양말을 신고 있었다. 그가 어려운 순간에 처해 있는 것이 아닌가 걱정이 되었다. 난 주저하다가 말을 걸었다. "어디 찾으세요?" 놀란 표정으로 그는 "아니요. 사장님 차를 기다리고 있어요"라고 말했다.

예전의 활동 여파인지 모르겠는데, 난 이주자를 보면 반갑기도 하고, 도움이 될 능력이 없지만 혹시 도움이 필요하지 않은지 궁금하다. 90년대에 내가 서울에서 이주노동자에 대한 노동상담을 할 때 "누나, 누나"하며 찾아오던 이주노동자들을 연상하면서 그들을 본다. 당시에 내가 만났던 제조업 이주노동자들은 대부분 남자였다. 지하철 1호선을 타고 서울 외곽 작은 사업장에서 오는 그들은 반갑기도 하고, 부담이 되기도 했다. 부담스러운 것은 그들 자체라기보다는 그들이 가져오는 문젯거리 때문이었다.

그들이 상담소를 찾는 이유는 임금이 상당히 체불되거나 사업장에서 재해를 당해서 노동력을 상당히 상실했으나 사업주가 책임지지 않을 때였다. 그런데 그것 외에는 괜찮았을까? 그들의 임금에는 시간당 노동력에 대한 가치일 뿐만 아니라, 일상적으로 벌어지는 비인간적 대우에 대한 수치감과 모욕감도 포함된 무거운 것이었다. 그들과 함께 지방노동청을 찾아가고, 사업장을 찾아가서 문제를 해결하려 노력할 때마다 난 무력감을 느껴야 했다. 그 당시 그들은 산업연수생의 자격으로 이곳에 왔다. 즉 노동법 상 그들은 노동자가 아니었고, 그래서 보호 밖에 있었다. 그들의 문제를 50%라도 해결하면 다행이었다. 그들도 그 사정을 아는지 조금이라도 해결되면 고맙다고 인사하고 떠났다. 나는 그들의 모습을 보며 무거운 마음이 들곤 했다. 그런 빚진 마음이 거리에서 이주노동자를 보면 다시 쳐다보게 만들고, 괜히 말을 거는지 모르겠다.

슬리퍼를 신고 사장님 차를 기다리는 노동자를 보면서, 난 노동자의

작은 소리들

처지를 그려보았다. 사장님의 도움이 있어야 읍에 나와 생활에 필요한 물품을 살 수 있는 그들의 환경을. 사장님이 고마운 것이 아니라, 그들의 고립이 보였다. 그 노동자 곁에 사장님 대신 고향 친구가 있으면 좋았을 텐데. 사장님도 슬리퍼를 신었을까? 노동자의 슬리퍼는 바로 노동자의 이동을 묶어 두는 것이 아니었을까?

홀로 노동자

2020년 속헹 씨의 죽음으로, 정부는 2021년 농촌에서 고용허가제 이주노동자를 고용하는 농장의 주거개선에 대한 지원을 시작했다. 주거지원 사업 대상 농장의 노동자를 만나 그들의 주거·노동·인권환경을 조사하는 일이 병행되고 있다. 나는 10월부터 그 상담과 조사사업에 참여했다. 사실 주거지원을 받은 농장보다 지원 밖의 농장이 더 많다. 그래서 내가 만날 수 있는 노동자는 극히 일부였다. 상담지원의 체크리스트에는 아주 기본적인 12개의 항목이 있다. 주거시설의 잠금장치, 냉·난방 여부 그리고 소방시설 등이 들어있고, 근로여건에는 근로장소, 업무내용, 근로시간, 임금 수준 등이다. 그리고 생활 관련에서는 고용주와의 갈등, 성폭력 피해 시 도움을 요청할 기관을 알고 있는지, 긴급상황 발생 시 외부와 연락이 가능한지를 확인한다.

그런데 내가 이주노동자를 만나면서 눈에 밟히는 것이 있었다. 그것은 조사항목에도 없고 노동법 상 노동보호내용에 포함되지 않은 것이다. 농축산업이 집중되어 있는 지역이 만든 조건이었다. 바로 고립이다. 특히 축산업의 장소는 농촌에서도 고립되어 있다. 시골 마을에서 뚝 떨어진 곳에 대부분 있다. 축산업의 오염으로 인한 민원 때문이기도 하다. 방문한 곳 중에는 높은 산 위에 위치하여 핸드폰이 터지지 않는 곳도 있었다. 그러면서 이주노동자들은 일하는 장소에서 최대한 가까운 곳에 살게 된다. 자신들이 기르는 농작물, 소와 돼지, 닭에 가까이 거주하면서, 상시 가축의 변화에 대응하게 하기 위해서이다.

70~80년대 공단의 큰 공장에는 기숙사가 있는 경우가 많았다. 당시 지방에서 올라온 나이 어린 노동자들을 위한 곳이었다. 기숙사는 바로 작업장 옆에 있어서, 노동자들이 잔업과 철야 노동을 할 수 있는 조건을 만들었다. 이후 공단 관리하에 공동기숙사가 생겼다. 공단 노동자들이 함께 기숙하는 기숙사가 작업장 밖에 생겼다. 비록 공단 내에 있었지만, 사업장과 생활공간이 분리되었다. 독립된 공간에서 다른 사회적 관계를 확장할 수 있었다. 그들은 친구와 영화관도 가고, 야학도 갈 수 있었다.

그런데 이곳 농촌현실을 보니 예전의 모습이 회상되었다. 더 심각한 것은 이주노동자 동료라도 있으면 조금 나으련만, 혼자 있는 경우이다. 같은 고향사람이라도 함께라면 자신의 언어로 타향살이의 서러움을 나눠서 외로움을 조금 덜 수 있을 것이다. 내가 만난 노동자 중 한 명은 사장님과 관리자가 일 끝나고 마을로 내려가면 산 위에 홀로 남는다. 외부와 소통할 수 있는 것은 그가 가지고 있는 핸드폰뿐이다. 그 폰으로 고향집과 화상통화를 한다. 한국에 있는 고향친구를 만나려면 시외버스 터미널까지 가야 한다. 터미널을 가기 위해서는 우선 버스를 타야 한다. 마을에서 버스정류장까지 걸어서 20분이다. 그 버스도 하루에 2~3번 온다. 이주노동자들은 마을 주민이 아니어서, 택시비가 1천원하는 농어촌 행복택시 이용 혜택도 없다. 그들은 터미널까지 가려면 1만원 정도의 택시요금을 부담해야 한다. 휴일에 무엇을 하느냐고 물으니 그냥 잔다고 한다.

한 여성노동자는 다른 나라에서 온 노동자와 산다. 같이 숙소를 사용하지만 말이 서로 통하지 않는다. 동료 노동자들은 자신 고향의 말을 쓴다. 그녀는 외톨이다. 그녀는 이곳에서 일한 지 3년 동안 이 지역에 자기 나라 사람이 있는 줄 몰랐다. 읍의 슈퍼마켓에서 고향 사람들을 만났다. 반가웠다. 그 자리에서 인사를 하고 식당에 가서 같이 밥을 먹었다. 거기서 그녀는 처음으로 삼겹살을 쌈을 싸서 먹었다. 자신이 일하는 곳에서는 노동자들이 각자 밥을 해 먹는다. 그래서 한국음식을 먹어본 적이 없다고 한다. 물론 노동자들의 입맛에 따른 선택이라 하지만 회식으로 한국 음식을 접하게 할 수도 있을 터인데. 사장은 그런 작은 친절도 없는 듯했다. 그리고 1년 후 처음으로 비빔밥을 먹었다. 나와 통역자를 만난 인터뷰 날이었다. 그 노동자는 특별한 음식도 아닌 비빔밥을 보고 "이게 뭐예요?"하고 물었다. 결혼이주자 통역자도 놀란 얼굴이었다. 그녀의 방 안에는 변변한 옷장도 없고, 입국할 때 가져온 큰 트렁크와 이불만이 있다. 기숙사비를 내고 있으나, 오래된 영화 속에서 등장하는 싸구려 여인숙보다 못한 조건이다. 방이 냉골이 아니어서 다행이다 싶을 정도였다.

지원 사업에 탈고립화 정책도 포함되어야

지난 12월 8일, 국회에서 강은미·윤미향 의원 주최로 열린 '캄보디아 이주노동자 안전보건 및 노동권 실태와 과제 토론회'에서 놀라운 조사결과가 발표되었다. "농축산업에서 일하는 노동자는 63.6%가 우울군에 해당하고, 제조업은 14.8%였다." 이는 캄보디아 노동자 63명을 대상으로 한 검사결과였다. 농축산업 종사 노동자들에게 우울감이 높은 것은 열악한 환경이 큰 몫을 차지한다. 장시간 노동과 노동자들의 사회적 관계 단절, 고립감도 크다고 생각한다. 이들이 일하고 사는 곳을 한 번이라도 잠시라도 봤다면 이 결과가 놀랍지도 않다.

이제는 이런 고립감을 어떻게 해결할 것인가도 주거지원사업이 고려해야 할 사항이다. 그 제도적 대안이 없는 것은 아니다. 바로 공동체와의 연계이다. 70~80년대 공단 기숙사와 같은 형식을 고려해보아야 한다. 몇몇 지방정부가 그런 대안을 고려하는 중이다.

물론 이 대안은 노동자들의 요구보다는 사업주의 불편 때문에 등장했다. 사업 개시 1년도 되지 않아서 정부의 주거지원사업이 난항을 겪고 있다. 지원을 포기하는 농가가 늘고 있다고 한다. 건축 허가 및 부지 마련 등이 어렵다는 이유로 정부의 주거지원비를 많이 중도 포기하고 있기 때문이다. 내가 상담조사원으로 참가하고 있는 이곳도 마찬가지이다. 벌써 한 농가가 포기했고, 한 곳은 포기를 생각 중이라고 한다.

빨리 방향을 전환해야 한다. 그들이 한국에 온 목적이 돈을 벌기 위한 것이고, 가족도 없는 외로운 생활을 스스로 선택했지만, 그들에게도 한국 노동자와 마찬가지로 일과 생활이 분리되는 삶을 누릴 권리가 있다. 그리고 적은 관계라도 확장을 하는 삶이 필요하다. 시장에서, 그들 언어로 쓰인 책이 있는 도서관에서, 그들과 같은 신을 믿는 종교 시설에서 농장주가 아닌 다른 주민을 만나길 기대한다.

■ 2022년 1월 10일

제3장

유랑하는 노동과 삶

유랑하는 노동과 삶

장소 상실의 시대

"장소 상실(placeless)은 한때 특정한 범주의 사람들에게만 해당되는 상황으로 인식되었지만 지금은 대부분의 사람들에게 현실적인 위협으로 다가오고 있다. 물론 원래의 장소에서 뿌리 뽑혀 내동이쳐지는 경험은 근대가 무수한 이들의 기억 속에 남긴 근본적인 충격이기도 하다. 그러나 근대는 역으로 누구나 자기가 원하는 곳에 보금자리를 만드는 시대가 열렸다고 선전함으로써 이 외상적인 경험을 효과적으로 은폐하였다."(김현경, 『사람, 장소, 환대』 중)

미국에서 대공황 이후, 도시 실업자들과 날씨 영향으로 농사를 망친 농민들이 자신들의 삶의 터전을 떠나 일자리를 찾아서 캘리포니아로 이동했다. 그들을 기다리는 것은 대농장의 극심한 착취였다. 이러한 사회 문제를 잘 표현한 소설이 존 스타인벡의 『분노의 포도』다. 『분노의 포도』

작은 소리들

속 노동자들 이주가 21세기에 재현되고 있다. 2008~2009년 미국의 금융 위기는 노동자들의 정주적 삶을 중단시켰다. 노동자들은 단기 일자리를 찾아서 미국을 이동한다. 이들 대부분은 안정된 일자리에서 제외된 취약한 노동자들이다. 이들을 일자리로 연결하며, 잠자리를 제공하는 것이 밴이다. 그래서 이들을 밴 생활자(van-dweller)라 부른다.

이러한 밴 생활자를 영화 『노매드랜드(Nomadland)』는 숙연하게 담고 있다. 영화는 주인공 펀이 밴을 타고 떠나는 것으로 시작된다. 일하던 공장이 폐쇄되고, 그들이 살던 광산촌은 우편번호가 없어질 정도로 텅비어갔다. 결국 혼자 남게 된 펀이 알바 일자리를 찾아서 떠난다. 누구도 자유와 해방의 이름으로 그녀의 출발을 축복하지 않는다. 어디든 갈 수 있지만 정주할 수 없는 여행이다. 영화 초반에 지인의 딸이, 펀에게 아줌마는 homeless(노숙자)냐고 묻자, 펀은 자신은 노숙자가 아니라 집이 없을 뿐이라고(houseless)라고 답한다.

펀의 첫 일자리는 아마존의 물류 창고이다. 아마존은 성수기인 연말연시에 일할 단기 노동자를 고용한다. 펀은 아마존이 제공하는 주차 장소에 밴을 주차하고, 아마존으로 출퇴근을 한다. 그녀는 오랜만에 일자리를 갖게 되어 기쁘다. 거기서 활기를 느낀다. 친구도 사귄다. 그녀는 불만이 없다. 임금도 좋다고 말한다. 펀은 아마존에서의 단기 알바 일을 마치고, 또 다른 일을 찾으러 고용센터로 간다. 하지만 전망은 밝지 않다.

2차세계대전 이후 성장과 안정을 가져온 자본주의 시스템은 이제 찾아보기 힘들다. 직장이 제공하는 사회적 보장제도는 차치하고, 장기간 일자리를 갖는 것조차 기대할 수도 없다. 중고령의 노동자인 경우는 알바도 찾기 힘들다. 예전에는 노동조합이 있고, 지역공동체가 있었다. 이런 것들이 있었던 물리적인 장소로부터 그들은 너무 멀리 떨어져 있다. 장소를 상실한다는 의미는 안정된 일자리와 익숙한 관계, 문화로부터의 단절이다.

『노매드랜드』는 21세기 미국이 가지고 있는 또 다른 얼굴, 평생 노동하여 퇴직 후 연금으로 살아가리라 믿었던 미국인의 꿈이 깨어진 후의 모습, 중산층의 상징인 집이 없는 나이 든 노동자들의 생활을 이야기한다. 연금으로는 부족하여 생존하기 위해서 끊임없이 일을 해야 한다. 이들은 아마존 물류 창고, 비트 농장, 국립공원, 패스트푸드점 식당 등에서 알바로 일한다.

이주노동자라는 개념은 한국에서는 외국인 노동자나, 특정한 범주의 노동자 즉 건설노동자, 계절농업노동자 등으로 한정지어 사고해 왔다. 그러나 『분노의 포도』와 『노매드랜드』처럼 경제 위기가 올 때마다 많은 노동자들은 이동을 강요당한다. 자본도 이주를 하지만 그들 자신의 장소와 지위를 만든다. 그러나 이주노동자들은 자신의 장소를 만들기 힘들다. 영화는 장소 상실의 시대에 어떻게 살아야 하는지 조심스럽게 묻고 있다. 이 영화는 노동문제를 직접적으로 말하기보다는, 밴에서 유랑자의 삶을 살 수밖에 없는 노동자들이 자신의 삶을 말하고 있다.

중년 여성 노동자가 찾은 비전통적 관계

펀의 성격은 내성적이며, 흥분하는 적이 없다. 사람과의 관계에서도 마찬가지이다. 그런데 그녀가 유일하게 화를 내는 장면이 있다. 그녀의 유일한 가족이라 할 수 있는 동생 집에서 일어난다. 밴이 고장 나서, 수리비가 필요한 펀은 캘리포니아의 동생에게로 간다. 돈을 빌리기 위해서이다. 중산층이 모여 사는 지역은 펀이 태어났고 자란 곳이었다. 노동자 남편을 만나기 전까지 살던 곳이었다. 동생은 여전히 중산층으로서 삶을 살아간다. 식사자리에서 동생과 친구들은 '부동산 투자, 대출'에 대해서 이야기한다. 아주 가벼운 대화다. 우리나라 중산층의 대화와 다를 게 없다. 그것을 듣고 있던 펀이 흥분해서 말한다. "사람들이 평생 모은 돈을 투자하라고 하고, 그것도 빚을 지어서. 갚지도 못할 집을 사라고 하고. 그래서 집도 잃고." 서브프라임 모기지로 자살까지 생각했던 유랑인 동료가 생각났기 때문이다. 그때 식탁에 있던 한 명이 "우리가 너처럼 모든 것을 버리고 길을 떠나라는 거냐"고 불편한 기색을 보인다.

캘리포니아 가족과 그 친구들에게 펀의 밴 생활이 모험적이면서도 동시에 무책임한 것처럼 보일 수 있다. 그들은 일자리를 찾아서, 대출 때문에 집을 잃고 밴 생활을 할 수밖에 없는 고충을 모른다. 그녀는 같이 살자는 동생의 제안을 뿌리치고 다시 길을 떠난다. 경제적으로 취약한 사람으로서 그 제안이 유혹적이긴 하지만 거부한다. 그 이유는 그들이 자신의 삶과 맞지 않는다는 판단 때문이기도 하지만, 자신에게 새로운 삶이 시작되었음을 깨달았기 때문이리라.

그녀는 점차 유랑인들의 모임에 친밀감을 느끼기 시작한다. 애리조나에 있는 유랑인들의 공동체를 처음 방문했을 때 그녀는 방관자적 태도를 취했다. 그러나 두 번째 방문에서는 그녀는 비슷한 처지의 사람들 속에서 동료의식을 갖게 되고, 길에서 떠나고 다시 만나는 유랑인들의 관계에 진심으로 다가간다.

밴을 타고 이동하는 생활자로서의 길은 중산층처럼 자발적으로 낭만적으로 선택한 것이 아니었다. 생존하기 위한 비자발적 선택이었다. 그러나 펀은 그 생활을 긍정하는 태도를 갖게 되었다. 이제는 다른 삶으로 이동하는 것이다. 이제는 임시가 아닌 항상적인 밴 생활자로 의지가 보인다. 마치 자신을 내팽개친 신자유주의적 질서에 대한 작은 저항의 표시를 하는 듯하다. 이동하면서 창밖으로 보이는 사막, 황량함은 종교적 분위기까지 풍긴다. 나이 60을 훌쩍 넘은 여성이 혼자 달린다. 어쩌면 나이가 주는 용기인지 모른다. 불안하지만 나는 박수를 보내고 싶다.

■ 2021년 6월 24일

'9 to 5'와 '5 to 9'의 세계

9 to 5 to 9

아마도 MZ 세대에게는 낯설겠지만 『9 to 5』라는 영화가 있었다. 밀레니얼 세대가 시작되는 1980년에 상영되었다. 이 영화를 보지 못했어도 노래의 후크송 부분은 익숙할지 모른다. 한국에서는 돌리 파튼이 부른 '9 to 5' 주제가가 경쾌한 멜로디 때문에 인기를 얻었던 것으로 기억난다. 이 영화는 경쾌한 코미디 장르지만, 정치사회적 메시지가 담긴 영화이다. 노래의 가사도 영화의 메시지와 직접 연결된다.

"9시부터 5시까지 일해도 겨우 입에 풀칠을 한다.
그들이 모두 가져가고, 받는 것은 거의 없다
분명 좋은 삶이 있지만 그것은 남성 부자들의 게임일 뿐
그들은 당신이 꿈을 갖지 않게 한다. 그저 그 꿈들이 산산조각 나는 것을 볼 뿐이다.

승진 사다리에 한 발 디딜 뿐이다

그러나 그들이 빼앗지 못할 꿈이 있다. 한 배에 탄 친구들이 있다

다가오는 파도가 우리의 길을 바꿀 것이다."

이 노래는 영화 이후에 미국에서 직장 내 성평등을 위한 활동에 전설적인 캠페인 송이 되었다. 또한 이 영화의 주역을 맡은 3인의 여성(제인 폰더, 릴리 톰린, 돌리 파튼)은 영화 밖의 세상, 여성운동과 인권운동에 적극적이었다.

그런데 이 노래가 다시 화제가 되고 있다. 2021년 미국 슈퍼볼 광고에 등장했다. 미국 최대 스포츠 행사인 슈퍼볼은 미국 최대의 광고시장이다. '슈퍼볼 광고'라는 이름이 있을 정도라 한다. 문제는 원래 노래를 '5 to 9'로 바꾸며 전하는 메시지다. 익숙한 가사의 단어를 이용하여 개사를 하였다. 돌리 파튼이 직접 부른 노래는 다음과 같이 변했다.

"5시부터 9시까지 일하면서, 당신은 열정과 비전이 있다.

진취적인 시간을 보낸다.

완전히 새로운 방식이다.

당신의 삶을 바꿔라. 의미 있는 일을 해라

당신은 꿈을 갖고 있고 그것이 중요한 것을 안다.

사다리를 올라가는 대신에 당신 자신이 보스가 돼라

당신은 많은 친구들과 한 배에 타고 있다. 그들은 아이디어를 실현하고 있다.

그리고 파도는 바뀌어 너의 길을 만들 것이다.

5 to 9, 지금 당신 자신의 꿈을 실현시키고 있다."

이것은 스퀘어스페이스(Squarespace)라는 웹사이트 서비스업체의 광고다. 이 광고 영상은 근무 시간 내내 침울하고 기운이 없는 사람들로 시작한다. 그런데 5시 퇴근 후 이들은 다른 모습으로 변한다. 자신의 꿈을 실현하는 활기찬 모습이다. 이 광고는 직장인들의 꿈, 취미를 찾는 밝은 메시지로 보일 수 있다. 9 to 5의 시간과 5 to 9의 시간은 아주 다른 세계이다. 그러나 화려한 광고는 프리랜서 일자리, '긱 이코노미(gig economy)'를 칭송하고 있다는 것을 누구나 알 수 있다. 이 광고를 보고 돌리 파튼에게 실망감과 배신감을 표현하는 『9 to 5』 팬들이 많다. 그들의 불만은 80년대 여성의 인권을 부르짖던 가수가 정규적 노동 외의 또다른 노동을, 계속 일을 하도록 부추기고 있다는 것이다. 그 노동이 긱 이코노미의 노동이라면 더 심각하다.

사무직 여성 노동의 변화

스퀘어스페이스의 광고 메시지처럼 퇴근 후 4시간 동안이 자기 꿈 실현을 위한 일인지 모르겠으나, 광고가 현실을 반영하고 있는 면도 있다. 이제는 하나의 일자리만으로 생계를 꾸려나가기 힘들어졌다는 점이다. 두세 개의 일자리를 가져야 하는 세상에 살고 있다. 그렇다면 우리는 이전의 여성 노동자들과 비교하여 퇴보하고 있는 것인가.

영화 『9 to 5』에는 직장 내 차별과 성적 괴롭힘 등 현실 고발과 여성들이 단결을 통하여 스스로 현실을 바꾸어가는 희망이 있다. 이 희망은 판타지적 성질이 아니었다. 이 영화에는 70년대의 여성노동자들의 실화가 들어가 있다. 영화에 직접적 영향을 준 인물들은 '9to5'라는 여성 단체에서 일하는 활동가들이었다. 비서로 일하던 여성들이 비서 및 사무직 여성들의 노동 존중과 정당한 대우를 성취하기 위해서 1973년에 단체를 만들었다. 지금도 '9to5'는 활동 중이다. 이들의 역사는 『9to5 운동의 역사(The Story of a Movement, 2020)』라는 다큐멘터리로 만들어졌다.

70년대 미국 여성 사무직 노동자의 삶은 어땠을까? 70년대 초 당시, 사무직 노동자는 미국 전체 노동력 중 가장 큰 부분을 차지하고 있었다. 건설업, 제조업을 합친 것보다 비중이 높았다. 그러나 그들의 목소리는 어디서도 들을 수 없었다. 특히 비서들은 회사에서 이름 없는, 보이지 않는 존재였다. 그들은 노동자로서 기본적 혜택, 연금도 받지 못하는 존재였다. 일례로, 내셔널 시티 은행의 경우는 여성은 남성보다 임금을 50% 덜 받고 있었다. 출산휴가도 누릴 수 없었다. 당시에 임신은 건강항목으로 인정되지 않았는데, 임신은 여성에게만 일어났기 때문에 출산휴가를 주지 않는 것은 차별이 아니었다. 여성들은 직장 내에서의 성차별뿐만 아니라 인종주의와도 싸워야 했다. 유색인종 여성들과 백인들과 분리된 사무실에서 일하기도 했다.

그런데 영화는 흥행을 거두었으나, 9to5가 주도적으로 조직한 여성 사무직들의 노동조합은 더 이상 발전하지 못했다. 사무직 업무가 컴퓨터화하면서 여성들의 사무직 일자리가 줄어들었기 때문이다. 그러나 이전에는 믿기 힘들 정도로 여성의 생활은 달라졌다. "우리는 신용카드를 가질 수 있고, 우리 이름으로 집을 살 수 있고, 우리 자신의 서류에 서명을 하고, 이러한 것들이 내가 젊었을 때는 상상할 수 없었던 것이었다", "전문직, 직장 내에서 고위직이 되는 것이 전보다 쉬워졌다", "그러나 많은 이슈가 여전히 남아 있다. 남성보다 낮은 임금, 여성 일에 대한 존중감 결여, 성적 괴롭힘, 아동 양육권 결여 등이다"라고 9to5 창립 회원들은 말한다.

그런 위기 상태 위에 새로운 압력이 더해지고 있다. 기술혁신, 4차 기술 혁명은 많은 노동자를 전보다 더 열악한 상태에 놓이게 하고 있다. 어떤 사회보장도 없는, 불안정한 기간제 계약 노동자, 임금의 정체, 24시간 대기하는 시스템, 직원의 모든 행동과 소통을 추적할 수 있는 능력을 가진 플랫폼의 시대, 바로 긱 이코노미 시대에 살고 있다. 아이러니하게 9 to 5 일자리는 많은 청년들에게 꿈의 일자리가 되었다. 의료보험, 고용보험, 산재보험 등의 사회적 안전망을 제공하는 전일제 정규직 일자리는 점점 멀어져 가고 있다.

지금 영화가 만들어진다면, 영화 세트장은 어디가 될까? 아마도 콜센터, 패스트푸드 매장, 배송업체의 대형창고가 될 것이다.

공유하지 않는 공유경제

"지난 50년 동안 여성 운동을 볼 때 가슴 아픈 모순을 발견할 수 있다. 우리는 독립적인 여성들의 세계를 만들었다. 그런데 그들 대부분은 힘이 없다. 개별적이다. 조직된 집단행동을 통해서만 그들의 영향력을 최대화 할 수 있다." 9to5의 회원 말이다.

1980년 노래는 여성 노동자 간의 연대를 강조한다. 그러나 2021년 노래는 독립하라고 외친다. 스스로 사장이 되라고, 원하는 시간에 일하고, 원하는 노동을 선택하라고 말한다. 이제 긱 이코노미 노동의 문제는 미국과 한국만의 일이 아니다. 전 세계가 동일하게 직면하고 있다. 우리 사회의 경우는 물류센터와 택배 노동자들의 죽음이 현실의 심각함을 보여 주고 있다.* 여성들의 노동문제는 크게 부각되지 않고 있으나, 여성들은 오래전부터 주변화된 노동으로서, 임시 노동을 수행하고 있다.

긱 이코노미의 노동 문제를 알고 있음에도 노동자들은 선택권이 없다. 무엇이 노동자들을 긱 이코노미의 종사자로 만들고 생계를 위해 투잡, 쓰리잡을 뛰게 하는가. 기술의 발전은 자본가에게 기존의 사업 비용을 노동자에게 전가하는 방식의 길을 만들어주고 있다. 노동자를 종업원으로 고용할 때 생기는 장비(차, 오토바이 등) 비용과 보험, 각종 세제에서 벗어날 수 있다.

미국의 사회학자, 알렉산드리아 J 레브넬은 그의 저서, 『공유경제는 공유하지 않는다』에서 다음과 같이 말한다. 디지털 플랫폼을 기반으로 하는 공유경제가 확산되면서 초기 산업사회로 퇴보시키고 있다. 노동자

★
2021년 1월 11일, 50대 노동자가 야간근무 후 화장실서 숨졌다.
2021년 3월 6일, 쿠팡 택배 노동자가 과로로 숨졌다.

보호장치가 거의 존재하지 않고 업무 재해를 당해도 신체장애나 소득손실에 대한 보상받을 길이 없었던 시대로 말이다." 즉 공유경제를 기반으로 하는 긱 이코노미는 불안정 일자리의 21세기 버전이다.

■ 2021년 3월 12일

어떤 포스트 코로나 사회를 꿈꾸는가

무엇이 일어나고 있는 거야

"어렸을 때, 2028년이 되면 엄청 미래가 달라질 줄 알았어. 제트 팩과 모노레일을 타고 다니고, 우주비행사처럼 알약으로 식사를 하고 말이야. ⋯ 그런데 지금을 봐. 가스·전기세는 오르고, 일자리는 없어지고 ⋯"

이것은 영국 드라마, 『이어즈 앤 이어즈 (Years and Years)』에서 나오는 대사이다. 이 드라마는 2019년부터 2034년까지의 영국 상황을 이야기한다. 여기서 보여주는 미래는 조지 오웰, 『1984』와 같은 강력히 통제되는 전체주의 사회는 아니다. 정치권도 다양한 목소리를 가진 정당이 존재한다. 그러나 『1984』 속 상황처럼 절망적이다.

트럼프는 재선에 성공한다. 그리고 미─중간 분쟁은 중국이 만든 인공섬에 미국이 핵을 발사하는 것으로 이어졌다. 전 세계는 공포에 쌓인다.

그러나 핵미사일이 발사된 후 얼마 지나지 않아, 영국에서는 핵미사일 발사로 인한 공포의 분위기는 찾아볼 수 없다. 사람들은 큰 변화 없이, 신자유주의적 경제 시스템이 만든 전쟁과 같은 삶을 살고 있다. 국가의 경제관리능력은 바닥을 치고 있다. 금융기관은 연일 도산을 한다. 안정된 일자리는 찾기 힘들고, 생존하기 위해서는 3~5개의 일자리를 가지고 있어야 한다.

브렉시트 이후 영국의 정치사회적 상황은 혼란을 거듭하고 있다. 이러한 상황은 영국민을 정치에 냉소적으로 만든다. 이런 분위기에 편승하여 포퓰리즘 정치가 득세한다. TV 프로그램에 등장하여 독설가로 갑자기 유명해진 기업인이 정치인으로 변신하고 정치에 유력한 힘을 발휘하게 된다. 좌파들은 그의 언행을 헛소리, 조롱거리로 여겼었다. 유럽에서는 제2, 제3의 트럼프들이 득세한다. 사실인지를 확인하기 힘든 뉴스와 주장을 전하는 다양한 미디어가 범람한다. 국민은 이러한 뉴스에 동요한다. 혼란스러운 상태에서 영국의 공영방송 BBC는 폐업을 한다. 정부는 사회적 약자에 대한 혐오, 공포 분위기를 양산한다. 특히 반난민 정책이 강화된다. 난민, 이주노동자 등을 수용소에 수용하여 바이러스를 퍼뜨린다. 기후변화로 인해 홍수와 같은 자연재난이 끊이지 않고, 이로 인해 정전이 수시로 일어나고, 물가는 폭등한다. 혼란스러운 사회는 테러를 양산시킨다. 급기야 핵 테러가 발생하고 방사선으로 인한 피해가 늘어난다.

이런 정치적 배경 속에서, 정치적 성향이 다르지만 서로 의지하며 사는 보통의 가족이 있다. 이들이 자주 하는 대사는 "무엇이 일어나고 있는 거야?", "다음은 뭐야?"이다. 이 대사는 전체 드라마의 분위기를 표현한다. 드라마 속 평범한 인물들은 자신들에게 무엇이 일어나는지 잘 모른다. 당하고 나서야 깨닫는다. 드라마에서 보여주는 미래 시간은 드라마가 시작되는 현재 2019~2020년의 연장이다. 따라서 미래는 현재의 모순, 부정의, 불평등, 부당함이 증폭된 시간일 뿐이다. 공상과학 영화에서 보여주는 것처럼 외계에서 온 생명체와의 싸움, 인간과 AI와의 싸움으로 인한 디스토피아가 아니라, 계속 빨간 신호가 켜졌으나 무시되어 온 기후변화, 사회경제적 양극화, 혐오 등의 현재 문제가 디스토피아를 만든다.

포스트 산재사망 사회

많은 지식인들이 포스트 코로나를 이야기하고 있다. 인류는 코로나19 전과 후로 나누어질 것이란 기대 찬 전망이 나온다. 이전으로 돌아갈 수 없다는 요구이기도 하다. 포스트 코로나 사회에 담아야 할 내용은, 녹색 비전에서 공공의료 정책까지 다양하게 많다. 나는 여기서 단 하나의 주제, 노동문제를 하려 한다. 코로나19는 경제·사회적 불평등이 국민의 삶과 사회공동체에 얼마나 치명적으로 작용할 수 있는지 잘 보여주고 있다. 단순히 생물학적 바이러스 차원의 위험이 아니라, 사회경제적 불평등이 만든 사회적 위기를 실감하게 했다. 그렇다면 포스트 코로나 사회는 어떤 모습이 되어야 할까. 방역, 건강 수칙을 잘 지키는 사회가 우리의 목표인가. 『이어즈 앤 이어즈』에서 보여준 것처럼 미래 위기는 핵전쟁이란 것에 국한되지 않는다. 핵전쟁을 피했다고 디스토피아를 피할 수 있는 것이 아니다. 마찬가지로 현재 우리의 생명을 위협하는 것은 생물적 바이러스만 있는 것이 아니다. 다른 바이러스 즉 사회경제적 바이러스들이 있다.

이천에서 또 사람들이 죽었다.* 코로나 19 방역으로 사회가 자신감을 얻고, 전 세계에 모범이 되고 있다고 자랑스러워할 때 사람들이 죽었다. 화재현장에서 노동자들이 탈출하려고 석고보드 벽면을 뜯은 흔적이 있었다. 찢기어진 벽면에 그들의 사투와 절망이 핏자국처럼 어렸다.* 사망한 노동자들과 그 가족들의 삶이 검게 타버렸다. 그들은 평생 일용직으로 살아온 사람들이었으며, 사회적 거리두기보다 당장 먹거리가 급해서 일자리를 찾아온 사람들이었다. 우리 사회는 코로나 19로 많은 생명을 잃었다. 그런데 2020년 봄에 발생한 코로나 사망자 수와 비교할 수 없을 정도로 많은 산재사망이 매년 발생하고 있다.

우리는 코로나 방역에 일정 성공했다. 코로나 19를 극복할 수 있는 힘 중 하나는 '바이러스는 무차별적이고, 나도 바이러스에 전염될 수 있다'는 인식이었다. 잠재적 피해자로서의 의식이 바이러스를 대처하는 태도를 만들었다. 나의 문제로 받아들이는 것이 방역의 중요한 출발점이 될 수 있었다. 그런데 산재를 포함한 노동문제는 어떤가. 나의 문제가 아니라 내가 아닌 다른 일부나, 개별 차원의 문제가 된다. 산재 피해자들은 중

★
2020년 4월 29일 발생한 화재사건. 냉동 및 냉장 물류창고 공사장에서 발생하여 38명이 사망하고 10명이 부상했다.

심이나 주류가 아니라 주변에 속한다. 따라서 사회적 중심 이슈가 되지 못하고 있다. 우리 사회가 산재 이슈를 포함하여 노동문제에 있어서는 아직도 후진성을 벗어나지 못하는 원인 중 하나는 기업의 성장이 바로 국가의 품격이라는 의식에 기초하여 기업 중심의 노사관계를 중시하기 때문이다.

노동절을 맞아 문대통령은 "노동자는 이제 우리 사회의 주류이며, 주류로서 모든 삶을 위한 연대와 협력의 중심이 되어야 한다"고 말했다. 그런데 이 말이 더 이상 노동자들이 약자가 아니라고 주장하는 것이라면 유감이다. 주류와 비주류를 가르는 것은 힘, 권력과의 관계다. 수적 우세만으로 주류가 되는 것이 아니다. 현재 한국 노동자의 조직 숫자는 200만 명에 불과하다. 근로기준법 보호를 받지 못하는 노동자가 많다. 한 사업장에서 정규직, 비정규직으로 다층화된 지 오래다. 불안정 노동자는 정규직과 달리 코로나 사태로 실업자가 되어도 고용보험 혜택을 받지 못했다. 또한 노동자의 안전에 대하여 기업에게 온전한 책임을 물을 '중대재해기업처벌법'은 아직도 국회 문턱을 넘지 못하고 있다. 포스트 코로나 사회는 기본적인 노동문제를 해결하는 의지가 필요하다.

『이어즈 앤 이어즈』드라마의 메시지는 가족의 제일 연장자인 할머니의 입을 통해서 전달된다.

"현재 세상은 우리가 만든 것이다. 모두 우리의 잘못이다. 우리가 너무 무기력하다고 생각했다. 우리는 우리 외에 관심이 없었다. 상점에서 1파운드의 티셔츠를 살 때, 그 싼 가격에 생산 노동자와 농부에게

작은 소리들

돌아가는 몫이 얼마큼 포함되는지 관심이 없었다. 슈퍼 계산대에 계산원 대신 기계로 대체했을 때, 계산원이 어디로 갔는지 아무도 신경을 쓰지 않았다. 평범한 소시민적 분노를 이용하는 정치인들을 조롱만 했지 대안적 실천을 하지 못했다."

2028년에 우리는 어떤 모습을 하고 있을까. 코로나 사태는 우리 사회의 민낯을 많이 보여주었다. 경제사회적 약자들이 코로나 사태로 더 많은 고통을 받는 것을 목격했다. 또한 코로나 사태는 전염병에 대처하는 연대의 힘을 보여주었다. 이제 약자들의 부딪히고 있는 고통의 구조적 문제를 해결하려는 연대가 있다면, 우리는 다른 세상을 살 수 있지 않을까.

■ 2020년 5월 11일

가난한 여성들의 목소리

자신의 몫 이상으로 성실하게 살다

여기 열심히 살아가는 사람들이 있다. 가난을 벗어나려 자신을 옥죄며 살면서, 자신에게 버거운 고통의 부당함을 소리치고 분노하지 못하는 사람들이 있다. 권여선의 소설집, 『아직 멀었다는 말』에 나오는 인물들이다.

단편 '손톱' 속, 소희는 출근시간이 한 시간 삼십 분이나 걸리는 쇼핑센터 매장에서 일한다. 그녀는 한 달에 170만원을 받는다. 그녀는 통근버스를 놓치지 않기 위해 출근 시간을 계산하고, 빚을 갚기 위해서 매일, 매월 지출 계획표를 세운다. 소희는 1500만원 대출이 있는데, 이자가 계속 늘어나고 있다. 이것을 매달 갚는 데 오 년이 걸린다. 여기에 옥탑방 보증금 대출은 포함되지 않는다. 그녀는 보증금 대출에 대한 상환 계획을 짠다. 그리고 옥탑방 계약 기간이 다가와 그것도 계획표에 포함되어야 한다. "소희에겐 계획이 다 있다."

이 문장을 읽었을 때 영화 기생충에서 나오는 유명한 대사가 떠올랐다. "아들아, 너는 계획이 다 있구나." 이 대사가 나오는 장면에는 희망적인 아들의 모습이 보이고, 그런 아들에 의지하는 아버지가 보인다. 그러나 대사는 계획이 무너지는 미래를 암시한다. 자본주의 사회에 대한 감독의 회의적인 세계관을 나타내는 대사다. 계획이 이루어지는 세상이 아니다. 기생충 영화 속에 '계획'은 우화적이고 농담처럼 들렸는데, 권여선의 '계획'에는 불안한 삶이지만 빈틈없이 온몸으로 지켜야 하는 비장함이 배어 있다.

보통 우리는 이렇게 말한다. "계획은 무슨 계획, 하루하루 사는 것도 팍팍한데." 이 말에는 계획은 여유 있는 자만이 할 수 있으며, 욕망의 과정에 진입하기 위한 수단으로 이해된다. 그렇다면 계획이란 아무것도 가진 것 없는 사람들에게는 무의미한 희망을 담는 그릇에 불과한가? 그렇지 않다. 팍팍한 생활일수록 계획 없이 살아가기가 쉽지 않다. 하루하루가 반복된 일상. 쳇바퀴 같은 생활이라 해도 그것은 자연적으로 돌아가지 않는다. 남루한 삶일지언정 자신의 온몸으로 조심스럽게 살아가지 않는다면, 삶의 바퀴는 금방 이탈한다. 마치 살얼음판을 걷는 것과 같다. 자신의 발걸음을 조심스럽게 무게를 감안해서 내디뎌야 한다. 살얼음 너머로 가려면 계획이 필요하다. 소희의 계획은 신분상승을 위한 것이 아니지만 생과 사를 가르는 더 중요한 것이다.

같은 소설집에 실려 있는 또 하나의 단편, '너머'에서, 기간제 교사인 N은 학교의 쪼개기 계약에 진절머리를 친다. 그럼에도 기간제 교사들이 그만둘 수 없다는 것을 학교는 알고 있다. N의 어머니는 요양병원에 입원해 있다. 요양병원에 누워있는 어머니와 자신은 닮았다. "활기도 자유도 없이 바짝 쪼그라든, 기한이 없는, 무기의 죽음을 살고 있는 자신의 모습이 N의 머릿속에 소름 끼치도록 확연하게 떠올랐다."

'친구'라는 단편에서는 새벽 기도로 하루를 시작하는 싱글 맘 해옥이 있다. 해옥은 투잡으로 아들과 자신의 생계를 책임진다. 오전에는 친구를 도와 여성용품을 배달하고 판매하는 일을 한다. 그리고 저녁에는 식당 주방에서 일을 한다. 그녀는 자신이 처한 환경에 대해 불평불만하지 않는다.

아들 민우는 엄마가 일자리를 찾아 옮겨 다닐 때마다 학교를 옮겨야 했다. 민우는 전학온 학교에서 쉽게 폭력의 희생자가 된다. 학교폭력의 희생자인데도, 그저 친구들 사이의 장난 중에 벌어진 일이라 생각한다. 민우는 혼란스럽다. 친구들이 호의와 장난이란 이름으로 자신에게 행해진 행위들을 어떻게 이해해야 하는지.

소설보다 무서운 현실의 늪

권여선의 소설에 나오는 사회적·경제적 약자들의 위태위태한 생활은 아주 낯선 이야기는 아니다. 그리고 극단적 사례도 아니다. 우리 가까이에 있는 이야기들이다. 그럼에도 문학적 서사는 독자가 더 깊은 감정으로 현실과 인물을 만나게 한다. 권여선 소설 속 인물들, 앞에 소개한 인물들은 모두 성실하고, 일하는 곳에서 괜찮은 일꾼으로 인정받는다. 노력이 부족해서 능력이 모자라서 그들이 억울하게 살고 있는 것이 아니다.

작은 소리들

작품에서 전개되는 개인의 개별적인 서사 이상을 독자는 상상하게 된다. 작중 인물들의 고통과 불안이 작품에서 묘사한 정도로 끝나지 않을 것이란 점을 독자는 안다. 계속 위태롭게 지속될 것이란 생각을 떨치지 못한다. 독자는 인물들이 처해 있는 부정하고 부당한 현실의 깊이를 이미 알기 때문이다. 그 늪의 깊이를 작중 인물은 인식하지 못하지만 독자는 긴 여정을 안다. 작가는 작중 인물들이 처해 있는 위기의 원인과 해결 방안을 말하지 않는다. 작가가 말하지 않는 마음의 무게를 독자는 짊어지게 된다.

막막하고 아득한 하루하루를 견디는 인물들을 보면서 절망만을 느끼는 것은 아니다. 인생은 허무하지만, 삶의 동력은 계속된다. 그들에게 버릴 수 없는 것이 있다. 소희에게는 자신을 버린 가족일 것이며, N에는 요양병원에서 자신을 못 알아보는 어머니가 있고, 해옥에게는 아들 민수가 있다. 소설은 희망을 이야기하지는 않지만, 읽는 이들은 숙연해지고, 눈물 가득한 위로를 느낀다.

나는 이 책을 총선 다음날, '사회적 거리두기'가 지속되는 동안 읽었다. 현재의 위기와 관련지어 작품이 읽혔다. 이야기가 계속된다면, 코로나 사태로 소설 속의 인물은 이전보다 더 극심한 환경에서 살고 있음이 분명하다. 소희는 분명히 코로나 사태로 인해서 휴직을 하게 되었을 것이다. 그녀의 계획은 어떻게 될 것인가. 소희는 대출을 계획대로 상환할 수 없어 개인 파산을 신청하거나, 잠적을 할 수도 있다. N도 마찬가지로 일자리를 잃었을 것이다. 요양병원의 어머니는 어떻게 되었을까. 코로나 사태 이후 학교와 마찬가지로 자신도 소소하게 이해타산적인 삶의 태도를 가지게 되었을까. 해옥과 민수 모자는 학폭 가해자의 처벌을 원하지 않는다는 종이에 서명을 하고, 자신들은 다른 곳으로 또 일자리를 찾아 이사를 했을 수 있다. 어차피 그들 앞에 펼쳐진 선택지는 기대할 것이 없다. 빈약한 안전망조차 흔들려지고 있었으니까. 코로나 사태가 없었어도 이들은 낭떠러지 위에 선 자들이었다.

막중한 책임감은 어디로 향하는가

총선이 끝났다. 문재인 정부와 여당은 승리했다. 그들은 총선 결과에 대하여 "막중한 책임감을 느낀다"고 말했다. 여당은 "2004년 총선에서 과반을 차지한 열린우리당 같은 실패는 다시없다"고 강조했다. 총선 후 이와 같은 다짐이 정치적 개혁에만 초점이 맞추어질까 걱정이다. 나는 정부와 여당이 사회적·경제적 약자에게 희망을 주는 정치를 할 수 있는 능력이 있다고 믿는다. 코로나 사태를 통하여 전 세계가 감탄할 만한 실력을 보여준 정부가 아닌가. 소희, N, 해옥이 낭떠러지와 같은 현실에서 벗어나게 하는 정치를 더 이상 늦출 수 없다. 이들의 선택지, 안전망은 정치가 앞장서서 책임져야 한다. 이들은 오랫동안 자기 몫 이상을 해왔다. 절박한 요구에 맞는 정책적 답안이 없는 것이 아니다. 이번 총선에서 승리의 노래를 불렀어야 할 진보정당들의 공약을 보라.

정부와 여당은 희망을 주는 모습을 보여줄 수 있을까. 정부와 여당의 능력을 의심하는 것이 아니라 그들의 마음이 의심스럽다. 소희, N, 해옥의 자리에서 서서 세상을 볼 마음이 있는가. 허망한 세상에서도 절망하

작은 소리들

지 않으려는 이들에게 눈과 귀 모든 감각을 열 수 있는가.

■ 2020년 4월 21일

노동과 노동이 만나는
히말라야 트레킹

'윤리적 소비'라는 부담스러운 말

20년 전에 난 클린 클로드 캠페인(Clean Clothes Campaign)이란 국제적 네트워크 캠페인에 참여한 적이 있다. 이 국제적 활동은 전 세계 의류산업 노동자들의 노동조건 개선을 위한 것이었다. 지금도 이 활동은 지속되고 있다. 우리가 익히 알고 있고, 많이 이용하는 국제 브랜드 제품들은 국제적 생산망을 통하여 생산된다. 나이키, 아디다스 등의 미국 본사는 디자인, 마케팅만 담당한다. 그 제품 생산은 하청을 준다. 그 하청 회사의 대표적인 회사들이 한국, 대만 기업 등이다. 지금은 이런 관계가 어떻게 변했는지 모르겠으나 당시는 두 국가의 기업들이 대부분 맡았다. 이들 하청기업은 공장을 보다 싼 임금, 장시간 근로가 가능한 개발도상국에 차린다. 직접적인 생산자는 본사의 사무실, 하청공장의 사무실에서 먼 곳의 노동자들이다. 이런 다층적 국제적 생산망을 가지고 있는 것은 의류산업만이 아니다. 대부분 제조업 제품 생산이 비슷한 체계와 과정을

작은 소리들

통해 이루어진다.

클린 클로드 캠페인은 의류 노동자의 노동조건 개선을 위해서, 최소한의 행동규정 (Code of Conducts)를 만들어 본사와 하청기업에 이를 지킬 것을 촉구하고, 현장의 노동자와 노동조합 활동을 지원한다. 이러한 캠페인 활동 중 하나가 소비자의 '윤리적 소비'를 촉구하는 것이다. 소비자가 소위 노동 착취 공장(sweatshop) 제품을 구매하지 않도록 하는 캠페인을 전개한다.

이런 윤리적 소비 활동을 촉구하는 것이 얼마나 효과가 있는지 의문이 들 때가 많았다. 중저가 제품도 이제는 국제적 브랜드로 소비자를 유혹하고 있다. 디자인 좋고 질 좋은 제품을 값싸게 사고 싶은 가난한 소비자에게 큰 책임의식, 도덕적 죄책감을 주는 것이 아닌가 하는 회의도 있었다.

요즘은 윤리적 소비행위가 다양한 분야에서 전개되고 있다. 공정무역, 공정여행 등이 그것이다. 고백하자면 나는 공정여행이란 것에 관심이 별로 없었다. 여행이 나에게는 일상 생활비를 쪼개서 가는 것이기 때문에, 되도록 최대한 싸게 할 수 있는 여행을 선호했다. 여행지에서 공정을 고민할 정도의 여행 수준은 아니라고 생각했다.

그러나 누군가 여행과정 내내 나를 옆에서 도와주고 있다면 생각이 달라진다. 나의 히말라야 트레킹 여행은 다른 눈을 갖게 했다. 트레킹은 고된 것이었다. 고된 노동과 고된 트레킹이 만난다. 트레킹을 하면서 직접적으로 셰르파/포터들의 노동을 목격하면서, 국제 의류노동자 캠페인을 할 당시의 국제적 노동 연결망이 떠올랐다.

고된 노동이 만들어주는 트레킹

'히말라야 한국원정대 등반 중 사망'이란 뉴스를 들은 것은 항공권 예약이 끝난 후였다. 이들 원정대에는 4명의 현지인이 함께 했다. 그들의 시신도 발견되었다. 경향신문은 셰르파 죽음에 대한 기사를 작게 실었다. 오래전부터 국제적 문제가 되고 있는 셰르파의 고충과 죽음으로 셰르파 가족이 겪어야 할 고통과 남겨진 생활고를 다루었다. 셰르파 가족이 받는 유족보상금은 겨우 415달러였다(2014년 기준).[*]

히말라야 트레킹은 많은 사람들이 알다시피, 포터의 도움이 없이는 단독으로 하기 힘들다. '할 수 없다'로 썼다가 '하기 힘들다'로 바꿔 썼다. 트레킹 도중에 대형 배낭을 메고 가는 트레커들을 봤다. 여성도 있었다. 우리가 택한 트레킹 코스는 해발 5000m 이하였다. 그 이상도 단독 트레킹을 시도하는 사람이 있는지는, 내가 실제로 목격하지 못했으니 모르겠다.

나와 함께한 팀원은 모두 8명이었는데, 누구도 단독 트레킹을 시도조차 하지 않았다. 가이드 3명, 포터 3명이 동행했다. 포터 3명이 8명의 짐을 날랐다. 트레커들은 하루 트레킹에 필요한 필수품만 배낭에 넣고 걷는다. 3명의 가이드도 모두 포터부터 시작하면서 일을 배웠다 한다. 가이드가 되기 위해서는 포터는 필수 과정인가 보다.

---

[*]
「함께 정상에 올랐지만… 이름 없는 그들, 셰르파」, 『경향신문』, 2018.10.1

작은 소리들

포터들의 나이는 17~18세 정도였고, 몸무게는 60킬로 정도였다. 그들이 짊어져야 하는 짐은 25~35킬로였다. 한 달 최저임금이 13만원인 네팔에서 포터의 하루 일당이 2만원 정도이니 나쁘지 않다고 했다. 물론 이들을 고용한 가이드나 트레킹 에이젼스에 따라서 그 일당은 적어질 수 있다. 우리와 동행한 포터들이 얼마나 받는지 알 수 없었다. 우리는 헤드 가이드에게 돈을 지불했고, 헤드 가이드가 포터를 고용했다. 가이드들은 작은 배낭을 메고 우리의 트레킹을 리드하거나, 나 같은 힘겨워하는 트레커들이 포기하지 않도록 뒤에서 함께 동행해 준다.

히말라야 험난한 길을 따라 짐을 나르는 사람은 트레킹 포터만이 아니다. 차량이 다닐 수 있는 길이 없으니, 물자를 운송하는 것은 사람과 동물이다. 말, 당나귀와 야크가 그 동물이다. 가이드에 따르면 이들 동물이 한 번에 보통 50킬로 이상을 나른다고 한다. 등에 상처가 나서 뻘겋게 살을 드러낸 말을 트레킹 중에 보았다. 여성도 예외가 아니다. 나에게는 혁할 정도의 무게와 부피의 짐을 대나무 광주리에 담아서 등에 지고 있었다. 벌목을 해서 연료용 나무로 잘라서 나르는 사람들도 보았다. 이들이 운반하는 것에는 가전제품, 건축자재 등 다양하다.

이들이 나르는 물품이— 쌀, 미네랄물통, 음료수, 연료용 나무, 가스통 등— 없으면 트레킹은 불가능하다. 포터 없이 트레킹을 하는 등산객도 이런 물품은 필요하다. 트레커들은 이들 노동에 의존해서 트레킹을 한다. 카페에서, 숙소에서 먹고 마시고 잘 수 있고, 히말라야가 주는 풍경과 문화에 젖을 수 있다. 우리는 그들에게 트레킹 내내 미안한 마음을 가질 수밖에 없었다. 이들의 노동에 조금이라도 보답할 일은 무엇일까. 팁을 많이 주는 것, 그들에게 끊임없이 미소와 감사 인사를 보내는 것으로 족할까.

절경을 호흡하게 하는 노동의 권리

트레킹은 네팔 현지인이 아닌 서구인이 만든 운동이다. 트레킹을 돕는 셰르파의 일도 서구인의 필요에 의해서 생긴 것이다. 현지인들은 설산을 오를 생각을 하지 않았다. 그 산은 신들의 산이기 때문에 존경의 대상일 뿐이었다. 어쩌면 감히 접근해서는 안 되는 곳이었다. 지금은 '가이드'라는 보통명사로 사용되는 '셰르파'는 히말라야 고산지대에 거주하는 부족 이름이다. 이들은 고산에 적응력이 뛰어나서 트레킹에 주요한 인력이 되었다. 유명 등반가 옆에 있었던 동행자들은 셰르파 출신이다.

현재는 셰르파족만이 포터가 되는 것이 아니다. 포터들은 고산에 적응할 수 있는 체력을 타고났다고 생각하지만 그렇지 않은 경우가 많다 한다. 일자리가 부족한 네팔이기 때문에 다른 부족들도 이 일에 참가한다. 대부분 포터들이 저지대에 사는 가난한 농부이거나 가난한 가정의 소년들이다. 그들에게도 짐 나르는 일과 트레킹을 돕는 일이 평범한 수준의 노동 강도는 아니다. 네팔 포터가 겪는 동상, 고산병 등으로 인한 피해가 서구 트레커들보다 4배 높다는 보고도 있다.[*]

★
투어리즘 컨선(tourismconcern). 영국의 공정여행 단체.

이런 환경을 개선하기 위해서 네팔노동조합은 포터들을 조직하고 있다. 유럽의 몇몇 단체에서는 포터들의 노동조건 개선을 위한 캠페인을 진행 중이다. 이들 캠페인 단체의 정책에는 다음과 같은 것이 포함된다. 혹독한 기후로부터 포터를 보호할 수 있는 적절한 의류 제공, 적절한 숙소와 음식 제공, 생명보험과 적절한 의료서비스 보장, 사고나 병이 생겨도 임금 제공, 짐무게는 최대한 20킬로, 16세 미만 아동 고용 금지 등이다. 또한 이들은 히말라야 트레킹을 준비하는 해외 여행객에게, 포터들의 권리를 위한 운동에 동참하는 여행사, 가이드들과 함께 여행계획을 세울 것을 당부하고 있다.**

"히말라야를 한 번도 안 가본 사람은 있지만, 한 번만 가본 사람은 많지 않다"는 유명한 말이 있다. 히말라야 설산을 오르는 것은 감히 욕심을 낼 수 없고, 설산을 가까이 볼 수 있는 곳, 4000 미터 높이의 장소로 가는 여정도 육체적· 정신적 한계를 경험해야 닿을 수 있다. 그런데 그 힘든 여정에서 보는 풍광은 감탄사 외에는 어떤 말도 이어지지 못하게 한다. 히말라야 산맥이 만들어내는 마을, 사람, 동물, 식물 등 모든 생명이 여행객에게 예전과 다른 정신적, 정서적 감응을 경험하게 한다. 이러한 감응이 다시 네팔을 찾게 만든다. 이런 새로운 경지를 만날 수 있게 하는 것은 바로 옆에 앞에 셰르파/포터들이 있기 때문이다. 그들의 노동이 소박한 삶과 여행객의 정서를 이어지게 한다. 나마스테!

■ 2018년 11월 13일

**
월드 엑스페디션(world expedition)

프라이드와 프라이드가 만날 때

횡단의 정치와 우정을 보여준 유쾌한 이야기

내가 영화 『런던 프라이드』 리뷰를 써봐야겠다고 생각한 것은 시애틀 뉴스 때문이다. 올해 열린 시애틀 퀴어 축제에서 찰리나 라일스에 대한 추모행사가 있었다. 찰리나 라일스는 경찰에 살해된 흑인여성이다. 이 행사는 퀴어 축제와 다른 성격의 이슈, 특히 인종차별에 항의하는 이슈가 결합한 것이었다. 이 추모식을 진행한 행진 참가자들은 'No Justice No Pride'라는 피켓을 들었다. 이 구호는 프라이드 행진 주제를 성소수자만의 이슈로 제한하고, 탈정치화하려는 움직임에 대한 경고이다.

남자시민, 이성애자, 이성애자가족 구성이 주류인 사회에서 소수의 정체성을 드러내는 것 자체로서 진보성을 가지고 있다. 이런 점에서 성소수자 운동만이 아니라 페미니즘 운동 등 정체성 인정 운동이 갖는 의의는 크다. 비주류와 소수의 정체성을 보이고, 여론화하는 것 자체만으로 힘겹고, 숱한 위험에 노출되는 활동이다. 소수자와 관련한 다양한 이슈가 아직도 해결되지 않고 있으며, 길, 거리, 학교에서 만나는 세상에는 혐오가 깊이 존재한다. 이런 역경 속에서도 소수자 운동은, 시애틀 프라이드와 같이 협의의 정체성 정치에 머무르지 않고, 내부의 다양성과 밖으로 연대하는 횡단의 정치를 실천하고 있다.

이와 같은 주제를 다룬 영화가 『런던 프라이드』이다. 런던 퀴어 그룹과 탄광노동자와의 횡단의 정치를 실천한 실화를 영화화한 것이다. 이 영화의 배경이 된 1984~85년은 영국 대처주의가 극성을 부리던 때였다. 포클랜드 전쟁으로 철의 여인이란 별명을 가진 대처는 외부의 적에서 내부의 적으로 총을 겨눈다. 1983년 9월 대처 정부는 채산성이 맞지 않는 탄광들을 폐쇄하겠다고 발표했고, 이에 맞서서 전국광부노조는 1984년 3월 총파업에 들어갔다.

영화 제목인 프라이드는 성소수자 운동을 상징하는 단어이고, 퀴어 행진을 프라이드 행진, 프라이드라고 부른다. 그래서 이 영화 제목만을 봤을 때 퀴어 영화만으로 오해할 수 있다. 하지만 영화 속에서 프라이드는 단순히 퀴어 행진 또는 퀴어들의 자긍심만을 의미하지 않는다. 프라이드는 탄광노동자의 프라이드이기도 하다. 당시 파업에 참가한 노동자의 실제 인터뷰가 영화 제목 프라이드가 열심히 살아가는 사람들, 모두에게 바치는 단어임을 보여준다.

"비록 은행잔고가 바닥이 나고 있지만, 자긍심(pride, self-respect)을 가진 채 투쟁을 해 나갈 것이다."

또한 프라이드는 각각의 투쟁 속에만 살아 있는 단어가 아니라, 이질적 성격의 그룹이 만날 때, 연대 활동에도 놓칠 수 없는 핵심이라는 것을 영화는 말한다. 처음 만나는 사람 사이, 특히 이질적인 사람들 사이에 어떻게 이해하게 되는가, 어떻게 손을 잡는가를 구체적으로 보여준다는 점이다. 각각의 프라이드를 서로 인정하면서, 나아가 문화 수용, 소통으로 이어지고, 이를 통하여 자신들을 재구성하는 미덕을.

손과 손을 맞잡고 만드는 변화

탄광노동자와 도시의 성소수자 이들은 대단히 이질적 성향을 각각 가지고 있다. 남성적이며 위계적인 질서가 강한 탄광노동자와 도시적이며 자유분방한, 성소수자의 만남은 그 자체로 상상하기 힘든 조합이다. LGSM(Lesbians and Gays Support Miners, 광산노동자를 위한 레즈비언/게이 그룹)의 광산노동자 지원을 위한 모금 활동이 처음부터 상호 환영하면서 이루어진 것은 아니다. 광산 노동조합은 지지세력이 동성애 단체라는 것만으로 전화도 받지 않는다. 이러한 연대 활동에 성소수자들 다수도 동의하지 않는다. 성소수자 이슈, 특히 에이즈로 고통받는 성소수자들에 집중해야 한다는 의견도 있었다. 소수의 성소수자 활동가들로 구성된 LGSM이 만난 노동자는 전국 단위의 커다란 노동조합이 아니라 웨일스의 둘라리스 밸리라는 작은 탄광촌 노동자였다.

영화 속에서 연대의 출발점은 LGSM의 모금활동으로 시작되고, 영화는 LGSM 회원들이 탄광노동자를 지원하는 이야기를 중심으로 전개된다. 그러면서 영화감독은 대처시기에 가장 탄압을 많이 받았던 노동운동에 대한 존경심을 곳곳에서 보여준다. 영화의 첫 화면은 당시의 노동자들 파업과 시위 장면으로 배치하고, 100년 된 둘라리스 계곡 탄광지역의 깃발이 마지막 화면을 채운다.

> "저기 마을 회관에는 100년 이상 된 깃발이 있지. 노동운동을 상징하는 깃발인데, 손과 손을 이렇게 잡는 그림이지."

이 대사는 둘라리스 밸리 지역 대표 다이가 모금활동을 이끌어온 마크에게 한 것이다. 다이는 노동운동의 상징인 손과 손을 맞잡는 그림을 가슴으로 이해하는 사람이다. 남성 노동자 간 악수는 다양한 계층의 악수로 이어진다. 운동 영역을 넘어서 손과 손을 잡는 행위가 진실한 노동운동이며, 사람 사이의 우정과 신뢰를 쌓아가는 것이 진정한 목표라고 영화는 말한다. 이는 거꾸로 다른 운동도 마찬가지일 것이다.

영화는 여러 유형의 우정을 보여주는 데, 그중 영화 감상 후에 내 기억에 오랜 잔상으로 남는 장면이 몇 개 있다. 우선, 탄광촌 시골 아줌마와 게이와의 우정이다. 게딘이란 게이가 에이즈에 걸린 파트너, 조나단을 시골아줌마에게 돌봐달라고 부탁하고, 조나단은 시골 아줌마의 미래를 위한 충고와 격려를 아끼지 않는 장면이다. 이들은 정치적 동기로 만났으나 이에 그치지 않고 개인적 우정으로 발전하며 스스로를 재구성한다.

그리고 또 다른 감동은 웨일즈의 나이 든 노동자, 클리프가 여성동지, 헤피나에게 커밍 아웃을 할 때이다. 클리프는 자신의 성정체성을 밝힐 용기를 LGSM과의 교류를 통해서 갖게 된다. 클리프와 헤피나는 시위에서 먹을 빵을 만들고 있다. 클리프는 조용히 수줍은 표정으로 헤피나에게 자신의 성 정체성을 밝힌다. 헤피나는 그의 정체성을 오래전부터 알고 있었다고 말하면서, 침묵으로 그의 용기를 보듬는다. 내부에 다양성을 포용하는 멋진 장면이다. 조용히 앉아 파업에 쓸 빵을 써는 나이 든 남녀의 모습은 마치 밀레의 만종을 연상시켰다. 추수가 끝난 후 고단함 속에서 감사기도를 드리는 모습과 닮았다.

84년 탄광 노동자들의 파업은 실패했다. 대처는 폐광 발표 1년 전부터 석탄을 광부들의 손길이 미치지 않는 곳에 비축하고 운송망을 정비하는 등 노조의 파업에 대비하고 있었다. 파업은 1년 이상 계속됐지만 노조는 1985년 2월 손을 들었다. 이 파업뿐만 아니라 이어진 철강노동자 파업 등도 실패했다. 그렇지만 대처리즘이 성공한 것은 아니다. 그 이후 영국은 국가경제는 강해졌다고 하나 인플레이션과 세금은 치솟고 복지혜택은 급격히 축소되었다.

끊임없이 대처와 같은 지배세력은 내부와 외부에서 적을 만드는 분리지배 정책을 통하여, 국민에게 어느 편에 설 것인가를 강요한다. 하지만 이런 강요는 인간 간의 교류, 가치와 문화 교류 속에 일어나는 변화를 막을 수는 없다. 그것은 온전히 자신을 변화시키는 것이기 때문이다. 작은 탄광촌과의 연대는 전국단위 노동조합에도 감격을 주어, 이후 노동당이 동성애 권리를 강령으로 승인하는 성과를 만들어냈다. 이러한 변화는 누구도 탈취하지 못한다.

올해 서울 축제는 시청광장에서 7월 15일에 열릴 예정이다. 서울광장

작은 소리들

집회 허가를 놓고 반동성애단체는 서울시장을 상대로 사용승인을 취소하라고 요구하고 있다. 그러나 더 많은 사람이 다양한 깃발과 피켓을 들고 참여할 것으로 예상된다. 이 속에서 노동조합 깃발, 사드 배치 반대, 양심수 석방의 깃발 등이 동시에 행진하는 모습을 상상해 본다. 이들은 단순히 자신의 요구만을 나열하는 정치가 아니라 서로의 프라이드가 교차하는 정치를 만들어낼 것이다.

■ 2017년 7월 13일

구의역 사고와 돈키호테식 정의

양치기 소년이 돈키호테를 거부한 이유

"돈키호테 기사님, 제 불운은 제가 감당할 테니 내버려 두세요"*

'돈키호테' 하면 떠오르는 이미지는 광인이다. 돈키호테는 기사소설에 빠져 분별력을 완전히 잃어버리고 만다. 편력기사가 된 돈키호테는 현실과 환상이 뒤죽박죽 되어 기상천외한 모험을 한다. 돈키호테의 모험 중 유명한 에피소드는 풍차를 거인으로, 양 떼를 군대로, 놋대야를 투구로 오인하여 일으킨 것, 주로 망상에 사로잡혀 일어난 황당한 사건들이다.

그런데 돈키호테의 모험에 망상이 일으킨 황당한 일만 있었던 것은 아니다. 환상이 아닌 현실을 직시한 일들도 있다. 그중 하나가 양치기 소년

★
이 단락은 『돈키호테Ⅰ』(열린책들)을 참조하였음.

과 얽힌 노동문제였다. 이 사건은 돈키호테가 (객줏집의 주인으로부터) 기사 서품을 받은 후 행한 첫 번째 기사 행위였다.

기사 서품을 받은 후 첫날 돈키호테는 숲 속에서 양치기 소년이 주인에게 나무에 묶이어 매질을 당하는 것을 목격한다. 주인은 양치기 소년이 정신을 딴 데 팔아서 매일 양 한 마리씩을 잃어버려서 벌을 주고 있다고 하고, 양치기 소년은 주인이 밀려있는 급료를 주지 않으려고 비열한 짓을 한다고 말한다. 돈키호테는 똑바른 정신으로 판단하여, 주인에게 양치기 소년을 풀어주고 급료를 줄 것을 명령한다. 완전무장한 채 자신의 얼굴에 창을 휘두르는 돈키호테에게 겁에 질린 주인은 소년을 풀어준다. 그리고 지금 돈이 없으니 집에 돌아가서 급료를 주겠다고 약속을 한다. 그러자 소년은 겁을 먹고 집에 주인과 같이 돌아가지 않겠다고 하며, 자기가 혼자 남게 되면 주인이 자신의 살가죽을 벗겨버리고 말 거라고 호소한다.

이런 소년의 호소 앞에 돈키호테는 말한다. "그런 짓은 절대로 하지 않을 거다. 내 말을 지키도록 명했으니 괜찮을 게야." 그리고 주인에게 다음과 같이 경고한다. "만일 어길 경우에는 내가 다시 돌아와 벌할 것을 맹세로 맹세하오, 진실로 약속이 이행되기 위해서 그대에게 명령하는 자가 누구인지 밝히자면 나는 모욕과 불의를 쳐부수는 용맹스러운 돈키호테 라만차요."

이 행동은 돈키호테가 편력기사가 되려고 결심한 이유에 합당한 것이었다. '모욕을 되돌려주고 불의를 바로 잡고 무분별한 일들을 고치고 권력의 남용을 막으며 빚은 갚아 주어야' 했기 때문에 편력기사가 된 것이었다. 편력기사의 의무, 불의를 바로 잡는 일로 노동문제 해결만큼 더 적합한 사건은 없었다. 돈키호테는 노동문제를 원만히 해결되어 아주 만족스러웠다. 기사 생활이 무척이나 행복하고도 멋지게 시작된 것에 우쭐하면서 길을 떠났다.

그러나 돈키호테가 길을 떠난 후 소년은 더 불행해졌다. 주인은 돈키호테가 사라지자 양치기 소년을 다시 떡갈나무에 묶고 더 심하게 팬다. 주인은 돈키호테로부터 받은 모욕에 대한 분풀이로 소년을 남자 구실을 못할 정도로 두들겨 때린다. 용감한 기사 돈키호테는 이런 식으로 불의를 바로 잡았다.

소년은 이후 돈키호테와 다시 만나게 된다. 소년으로부터 주인이 약속을 지키지 않았을뿐더러 소년에게 더 심한 매질을 했다는 이야기를 들은 돈키호테는 소년의 복수를 하겠다고 맹세한다. 그러자 소년은 "그런 맹세 저는 안 믿어요."라고 되받아친다. "편력기사 나리, 혹시 다시 만났을 때 제가 발기발기 찢기고 있는 걸 보시게 되더라도 제발 저를 구해주거나 도와주려 하지 마세요. 제 불운은 그냥 제가 감당할 테니 내버려 두세요. 그 불운도 나리의 도움으로 인한 것만큼은 아닐 테이니까요. 이 세상에 태어난 모든 편력 기사들과 당신께 하느님의 저주가 있기를 바랍니다요."

이 소년의 직설적인 말에 모욕을 받은 돈키호테는 분개하여 양치기 소년을 벌하려고 하지만 소년은 줄행랑을 치어 도망간다. 이렇게 돈키호테의 첫 정의로운 행동은 씁쓸하게 끝이 난다. 그러나 주위를 곤욕스럽게 하는 행동은 편력기사의 모험 내내 계속되었고, 편력기사는 혼란과 모욕

작은 소리들

이 자신에서 비롯되었다는 것을 모른다.

돈키호테식 정의 실현

돈키호테가 양치기 소년을 구하지 못한 이유는 무엇인가? 소년의 호소를 듣지 않았기 때문이다. 소년의 호소, 홀로 남겨지면 주인이 자기를 더 때릴 것이란 말을 무시했다. 소년의 호소보다 주인을 기사법도를 지키는 사람으로 오해하고 그의 약속을 믿었다. 아니, 돈키호테는 주인을 신뢰했다기보다는 편력기사로서 자신을 더 신뢰하고 있었다. 감히 편력기사를 무시할 것인가라는 과대망상에 사로잡힌 것이다.

결국 돈키호테의 정의 실현방식은 바람처럼 세상의 고통을 스치고 지나가는 것이다. 편력기사의 문제는 능력에 맞지 않게 세상사에 개입한 것이 아니라 양치기 소년의 고통에 아파하지 않은 데 있다. 고통의 원인과 깊이를 들여다보지 않았다. 그것은 바람처럼 스치는 동정과 연민일 뿐이다. 이런 태도와 감정은 아픔을 실감하지 못한다. 그리고 수잔 손택이 말한 것처럼 "연민은 쉽사리 (연민하는 자의) 무력함뿐만 아니라 무고함(자신이 저지른 일이 아니다)까지 증명해 주는 알리바이가 되어버린다."(수잔 손택, 『타인의 고통』 중) 그래서 연민은 피해자를 위한 것이 아니고, 피해자에게 모욕이 되는 것이다.

돈키호테의 저자 세르반테스는 양치기 소년의 사건을 통하여 돈키호테식 정의를 풍자하고 있다. 자기만족, 자기 환상 속의 정의를 꼬집고 있다. 이러한 행위를 단순히 광인의 어이없는 소동으로만 볼 수 없다. 세르

반테스는 광인을 내세워서 현실의 인간과 사건을 적나라하게 드러내고, 세상이 미쳤다고, 이성을 잃었다고 고발하고 있다. 그렇다면 지금 우리는 돈키호테식 정의 실현 방식과 얼마나 다른가?

또 지하철에서 사고가 났다. 매년 스크린 도어 고장으로 인명사고가 나더니 올해도 아까운 생명이 어이없이 죽었다. 만 19세의 청년이 구의역에서 죽임을 당했다. 구조적으로 예상되었던 안전사고였다. 이런 안전사고가 날 때마다 정치인들은 일제히 사고현장을 찾아간다. 누가 먼저 현장에 도착할 것인가를 놓고 경쟁을 한다. 그리고 돈키호테처럼 맹세에 맹세를 한다.

1:29:300이라는 하인리히 법칙이 있다. 1건의 대형사고가 일어나기 전에는 29건의 중간 사고, 300건의 이상 증후가 나타난다는 것을 밝힌 법칙이다. 결국 1건의 인명사고가 나기 전에는 인명사고를 알리는 비상 경보등이 여러 번 신호를 낸다. 그런데 사회는 이를 무시하거나 개별 노동자의 안전 판단과 책임에 맡기어 버린다. 그래서 죽은 후에도 노동자는 자신이 잘못이 아니라는 것을 소명해야 하는 원통한 상황은 계속된다. 그래서 노동자의 어머니는 이렇게 호소한다. "우리 아이의 잘못이 아님을 반드시 밝혀 주십시오. 그래야 우리 아이의 원통함을 밝힐 수 있을 것 같습니다."

이상 증후와 경미한 사고에 대하여 예리하게 바라보지 못하고, 말의 약속만을 믿는 돈키호테식 안전 대책으로 인하여 대형사고는 반복되고 있다. "차라리 우리 아이를 책임감 없는 아이로 키웠다면 차라리 그런 아이였다면 제 곁에 있을 것 아닙니까?"라는 어머니의 피맺힌 심정에 답을

작은 소리들

주는 애도를 해야 한다. 폭력적 작업환경에 노동자를 몰고, 폭력적 작업환경을 중지시키지 못한 것에 우리는 사과해야 한다. 애도의 정치는 바로 죽음을 양산하는 작업환경에 대하여 중지를 명령하는 것으로 시작되어야 한다.

17세기 양치기 소년은 채찍을 둔 주인의 말만을 믿은 돈키호테에게 다음과 같은 말을 했다. "제 불운은 그냥 제가 감당할 테니 내버려 두세요. 그 불운도 나리의 도움으로 인한 것만큼은 아닐 테이니까요." 17세기 양치기 소년의 '차라리 내버려 두세요'라는 호소는 공허한 맹세를 멈추라는 외침일 것이다.

■ 2016년 6월 4일

『객지』를 읽게 하는 세상,
한국판 '게 공선' 현상

"980만 비정규직노동자들은 정글의 세상에서 생존경쟁을 벌이며 희망 없는 하루하루를 버티며 살고 있습니다. 그런데 정부와 새누리당의 비정규 악법은 그나마 2년 뒤 정규직이 될 수 있다는 비정규직 노동자들의 소박한 꿈과 기회마저 없애 버리겠다는 것입니다. 규제 없는 파견확대로 합법적인 사람장사인 파견노동으로 좋은 일자리를 뺏도록 하겠다는 것입니다. 나이 50이 넘으면 당연히 파견노동을 해야 하는 법안이기도 합니다."

한상균 민주노총 위원장이 구속됐다. 위원장은 기자회견문에서 박근혜 정부의 노동법 개혁을 규탄했다. 민주노총이 12월 16일 3차 총파업을 했고, 노동법 개악 저지를 위해서 내년 초까지 비상투쟁태세를 유지한다는 입장이다. 박근혜 정부의 노동법 개악 움직임을 보며, 노동자의 내일을 상상본다.

작은 소리들

일본 프레카리아트가 부활시킨 『게 공선』

2008년 일본에서 이상한 일이 벌어졌다. 1929년에 고바야시 다키지가 쓴 소설, 『게 공선(工船)』이 무려 80만부가 팔리는 이변이 일어난 것이다. 소설은 법적인 보호 장치 없이 게잡이 어선에서 일하는 노동자들이 비인간적인 노동착취를 견디다 못해 자연발생적으로 조직적 저항에 나서게 되는 과정을 그리고 있다.

80년이 지난 소설을 현재로 불러온 배경은 프레카리아트(precariat)의 현실이다. 일본에서는 1985년 노동자파견법 제정으로 노동자 파견에 대한 법적 규제가 풀렸다. 그리고 이러한 제도의 영향으로 노동자 파견이 급속하게 확대되었다. 이러한 상황은 불안정한 노동, 프레카리아트 계급을 탄생시켰다.

프레카리아트는 1920년대 고립된 어선의 노동자의 처지에서 자신을 보았다. 현재 일본 프레카리아트의 노동조건이 아무리 열악한들 1920년대와 비교하는 것은 무리이다, 선동적인 목적을 위해서 의도적으로 과거를 불러온 것이라고 혹자는 비판할 수 있을지 모른다. 그러나 프레카리아트들은 1920년대 노동자와 자신과의 근본적이며 중요한 공통점을 찾았는데, 그것은 캄차카 바다에 둥둥 떠 있는 노동자와 자신들이 일회용으로 사용되는 노동력으로 취급되고 있다는 점일 것이다. 『게 공선』의 표현대로라면 '버리는 종이'와 같은 신세라는 점이다.

프레카리아트가 『게 공선』을 통하여 얻은 또 다른 중요한 점은 '우리에게 우리 말고는 같은 편이 없다'는 의식일 것이다. 책 속에서 이러한 노동자들의 각성은 구축함에 대한 태도에서 드러난다. "갑판에서 일하고 있으면, 수평선을 가로질러 남하하는 구축함이 자주 눈에 띄었다. 그 후미에 일본 국기가 펄럭이는 모습이 보였다. 어업노동자들은 흥분해서, 눈물을 글썽이며 모자를 손에 쥐고 흔들었다. 저것뿐이다. 우리 편은 저것뿐이라고 생각했다." 그런데 우리 편이라 믿었던 구축함의 군인은 파업 후 공선에 올라와 파업의 핵심 노동자를 호송해 가고, 자신들을 감시하는 것을 목격하게 된다. 이를 보고 노동자들은 '우리나라의 군함이 국민의 편이 아님'을 깨닫는다.

이렇게 '게 공선 현상'은 2000년대 일본의 프레카리아트의 심각성을 나타내면서 동시에 그들 스스로의 저항이 필요하다는 것을 알리고 있다.

『객지』, 70년대로 역진하는 한국

한국의 비정규직 상황은 일본보다 더 심각하다. 최근에 우리나라의 노동 관련 지표가 OECD 회원국 가운데 거의 모든 주요 부문에서 최하위권이란 결과가 나왔다. 한국의 비정규직은 2013년 8월 기준 409만2000명이다. 비정규직 비율이 OECD 국가 평균의 두 배이다. 이 비율은 일본보다 높다. 이 수치가 놀라운 일이지만, 민주노총이나 한국노동사회연구원이 파악하는 비정규직 규모는 정부의 자료보다 훨씬 크다. OECD보고서에 따르면 비정규직의 정규직 전환율이 OECD 평균의 절반치보다 낮다. 그런데 박근혜 정부와 새누리당은 노동법 개악을 통해서 노동의 유연화를 더욱 심화시키려 한다.

불행하게 박근혜 정부의 의도가 성공한다면 한국에서는 어떤 문화 현상이 나타날까 상상해 본다. 일본의 프레카리아트가 『게 공선』를 선택했다면, 한국의 프레카리아트는 『객지』를 불러오지 않을까.

『객지』는 황석영의 1971년 작품이다. 이 소설은 60년대 말과 70년 초, 한창이던 간척사업 현장의 노동자의 삶을 이야기하고 있다. 『객지』 속 노동현장은 마치 캄차카 바다에 떠있는 게잡이 배와 같다. 무법천지, 아니 그 시대의 법이 지배하는 세상이다.

『객지』의 시대적 배경은 5.16 쿠데타로 집권한 박정희 정부가 경제개발, 산업화에 박차를 가하고 있던 시기이다. 『객지』 속 식당에 붙어 있는 구호, '건설은 국력의 상징이다'가 보여주듯이 국력과 국민이 모순 없이 인식되던 시기이며, 개발국가의 국민으로서 의식이 고취되던 시대이다. 산업화, 근대화라는 이름 아래 모든 것이 가능했던 때이다. 이런 기조는 국민경제를 살리기 위해서 노동자와 서민을 희생시키는 현재까지 지속되고 있다.

간척사업 현장에는 부랑노동자들이 일한다. 이들의 위에는 '십장–감독–소장'이라는 복잡한 질서가 있다. 누구 하나 노동자에 대한 직접 책임은 지지 않고, 권한과 권력만 자유롭게 발휘되는 곳, 바로 오늘의 비정규직, 파견노동의 현장과 비슷하다.

『객지』의 간척사업 현장은 70년대의 노동 상황만을 상징하지 않는다. 70년대의 정치사회 상황의 축약판이라고 보아도 좋다. 강요만이 지배하는 곳, 소통이 전혀 없는 곳이다. 이 현장에 깨어있는 사람과 저항이 없었던 것은 아니다. 이러한 저항에 대하여 권력은 항상 노동자 분열과 회유,

가차 없는 해고, 폭력으로 대응한다. 노동자들은 좌절하고 떠나지만 또 다른 송곳은 나타나서 외로운 저항을, 다른 내일을 준비한다. 소설의 마지막은 송곳, 동혁의 의연한 결의와 동료 노동자에 대한 믿음으로 맺는다. "꼭 내일이 아니어도 괜찮다"는 외침으로.

부랑노동자를 부른다

『객지』는 부랑노동자의 이야기이다. 그런데 부랑노동자란 누구인가? 사전적 의미로 부랑자는 일정하게 사는 곳과 하는 일 없이 떠돌아다니는 사람이다. 노동자가 부랑자가 되는 것은 그들의 의지가 아니다. 『객지』에서는 부칠 땅 조각 하나 없는, 작은 점방 하나 낼 돈이 없는, 대처 공장에서 일할 기술이 없는 사람들이 부랑노동자가 되며, 이들을 계속 부랑하게 만드는 것은 바로 박정희 정부의 경제정책과 고용정책이었다. 오늘도 다르지 않다. 불안정한 고용 상황이 부랑노동자를 낳는다. 현재적 의미로 하면 비정규직 노동자이다.

박근혜 정부는『객지』의 상황으로 우리를 몰고 있다. 일정하게 지속적으로 일을 할 자리가 없는 부랑노동자를 확대하는 시대에 우리는 살고 있다. 박근혜 정부는 정치상황만 70년대로 돌리려 하는 것이 아니다. 정치적 상황은 경제적 이해관계가 작동하고 있다는 것을 부정할 수 없다.

부랑노동자로 만드는 세상, 개별로 모래알처럼 흩어지라고 주문하는 시대에『객지』의 의미를 다시 생각한다.『게 공선』이 노동자 계급 집단을 강조한다면,『객지』는 노동자 개인에 대한 따뜻한 인간미를 보여준다.

소설은 장 씨, 목 씨, 한동이, 대위, 동혁 등의 부랑노동자의 이름을 부른다. 회사의 회유에, 기업 편이 되어도 그들의 이름을 부르며 기다린다. 『객지』는 내 옆에 나만큼 힘들어하는 동료에게 따뜻한 말과 몸짓을 건네게 하는 소설이다. 오늘 우리가 『객지』를 다시 읽는 이유는 박근혜 정부의 공이지만, 『객지』는 인간 노동자를 다시 바라보게 한다.

■ 2016년 1월 1일

제4장

여자가 살아가는 방법

평화는 진실한 목소리에서 온다

태극기가 바람에 휘날립니다

지난 일요일 아침 산책 중 만세소리를 들었다. 멀리 공원에서 소리가 들려왔다. 만세 소리를 따라가니 태극기가 가득하다. 태극기를 보니 혹시 '태극기 부대 집회'인가 싶어 가슴이 철렁하였다. 그런데 무대 위를 보니 '4.1 횡성군민 만세운동' 기념식이란 현수막이 보였다.

기념식이 열리는 보훈공원 한편에 세워진 안내팻말을 보니, "횡성군은 강원도에서 최초로 만세운동이 일어난 지역이다. 횡성만세운동은 3.1 만세 선언서를 가지고 3월 27일에 시작되었다. 이어 운동은 4월 1일, 2일 3차에 걸쳐서 진행되었다. 3차에 걸친 만세운동을 '4.1 운동'으로 통칭한다"고 쓰여 있었다.

기념식 무대 앞의 좌석을 가득 채우고 있는 사람들은 나이가 지긋한 어르신들이었다. 검은색과 군청색 유니폼을 입고 계셨는데, 가슴 오른쪽에 태극기, 가슴 왼쪽에는 소속이 적힌 명찰이 붙어있다. 6.25 참전용사와 유족들이다. 어떤 분들은 노란 훈장까지 달고 계셨다. 무대 아래 좌석에 드문드문 할머니들도 보였다. 그분들은 유족이었다.

4.1 만세운동을 기념하는 자리를 가득 메운 분들은 당시의 증인이 아니라, 6.25의 증인이다. 세월이 흐르면 6.25의 증인도 이 자리에서 볼 수 없게 된다. 그때 이 기념식장은 누가 채울까? 어떻게 기념될까?

기념식을 잠시 지켜보면서, 독립운동이 반공운동으로 협소화되는 것은 아닐까 하는 우려가 생겼다. 역사는 남겨진 자들의 기억에 의존하고 있다. 순국선열이 만든 커다란 역사 속 숨겨진 역사, 작은 인간의 소리를 상상해 본다. 6.25 참전용사와 유족으로 가득한 이 자리에 초청받지 못한 사람들, 불편한 사람들이 있을 것이다. 나라를 위한 다양한 고통과 다채로운 목소리가 얼마나 기록되고, 간직되고 있을까? 이런 의문으로 시작하는 책이 있다.

전쟁은 여자의 얼굴을 하지 않았다

스베틀라나 알렉시예비치의 『전쟁은 여자의 얼굴을 하지 않았다』는 조국의 전쟁에 대해 정부와 다른 목소리를 기록한 책이다. 소련은 제2차세계대전을 '(大)조국전쟁'이라고 불렀다. 1941년 6월 22일 독일의 침략으로 시작된 전쟁은 1945년 4월까지 4년 동안 진행되었다. 대조국전쟁에서 승리한 소련은 제2차세계대전 세계질서를 재편하는 세계의 강대국으로 부상하였다.

스베틀라나는 민족의 자긍심을 드높인 대조국전쟁을 여성의 목소리로 다시 쓴다. 전쟁에 직접 참전하고 살아남은 여성 200여 명의 목소리를 담았다. 왜 여성의 목소리인가? 저자는 서문에서 다음과 같이 말한다.

"우리는 전쟁에 대한 모든 것을 남자의 목소리를 통해 알았다. 우리는 모두 남자가 이해하는 전쟁, 남자가 느끼는 전쟁에 사로잡혀 있다. 남자들의 언어로 쓰인 전쟁, 여자들은 침묵한다. 나를 제외한 그 누구도 할머니의 이야기를 묻지 않았다."

"여자의 전쟁이 남자의 전쟁보다 더 처절했다고 말할 수 있을 정도이다. 남자들은 역사니 상황이니 따위의 명분 뒤로 숨고, 전쟁은 이념이므로 이해관계를 내세워 그것을 실현시켜야 한다고, 또는 그것에 맞서야 한다고 유혹한다. 반면에 여자들은 감정에 사로잡힌다. … 여자들은 다른 것을 기억하고 그래서 기억하는 방식도 다르다."

『전쟁은 여자의 얼굴을 하지 않았다』는 이렇게 '여성주의 구술사'의 특징을 오롯이 가지고 있다. 책이 1985년 출판된 것을 볼 때, 여성이 자기 목소리를 내는 데 3~40년이 걸렸다는 의미이다. 여성들이 30년 이상이 지나서 입을 열기 시작한 것은, 스베틀라나 알렉시예비치와 같은 작가가 관심을 보였기 때문이다. 그들이 이야기하는 전쟁은 교과서에 나오는 전쟁이 아니다. 더 잔혹하며 더 복잡하다. 그러면서 평화를 이야기한다. 이렇게 오랜 시간이 필요했던 이유는 이 책을 검열한 출판검열관의 말에서

작은 소리들

찾을 수 있다.

"(이 책은) 유럽의 반을 해방시킨 우리 병사들에 대한 중상모략이란 말이오. 그건 우리 빨치산에 대한 모독이고, 우리 민중의 영웅들에 대한 모독이오. 우리는 당신의 저급한 이야기는 필요하지 않소. 위대한 이야기가 필요하지, 승리의 이야기 말이오." 책은 영웅적인 소비에트 여성들에게 찬사를 돌리지 않고 그들의 아픔과 고뇌에 주목한다는 사실 때문에 비난을 받았다. 전쟁의 민낯을, 발가벗은 전쟁의 속살을 드러내는 것을 당국은 싫어했다.

훈장을 숨기는 전쟁영웅들

"전쟁영웅이었지만, 전선에서 왔다는 이유로 조롱당할 줄 꿈에도 몰랐어."

대조국전쟁이 일어나기 전, 젊은 여성들은 혁명을 배우며 자랐다. 전쟁이 일어나자 그들은 자신의 이상에 따라 자원했다. 조국이 위대한 사상이었다. 자신들을 증명해 보일 기회였다. 죽음도 장애도 두려워하지 않고 참전했다. 나이를 속이며 참전한 소녀병사도 있었다. 그들은 저격병, 항공기 비행사, 위생병, 빨치산, 지하공작원 등으로 참전했다. 그들에게 제공된 것은 남성 군복, 군화와 장비였다. 그 옷과 신에 그들의 신체를 맞추며 전쟁에 참가했다.

정식 군사훈련을 받지 않아도 3일만 지나면 적을 향해 총을 쏠 수 있었고, 여자의 몸으로 감당하기 힘든 일을 하다 보니 생체리듬이 망가졌다. 반년이 지나면 생리도 끊겼다. 독일여자들이 소련병사에게 성폭력을 당하는 것을 목격해야 했다. 여성이 집단 폭력을 당하는 모습을 보고도 불쌍하다는 생각이 들지 않을 정도로 화석화되었다. 여자가 아닌 남자의 몸과 마음으로 전쟁을 치렀다. 힘든 전쟁을 치르면서 훈장도 받았다.

그런데 그들은 전쟁 후 훈장을 숨겨야 했다. 전쟁 후 남자들은 훈장을 자랑스럽게 달고 다니었지만 여자병사들은 그렇게 하지 못했다. 남자들이 대부분인 전쟁에 참가했고, 남자들과 함께 지냈다는 이유로 '헤픈 여자'로 취급되었다. 승리를 만끽할 수 없었다. 오히려 승리를 빼앗겼다.

"우리는 물고기처럼 입을 다물었어. 전선에 나가 싸웠다는 이야기는
아무한테도 하지 않았지."

특히 적진에서 싸웠던 사람들, 적에게 포로가 되었던 사람들은 배반자로 낙인찍혔고 수감되는 고통을 겪어야 했다. 이는 1942년 7월 28일 공표된 스탈린의 명령 때문이었는데, '어떠한 상황에서도 후퇴는 없으며, 후퇴할 경우 이적행위로 간주한다'는 내용이 골자였다. "적진에서 어떻게 살아남았나? 왜 전사하지 않았나?"는 질문을 받곤 했다. 적과 몸을 섞은 창녀로 쉽게 낙인찍혔다. 승리한 고국이 주는 보답이었다.

책을 덮으며 우리나라의 상황은 어떨까 생각해 본다. 우리의 독립 전쟁과 6.25 한국전쟁을 기념하는 소리가 덮어버린 목소리가 분명 있을 것이다. 몇 년이 지나면 전쟁의 당사자, 피해자이며 목격자인 여성의 목소

작은 소리들

리에 귀를 기울여 다른 목소리, 다른 삶을 기억하는 기념식을 가질 수 있을까? 그런 날이 올 때 평화는 한 걸음 더 가까이 올 것이다. 침묵하는 진실한 목소리를 들을 때 우리는 전쟁 시기를 마감할 것이다.

■ 2018년 4월 6일

살아남은 자의 슬픔

20세기 여성혁명가의 삶

『세 여자』의 조선희 작가는 "세 여자가 주인공이지만 역사가 또 다른 주인공이다"라고 작품의 특징을 말한다. 나는 이 책에서 또 다른 주인공으로 조선 공산주의운동을 보았다. 1920년대에서 1950년대에 걸친 한국 공산주의운동사를 여성을 중심으로 읽었다. 『세 여자』는 내 기억 저 아래 바닥에 파묻혀 있던 얄팍한 역사 지식을 끄집어 올린다. 오래전에 배웠던 사건들을 되짚어보게 한다. 조선공산당, 조선의용대, 시베리아 강제이주, 한국전쟁 등이다.

역사적 사건마다 조선의 유명한 혁명가들이 겹쳐진다. 박헌영, 김단야, 여운형, 김두봉, 홍명희, 김일성 등 익숙한 이름이 책에 등장한다. 그런데 여성들의 이름, 허정숙, 주세죽, 고명자, 김명시, 정명자 등은 낯설다. 이렇게 낯선 이름을 포털에서 찾아보는 것으로 이 책의 독서는 시작된다.

세 여자—주세죽, 고명자, 허정숙—는 공산주의 운동가로 같이 출발했지만 도착한 곳은 너무나 달랐다. 단정적으로 말하는 것이 조심스럽기는 하나, 주세죽, 고명자 두 여성의 인생의 끝은 기구했다. 주세죽은 소련에서 일본간첩으로 몰려 카자흐스탄에서 유형생활을 한다. 고명자는 조선에서 해방 후 여운형과 함께 운동을 하였으나 한국전쟁 중에 전쟁의 어느 편에도 속하지 않은 채 홀로 죽는다.('못한 채'로 썼다가 '않은 채'로 바꾸었다. 나 나름의 세 분 생애에 존중을 담고 싶었다.) 그들의 삶에 비해 허정숙의 말년은 평안했고, 명예를 누리면서 생을 마감한다.

세 여자의 운명이 이렇게 엇갈린 원인은 무엇일까? 작가는 "간택하는 여자와 간택당하는 여자의 그것이었을까. 어쨌든 세 여자 중에서 유일하게 허정숙은 자신이 남자를 스스로 캐스팅했고, 때로 비운이 감돌긴 했지만 끝까지 활기찬 인생을 살았다"고 말한다. 작가는 주세죽과 고명자가 혁명을 꿈꾸었지만 당대의 혁명가 박헌영, 김단야의 인생에 보조자로서 살았고, 가부장제 프레임을 벗어나지 못했다고 보는 것 같다.

나는 주세죽과 고명자가 남자에게 간택당한 비주체적 삶을 살았다고 생각하지 않는다. 단발한 여성이 드물어서 구경거리가 되던 1920년대에 단발을 감행할 용기가 있었던 신여성이었으며, 집에서 주선하는 봉건적 결혼을 거부하고 혁명가를 택한 주체적 여성들이었다.

그런데 이들이 허정숙과 달리 비극적 삶을 산 원인은 무엇일까? 그들의 사랑 상대가 역사적 격랑에 송곳처럼 살았기 때문에 그 여파를 같이 감당할 수밖에 없었다. 그리고 그들이 남편과 다른 독립적인 삶을 열망하였다 해도, 그들의 해방된 삶을 응원해 줄 토대가 전무했다. 물질적 토대만이 아니라 사회문화적 여건도 황폐했다.

허정숙의 주체적인 삶은 마땅히 존중받아야 한다. 일제강점기, 해방공간에서 그녀는 21세기 여성도 실천하기 힘든 자유주의적 삶을 살았다. 그의 삶을 폄하하는 것은 아니지만, 허정숙에게는 주세죽, 고명자와 다른 든든한 후원자, 아버지 허헌이 있었다. 허헌은 경제적·사상적으로 딸을 지원해 주었다.

하지만 주체적 삶의 모범이라 할 수 있는 허정숙도 가정이란 틀을 벗어날 수는 없었다. 김일성은 박헌영을 숙청한 뒤, 또 다른 종파주의 한 분류로 연안파를 척결하길 원했다. 허정숙의 옛 동지이며, 전남편인 최창익이 연안파 중심이었다. 당은 허정숙에게 최창익의 종파적 태도를 당대회에서 고발해 줄 것을 요구했다. 허정숙은 남자들의 종파주의, 권력욕에 혐오를 드러내고 있었다. 이것은 연안파의 문제만이 아니었다. 그래서 허정숙은 당의 요구에 응하지 않았다. 그러나 아들의 안위를 위해서, 허정숙은 당의 요구를 수락하고 연안파를 고발하는 자리에 선다.

이렇게 세 여자는 시대라는 감옥에서 홀로 몸부림쳤다. 나는 그들의 한계는 시대의 한계이며, 권력을 갖지 못한 혁명가의 고통이라고 생각한다. 사상적 순수함만으로 버틸 수 없었던 격랑 속에서 의지가지 하나 없는 여성혁명가의 처절한 울음이 가득 찼던 때였다. 조선희 작가의 말대로 가부장제 프레임은 허정숙의 말에서 드러난다.

"가끔 이 남자들하고 혁명을 하는 게 잘하는 일인지 모르겠어. 다들 자본론 대신 사서삼경을 읽은 모양이야."

작은 소리들

당시 혁명가의 모든 문제를 시대적 한계로만 덮을 수 없는 것들이 많다. 20세기이지만 혁명가로 용납하기 힘든 태도가 엿보인다. 여성을 가부장제적 역할로 묶어두려는 남성혁명가들의 일들이 일상적으로 벌어졌다. 책 속의 몇몇 에피소드는 남성들의 가부장적 태도를 드러낸다. 주세죽과 박헌영의 신혼집에는 남자 혁명가들이 시도 때도 없이 들이닥쳤다. 이들을 위해 음식 준비를 해야 하는 사람은 주세죽이었다. 이렇게 탄생한 조선공산당이나 공산청년회에 여성간부는 없었다.

중국에서 창설된 조선의용대도 마찬가지였다. 군대 창설에 여성들이 참여하는 것이 허용되지 않았다. 다만 밥, 빨래 등 여러 가지 뒷바라지할 부인네들로 구성된 부녀복무단이 만들어졌다.

내가 가장 안타까웠던 것은 주세죽의 최후이다. 주세죽은 소련에서 재혼한 김단야가 일본의 밀정으로 처형된 후 카자흐스탄에서 유형생활을 했다. 유형기간이 끝나고 주세죽은 해방된 조선으로 귀국하길 원했다. 해방 후 박헌영은 김일성과 함께 소련을 방문할 정도의 지위에 있었다. 주세죽의 귀국 의사에 소련대사관은 박헌영의 의향을 묻는다. 박헌영이 동의를 한다면 귀국이 이루어질 수 있었다. 그러나 박헌영은 동의하지 않는다. 결국 주세죽은 중앙아시아 외딴곳에서 쓸쓸하게 죽어간다.

"지금 평양은 소련의 그늘이고 스탈린 정권 아래서 유형수가 된 아내를 데려온다는 것은 정치적 모험일 것이다." 허정숙은 박헌영의 처지를 모르는 것은 아니나, 자신이라면 앞뒤 안 재고 주세죽을 귀국시킬 것이라고 생각한다. 그러면서 냉정하고 비겁하다고 박헌영을 비난한다.

박헌영을 비롯한 남자들에게 주세죽 등 여자들은 어떤 존재였을까?

자신의 정치적 난처함(?) 때문에 타지에서 죽는 것을 방치할 만큼 무시해도 괜찮은 상대밖에 되지 못했다. 주세죽은 조선의 혁명을 위해 사선을 함께 넘은 동지였고, 그의 건강이 안 좋았을 때 그를 간호했던 보호자였다. 박헌영을 비롯한 조선의 혁명가는 혁명가 동지를 버렸고, 역사책에는 이런 평가가 빠져 있다.

살아남은 자의 슬픔

물론 나는 알고 있다. 오직 운이 좋았던 덕택에
나는 그 많은 친구들보다 오래 살아남았다.
그러나 지난밤 꿈속에서
이 친구들이 나에 대하여 이야기하는 소리가 들려왔다.
"강한 자는 살아남는다."
그러자 나는 자신이 미워졌다.
– 베르톨트 브레히트 (김광규 번역/출판사 한마당)

남북 체제에 살아남은 자들은 브레히트의 시를 어떻게 읽었을까? 그들은 스스로 강한 자이기에 살아남았다고 자랑하지는 않을까? 21세기의 우리는 20세기 세 여자와 혁명가들의 비장함과 비통함 위에서 살아가는 것이 아닐까.

■ 2018년 4월 19일

여자가 살아가는 방법

헬조선 시대의 여성혐오에 대한 반격

짧은 시간 안에 소설 『82년생 김지영』을 다 읽었다. 빨리 읽히는 것이 반드시 좋은 것도 아니고, 독서시간의 길이가 책의 질을 규정하지는 않는다. 내 평상시 독서속도를 감안할 때 지독히 짧은 시간에 읽은 것이다. 『82년생 김지영』이 가독성이 높은 이유는 무얼까? 짧은 르포 기사와 같은 작가 조남주의 스타일 덕분이기도 하지만 이야기가 낯설지 않기 때문이다. 이야기의 익숙함은 한국 사회에서 유아기, 청소년기, 청년기를 지낸 여성에게만 해당되는 것이 아니다. 사회문제에 조금이라도 관심이 있는 남성이라면 자주 들었을 내용이었다.

그런데, 이런 익숙한 이야기가 왜 지금 화제가 되는가? 작가는 어느 인터뷰에서 여성혐오 범죄와 발언이 난무하는 시대, 남성들이 여성들에게 역차별을 받고 있다고 믿는 세상에 진실을 알리고 싶었다고 한다. 작가는 대다수의 평범한 여성이 어떤 환경에서 살고 있는가를 보여주려 한 것 같다. 평범한 여성으로 캐릭터를 의도적으로 잡았다고 말했다. 결국 『82년생 김지영』은 여성 혐오자들이 말하는 한국이 정말로 여성에게 유리한 사회인가를 묻는 것이다.

유난히 최근 몇 년 동안 '여성혐오 범죄', '여성혐오 발언'이라는 말이 미디어에 자주 등장했다. 여성 혐오는 특별한 시기의 특정한 행동만을 지칭하는 것인가? 가부장제 사회에서 여성은 남성 중심에서 부차적이고, 하위 존재이다. 따라서 가부장제에 균열을 만들 여지가 있는 여성의 행위는 세상 질서를 교란시키는 부도덕하고 파렴치한 것으로 취급되었다. 즉각 혐오의 대상이 된다. 그중 대표적인 것이 '마녀사냥'이다. 따라서 여성혐오는 가부장제가 만드는 현상이며, 시대마다 양상이 바뀔 뿐이다. 나는 "감히 … 여자가.", "여자가 ㅉㅉ" 이런 표현을 수시로 듣거나, 목격하면서 자랐다. 다만 최근 현상과 차이가 있다면 이런 것들이 '여성 비하' 발언으로, '여성혐오'라는 표현으로 사용되지 않았고, 그런 발언과 행위가 사회적으로 논란거리가 되지 못했다는 점이다.

그렇다면 최근에 부상한 여성혐오 범죄와 혐오 신조어는 어떤 의미를 내포하고 있는가? '김치녀', '된장녀', '맘충' 등의 표현은 여성을 사치와 허영을 즐기는 파렴치한 존재로 보기 때문에 생긴 것이다. 남성들은 예전과 같이 사회를 지탱하는 중추 역할을 하는데, 여성들만을 위한 사회제도나 혜택은 늘고 있다는 의식, 남성들의 피해의식을 담고 있는 말이다.

남성들의 피해의식 원인을 찾자면 여성혐오 신조어와 동시에 '헬조선', '흙수저'라는 신조어를 살필 필요가 있다. 헬조선, 흙수저 등의 신조

작은 소리들

어는 한국청년들이 처한 현실, 불안을 표현한다. 2008년 금융위기 등 경제위기가 오면 혐오는 증가한다. 불경기 등으로 주류의 경제적 기반, 사회적 기반이 흔들리면, 그 위기를 회피하기 위한 화살이 약자에게 겨냥된다. 경제위기 상황에서 남성들이 자신들의 경쟁력이 위태롭게 된 이유가 여자들이 사회적 진출이 늘어서라고 주장하기도 한다. 신자유주의 시장에서 남성뿐 아니라 여성과 경쟁하게 된 남성들이 남성성의 위기와 열등감을 느끼게 되면서 오는 현상으로 보는 분석이 많다.

내가 사는 마을에 경찰직 공무원 채용 시험을 준비하는 여성 취준생이 있다. 그런데 경찰공무원 공부하는 남자 공시생들 중에는 여성이 경찰직으로 필요하냐, 여성들 때문에 자신들의 채용규모가 줄어든다고 불만을 표시하는 사람이 있다고 한다. 그런데 여학생의 말에 의하면 여성채용 규모는 남자에 비해 1/10밖에 되지 않는다. 결국 1/10이 역차별 운운하게 만들고 있다. 헬조선에서 여성의 일자리는 1/10밖에 되지 않는다. 헬조선 하에서 김치녀, 된장녀는 허상일 뿐이다. 오히려 실체는 감추어져 있다. 설사 여성이 일자리의 절반을 차지한다 해도 그것이 왜 문제인가. 『82년생 김지영』은 현실을 실증적으로 보여준다는 데 의의가 있다.

김지영은 어떻게 살아갈까?

『82년생 김지영』이 가진 의의에 동의하면서도, 소설을 읽으면서 답답함을 느꼈다는 독자도 꽤 있다. 그 이유는 무엇일까? 우선 김지영 캐릭터에서 온다. 주인공 김지영은 자신의 겪는 성차별 상황에서 대단히 수동적이다. 작가는 의도적으로 캐릭터를 이렇게 잡은 듯하다.

혐오주의자들이 이해하는 것과 달리 현실에서 남성과 동등하거나, 남성보다 우월한 지위를 누리는 알파 걸은 소수이다. 미디어는 알파 걸을 여성을 대표하는 과도한 이미지로 만들기도 한다. 이런 잘못된 이미지를 불식시키기 위해서, 소설은 대부분 평범한 여성들은 가부장제 질서 하에서 차별을 받으며 조용하게 살아가고 있다는 점, 경제위기의 공격대상이 될 수 있는 위치에 있지 않다는 것을 보여주는 데 너무나 집중이 되어 있다.

그런데 알파걸 또는 센 여자에 대한 남성들의 혐오는 정당한가? 가부장제의 피해자로서, 조용한 여자, 착한 여자만이 혐오에서 벗어날 수 있는 자격을 가진 것은 아닐 것이다. 보수적 미디어는 끊임없이 여성을 분리하려 한다. 특히 페미니스트의 이미지를 부정적으로 만들어서 많은 여성을 페미니스트로부터 분리해내려 한다. 그러면 이를 방어하기 위해서 일부 진보적 언론이나 지식인은 아직도 우리 여성의 위치는 열악하다는 진실을 보여주기 바쁘다. 그런데 이 진실은 반만 보여주는 것이다.

그런데 80년대 생의 여성들 대부분이 이렇게 수동적이고 소극적이지 않다. 그들은 어떻게든 부딪힌 문제들을 적극적으로 해결하려고 노력하는 여성이 늘고 있다. 그런데 이러한 진실은 이야기되지 않거나 드물게 화제가 된다. 평범한 여성들은 작든 크든 저항을 하고 있으나, 그 저항이 사소하게 취급되고 있다. 우리 주변의 비정규직 여성들을 보라. 영화 『카트』에서 본 바와 같이 마트직 판매원 여성들은 비범하거나 특별한 여성도 아니다. 그들의 평범성은 상황에 의해서 변화되고, 주변으로 손을 내

작은 소리들

밀어 함께하는 힘을 가지고 있다.

그럼에도 불구하고 가장 열악한 영역이 있다. 아직도 정치적 담론으로 등급화되지 못한 가정영역과 재생산노동이다. 알파 걸도 이 부분에서는 평범한 여성이 되어 버린다. 소설 속 어머니 오미애와 김지영의 성장 환경을 비교하면 확실히 진전이 있었다. 김지영은 대학 교육을 받을 수 있었고, 자신이 원하는 직업도 가질 수 있었다. 그러나 가정이란 사적 영역에서 김지영은 오미애와 다른 지위에 있지 않다. 김지영이 정신적 해리 현상을 보일 때 어머니의 말을 빌려 오는 것도 오미애는 또 다른 김지영이기 때문일 것이다.

김지영이 답답하고 안쓰러운 것은 김지영이 처한 현실의 무게가 느껴지기 때문이기도 하다. 김지영은 의사의 진단대로 그저 육아우울증으로 진단되고, 회복 가능성이 있을 수 있다. 그렇게 되길 바란다. 해리현상을 극복한 김지영이 만날 현실은 치유가 될까? 개선되지 않은 환경에서 김지영은 어떻게 살아갈까? 평생 우울증으로 살거나, 우울증을 벗어나기 위해서 모성애와 여성성이라는 애매모호한 자기 합리화로 화장하면서 살아야 할지도 모른다.

82년생 김지영이 건강한 여성으로 살려면 어떻게 해야 할까? 그것은 한국의 남자에게 한국 여성이 처한 현실을 바로 인식하게 요구할 수 있고, 성평등 사회를 위한 진전된 제도를 만들어 내는 것일 수 있다. 그런데 중요한 것은 김지영이 자기 이야기를 해야 한다. 의사가 말하는 환자 김지영이 아니라, 어머니 말을 빌리는 김지영이 아니라, 자기 목소리로 이야기할 수 있으면 좋겠다. 그 힘은 혼자서 단독으로 이루어지지 않는다.

남성들과의 연대보다는 같은 처지, 다른 처지의 여성들과 마음을 나누는 것이었으면 좋겠다. 다양한 파장의 목소리를 자유롭게 낼 수 있으면 좋겠다. 그리고 한가로이 커피를 마시고 있는 자신을 '맘충'이라고 비난하는 남자에게 다가가 커피 캔을 내밀고 당신 어머니에게 갖다 주라고 말할 수 있는 자신감을 가졌으면 좋겠다. 모두 파이팅~

■ 2017년 7월 30일

가족 공동체의 숨겨진 진실

서글픈 모성, 황혼육아

자녀가 결혼을 해서 독립하면 끝이 될 것 같았던 고생이 다시 돌아왔다. 인생의 후반기를 다르게 살겠다는 제2의 인생 계획은 유예되었다. 맞벌이 자녀를 위해, 제2의 인생 대신 제2의 육아시기를 살아야 한다. '황혼육아', '손주병'이란 신조어가 생겼다. 몇몇 언론은 황혼육아법을 교육하고, 손주 재롱에 덤으로 경제적 보상까지 얻는 것으로 황혼육아를 포장하기도 한다.

황혼육아는 손주 육아만 하는 것이 아니다. 맞벌이하는 자식 대신 가사노동도 해야 한다. 경제적으로 독립하지 못한 할마(할머니 엄마)들의 고충은 더 심하다. 척추질환, 퇴행성 관절염 등 신체적 어려움만이 아니다. 정신적 심리적 고충은 드러나지 못한 채 모성으로 뭉개진다.

황혼육아 현상을 통해 다시 확인된 것은 한국은 가사노동과 육아의 고통이 어머니에서 어머니로 전해지는 모계사회라는 점이다. 윗세대 어머니를 착취하면서 작동하는 사회가 되었다. 그런데 진정 그 착취의 성과는 어디로 가고 있는가. 이러한 연쇄적 고리는 언제 어떤 모습으로 피날레를 장식할 것인가. 김숨의 『여인들과 진화하는 적들』을 통하여 이 끝을 상상해 보자.

뫼비우스 띠처럼 연결된 여성들

『여인들과 진화하는 적들』은 두 여인이 주요 인물이다. 소설에서 두 여인은 '그녀'와 '여자'로 지칭된다. 개별 인격체로서 고유 이름 대신 3인칭 일반호칭으로 불린다. 그녀는 며느리고, 여자는 시어머니이다. 두 여인의 이야기는 공정하게 이끌어지지 않는다. 화자는 며느리, 그녀의 시선으로 여자를 해부한다.

그녀는 홈쇼핑 전화상담원으로 일하는 감정노동자이다. 보다 좋은 아파트와 자식의 교육을 위해 직장을 다녀야 하는 그녀는 여자가 필요했다. 혈육에 대한 맹목적 사랑으로, 용돈 수준의 경제적 보상으로 돌봄노동을 전담할 여자가 필요했다. 그녀와 여자의 협력 관계는 거기까지였다.

가사노동과 돌봄노동을 시어머니에게 맡기고 직장생활을 하던 그녀가 해고된다. 해고된 후 좁은 아파트에서 마주치는 여자에 대한 그녀의 모욕에 가득 찬 시선이 책을 가득 채운다. 그녀는 효용성이 없어진 여자가 꺼림칙하다. 그녀는 여자에게 차갑다. 그러한 그녀를 독자는 자유롭게 비난할 수 없다. 독자도 그녀의 행위와 태도에서 자유롭지 않기 때문에 부끄러울 뿐이다.

소설은 그녀의 시선 너머 무너지는 여자를 미스터리하게 보여준다. 엄마라는 존재로 묵묵히 침묵 속에서 살아온 여자였다. 효용가치가 다한 자리에 자신의 침묵, 숨쉬기조차 다른 가족에게 짐이 된다는 것을 여자는 안다. 여자는 미라처럼 자신을 스스로 화석화하여 자신의 모성이란 업을 마무리한다. 모성은 진화하지도 못하고, 진화하는 사회 속에서 멸종하지도 않고 화석인류처럼 유지되고 있다.

『여인들과 진화하는 적들』 제목에서는 여인들과 적들이 대비된다. 그런데 정작 책 속에서는 대적하고 있는 것은 여인들이다. 그녀는 여자의 노동 덕분에 임금노동자로 일하고 있다. 그녀는 여자와 종이 다르다고 생각한다. "하나이던 종이 진화하는 과정에서 두 종으로 갈라진" 것이며, 여자는 사회적으로 교배가 불가능한 생식적으로 격리된 종이라고 멸시한다. 결국 종이 다른 이들은 서로 교류하지 않는다.

그런데 임금노동자인 그녀는 다른 종인가? 그녀는 시장의 필요에 의해서 만들어진 신종생물이다. 시장의 속도에 빠르게 적응해야 하며, 시장의 필요에 의해서 순식간에 소리 소문 없이 사리지는 생물이다. 생존 기간이 짧은 그녀는 퇴출되어 여자의 자리로 돌아온다. 돈을 위해 감정노동을 견디어야 하는 그녀와 침묵하는 돌봄노동 여자는 뫼비우스의 띠처럼 연결되어 있다. 여자의 현재는 그녀의 미래이다. 또한 그들은 도미노 블록과 같다. 서로 떨어져 있지만 하나가 무너지면 같이 무너진다.

가정은 진화할 수 있을까

여자와 그녀의 관계, 부정의한 관계를 만든 원인은 무엇인가? 가부장제라고 간단하게 규정하는 것은 우리가 필요한 답이 아니다. 가부장제라는 체제가 어떻게 진화하고 있는지, 구체적으로 작동하는지 이해하는 것이 필요하다. 바로 소설이 그 이야기를 들려준다.

가부장제라는 거대한 피라미드의 맨 아래를 구성하는 여인들, 그들은 하부에서 끊임없이 변화하고 분화된다. 그러나 그 변신은 진화로 나아갈 수 없다. 이들은 모성을 벗어나서 진화해서는 안 된다. 모성이란 세계를 유지하기 위해서 멸종해서도 안 된다. 진화하지도 멸종하지도 않은 채 여인들은 서로 위안이 되지 못한다.

책 속에서 약자인 그녀는 또 다른 약자, 여자를 경멸한다. 그러나 독자는 그녀가 경멸하는 것은 바로 그녀 자신이라는 것을 안다. 여성들은 자신에게 화살을 돌리고 있다. 진정으로 그녀가 경멸해야 하는 것은 여자가 아니라 자신을 해고한 세상이며, 어머니인 여자를 갈 곳 없게 만든 자신의 남편이건만.

피라미드의 기반인 가정은 여성들의 수치와 모욕이 일상화된 공동체이다. 가정 밖의 수모와 부정의를 모두 받아 안는 공동체이다. 어머니와 어머니로 이어지는 착취를 기반으로 한 공동체 속에서, 그를 토대를 선 전체 피라미드 속에서의 우리 삶의 모습은 어떤 모습일까.

책 속에서는 남자에게 결정적인 서사를 제공하지 않는다. 으레 그렇듯이 가정 속 남자, 그녀의 남편은 가부장제의 수혜자이다. 작가는 의도적

작은 소리들

으로 남자를 배제한 체, 그녀와 여자에게만 초점을 맞추고, 피하고 싶은 여성들의 모습을 적나라하게 보여줌으로써, 자신의 부끄러운 모습, 무너진 모습을 뚫어지게 보게 한다. 그러면서 묻는 듯하다. '그녀'와 '여자'가 아닌, 자신의 이름을 갖기 위해서는 어떻게 해야 할까. 이들은 어떻게 진화할 수 있을까.

■ 2018년 6월 15일

서른, 잔치는 아직 끝나지 않았다

80년대를 끝낸 잔치의 성격

90년대 초, 『서른, 잔치는 끝났다』를 처음 읽었을 때 그 시들이 낯설었다. 그 당시 내가 접하던 시와는 다른 것이었다. 문체도 그 울림도 달랐다. 참여시가 말하는 거친 낙관도, 서정시가 주는 상처를 감싸는 따뜻함도 없었다.

최영미 시집에 대한 문단 평은 어땠는지 모르지만, 소위 운동권에 속한 지인들에게는 부정적인 평이 대부분이었다. 그가 일반 시인라면 전혀 문제 될 것이 없는데, 그가 80년대에 사회적 혁명을 꿈꾼 사람이란 점이 문제였다. '한때 혁명의 꿈을 같이 꾼 자가 물러나서, 진중하지 못한 시를 썼다.' '아직도 강고한 억압의 굴레에 있는 엄중한 때에 사적 사랑이나 읊조리다니.' '더 위험한 것은 혁명에 대한 허무주의적 태도'라는 평이 이어졌다. 따라서 그의 시에 표현된 사랑은 오염된 사랑이었고, 낙관주의를 흔드는 절망으로 해석되었다.

작은 소리들

"잔치는 끝났다/.../여기 홀로 누군가 마지막까지 남아/.../그러나 대체 무슨 상관이란 말인가"

그런 비판과 달리, 80년대를 경과하여 90년대를 맞는 청춘에게 그의 시는 새로운 메시지임에는 틀림이 없었다. 개인 절망이 시대 절망임을 외치던 시대에, 시대의 소명과 무조건적으로 환원되지 않는 개인의 욕망과 상처가 있다는 것을 자신의 경험에 용해하여 솔직하게 말하고 있었다. 그의 시는 이념과 공적 가치를 부정하지 않으면서도 그 속에서 개인, 개별이 있음을 보여주었다. 시인은 엄숙한 도덕주의로 자신의 결핍을 반성하는 것이 아니라, 그냥 결핍을 드러냈다.

또한 시인은 남성의 전유물이었던 주제, 표현, 어휘에 대한 해방을 외치는 새로운 여성 시인의 모습을 보여주었다. 시인의 시, '마지막 섹스의 추억'에서 여성 시인이 다루지 않던 섹스 후의 허무를 비친다. 시인은 거침이 없었다. 그런데 그의 거침없는 시 정신도 드러내지 못한 주제가 있었다. 바로 문학계의 성폭력 역사이다.

시인의 용기가 가닿지 않은 곳

『서른, 잔치는 끝났다』에서 시를 통하여 혁명, 사랑의 이질적 요소들, 낯선 경험을 들려주던 시인도 용기를 내어 공개하지 못한 부분이 있었다. 그것은 바로 운동권 그리고 문화계의 성추행, 폭력이었다.

최영미 시인은 최근 페이스북에 87년 자신이 경험한 운동권 내부의 성추행을 고발했다. 시인은 이러한 성폭행에 대하여 지인과 이야기를 나누었다. 그리고 공개할 수 없음을 알았다 한다. '운동권 내 성추행 문제가 적에게 이용당할 수 있다는 점' 즉 사회적 대의 우선주의에 묻혔다. 성역이 없이 저항을 할 것 같은 시인도 인식의 벽을 뚫지 못한 80~90년대의 사회적 인간이었으며, 그의 『서른, 잔치는 끝났다』는 80년대 후반의 시대적 한계를 반영한 것이었다.

이러한 치욕은 여성 시인만 겪은 특수한 경험이 아니었다. 여성은 성희롱, 성추행 등 굴욕적인 환경에 수시로 노출되었다. 그 경험의 성격이 성폭력인지 그 당시는 몰랐으나, 불편하고 수치스러운 경험을 여성은 최소한 하나둘씩 안은 체 생존하고 있다. 생존하기 위해서 더 한 치욕도 참아야 했다. 이런 좌절, 피해의 경험은 침묵을 지키는 임계점을 넘었다.

최영미 시인은 2005년에 출간한 『돼지들에게』에서 문화계 기득권층, 권력에 대해서 날카로운 시선을 보내기 시작했다.

"그는 원래 평범한 돼지였다/ 감방에 한 이십 년 썩은 뒤에/그는 여우가 되었다/ --- / 냄새나는 돼지 중의 돼지를/하늘에서 내려온 선비로 모시며/언제나 사람들은 그를 찬미하고 또 찬미하리라."『돼지의 변신』중)

"자신을 보호할 껍데기가 없는 진주는/심심한 돼지와 한가한 여우들의 즐기는 간식"『비극의 시작』중)

작은 소리들

이 시들 속 돼지와 여우, 진주는 누구인 줄 독자는 쉽게 상상할 수 있다. 시인은 미투 운동에 힘입어, 시인은 직설적으로 돼지 이름을 말하기 시작했다.

> "내가 앞으로 서술할 사건이 일어난 때는 내가 등단한 뒤, 1992년 겨울에서 1994년 봄 사이의 어느 날 저녁이었다. 장소는 당시 문인들이 자주 드나들던 종로 탑골공원 근처의 술집이었다. 홀의 테이블에 선후배 문인들과 어울려 앉아 술과 안주를 먹고 있는데 원로시인 En이 술집에 들어왔다."

최영미 시인이 쓴 고은 시인의 성추행에 대한 고발 글 중 일부이다. 시인이 목격한 추행장면이 담겨있다. 이하 글은 여기서는 생략했다. 다시 읽고, 옮기기 힘들 정도였다. 80년대 고은의 시를 읽으며 낭송까지 했던 독자로서는 그런 오염에 한몫을 보탠 것 같아 도덕적으로 감당하기 힘들었다. 그 자리에 동석한 문인들은 침묵했다. 고은의 추행도, 그런 추행을 기행으로 넘기는 것, 기행을 침묵하는 것도 당시 문화였다. 저항시를 쓰던 시인도, 거침없는 자유시를 쓰는 시인도 성추행에 대해서는 입을 열지 못했다.

최영미 시인은 고은만이 아니라 전체 문단의 문제를 지적한다. "제가 등단할 무렵에는 여성 시인을 기인 취급하고 성적으로 대상화하는 분위기가 있었다. 지금은 조금 나아졌겠지만, 아직 '괴물 주니어'들이 넘쳐난다"*고 말했다. 어디 문단의 문제뿐이겠는가? 사회 곳곳에, 우리 일상에

덕지덕지 더럽게 남아 있는 오물을 걷어낼 때가 되지 않았는가.

잔치를 우리가 끝내자

서른, 잔치는 끝났다. 그 잔치의 뒤에 남겨진 것은 무엇이었나? 거대한 말의 잔치에 작은 말이 숨을 죽이고, 수치심을 안고 다른 잔치로 옮겨졌다. 새로운 잔치에도 차려진 음식만 다를 뿐 문화는 별반 변한 것은 없었다. 그 속에서도 돼지와 여우는 여전히 주인공이고, 돼지와 여우 틈에서 진주들이 고통을 마주하고 있다. 여성의 손으로 이제 잔치를 끝내야한다. 난장판을 만들어야 한다. 그들이 건네는 술잔을 내리쳐야 한다. 그렇게 잔치는 끝내야 한다.

이 싸움은 최영미 대 고은의 진실 공방투쟁이나, 어느 시인의 명예를 위한 것만이 아니다. 여성들이 자신의 치욕스러운 과거를 대면하는 싸움이다. 상처가 상처로서 인정받지 못한 곳에서 시작해야 한다. 음지에서 신음하는 상처, 내팽개친 여성의 몸을 살려야 한다. 잊어야 하는 과거가 아니라 잊게 강요당한 과거를 소환하여 우리의 미래로 연결해야 한다.

누구는 또렷한 기억으로 남아 있을 성폭력, 누구에게는 이름도 잊히고, 장소도 가물가물한 치욕의 상황을 떠올리자. 그 상황을 보내는 의식을 하자. 혼자 아니면 여럿이 그 상황, 그 인물에 자신이 받은 경험을 증

★
최영미, "괴물, 10년 전에 썼어야 할 시…'괴물 주니어' 넘쳐난다", 『한겨레 신문』, 2018.07.03

작은 소리들

언해 보자. 그것으로 우리가 치유되지는 못하지만 욕이라도 퍼붓자. 우리의 욕이 가해자와 가해 집단에 전달되지 못한다 해도, 그 분노를 내뿜는 힘으로 최영미 시인을 응원하자.

■ 2018년 8월 28일

여성가족부 폐지론자들은
진정으로 무엇을 원하는가

5년 동안 변한 세상

야권 대선후보들이 '여성가족부 폐지'를 공약화했다. 여권 대선주자는 2022년 대선 쟁점을 젠더 갈등으로 만들겠다는 의지가 보인다. 이런 분위기를 받아서인지, 언론에서 젠더 차별 대신 젠더 갈등, 역차별이란 어휘 사용 빈도수가 늘어나고 있다. 19대 대선 후보들의 공약과 비교할 때 5년 동안 세상이 많이 변한 듯하다. 19대 대선에서는 후보들 공약이 얼마큼 진정성이 있느냐, 실천을 담보하는가와는 별개로 대선후보들 모두 양성평등을 주장했었다. 여성단체연합이 주최한 성평등 토론회에 나와 모두 열변을 토했었다.

그러나 분위기가 바뀌었다. 7월 13일 MBC『100분 토론』이 '여성가족부 폐지 논란, 어떻게 봐야 하나'라는 주제로 열렸다. 여가부 폐지를 주장하는 토론자들은 여가부가 그 역할을 다했고, 젠더 갈등을 일으키는 부처일 뿐이라고 주장했다. 하태경 의원은 "여가부는 출생부터 시한부 조

작은 소리들

직"이라며 20~30년 전에는 사회적으로 남녀차별 요소가 존재해 성평등 뿌리를 내리려는 목적으로 여가부를 신설했지만, 지금은 제도적으로 성평등이 형성됐기 때문에 더 이상 존속돼야 할 이유가 없다는 주장이었다.

그리고, 그는 여가부가 젠더 갈등의 부처가 되었다는 사례로 2019년 여가부가 만든 초중고 성평등 교수학습 지도 자료를 지적했다. 그리고 지도자료 내용 중 일부를 인용했다. "노벨과학상 수상자 599명 중 여성 수상자가 18명인 이유는? 수상자를 결정하는 사람이 대부분 남성이기 때문에"라는 내용이었다. 그러면서 하 의원은 여가부가 "남성이 여성 혐오의 DNA를 가지고 있는 듯" 젠더 갈등을 조장한다고 말했다. 그런데 하 의원은 그 교육 안내서의 다음 질문, "그러면 수상자를 결정하는 사람 대부분은 왜 남성일까요? 여성에게 사회적 참여 기회가 적었고, 사회적 활동이 적어서 중요한 결정을 내리는 높은 직에 남성이 대부분 차지했기 때문에"라는 내용을 빼뜨렸다. 젠더 갈등이란 초점에 맞춘 의도적 인용이라 할 수 있다.

이 토론은 패널들이 현재 시점의 가부장제를 어떻게 감각하고 있는지 보여준다. 소설가 정용준은 김기창 소설집, 『기후변화 시대의 사랑』의 서문에서 다음과 같이 말했다. "머리로 이해하는 건 쉽다. 고개를 끄떡여 주는 것도 어렵지 않다. 하지만 움직여야 한다면, 참여해야 한다면, 그래서 바꾸거나 변화해야 한다면, 그것은 다른 문제가 된다." "어떻게 하면 문제의식을 넘어 문제를 풀 수 있을까? 어떻게 해야 문제를 풀어 보겠다는 마음을 갖게 되는 걸까? 배움이 필요하다. 앎이 필요하다. … 지식의 앎이 아니라 감각의 앎이 필요하다." 이 글은 기후위기를 감각하는 것에 대한 중요성을 피력한 것이다.

그런데 감각의 앎이 현재 젠더 이슈에 대해서도 필요하다. 가부장제 문제에 모두 알지만, 가부장제가 현재적 삶으로 진행 중이며, 그 삶의 구체성을 안다는 것은 다른 문제이다. 탈가부장제에 의미가 있는 제도와 문화는 몇 번의 시도나 상징으로서 이루어질 수 없다. 즉 토크니즘(tokenism)이 아니라, 감각의 앎으로서, 이 사회의 삶의 양식이 되고 습관이 되도록 하기 위한 항상적인 노력이 뒷받침되어야 한다.

하 의원이 말하는 각 기관의 성평등 제도는 아직은 토큰으로 작용하고 있다. 그 제도가 토큰이 아닌 삶의 양식이 되기 위한 과정은 더 오랜 기간의 교육, 감독이 필요하다. 왜냐하면 우리의 의식은 쉽사리 변하지 않기 때문이다. 따라서 진정한 문제는 여가부의 존폐 여부가 아니라, 현재 사회의 작동원리, 깊숙한 문화에 대해서 어떻게 감각하고 느끼고 있는가라는 점이다.

토크니즘으로서 성평등

나는 여기서 성평등 의식과 관련하여 문학계 소식에서 예를 들어보고자 한다. 예를 문학에서 찾는 것은 문학이 삶을 지식이 아니라 감각의 앎으로 인식하는 수단으로 유효하다고 보기 때문이다. 최근에 영국 언론, 가디언에 남성들이 여성 작가의 문학을 많이 읽지 않는다는 분석 기사가 실렸다.* 노벨문학상, 영국이 자랑하는 부커상 수상작품도 예외는 아니었다. 영국의 독서경향을 보면, 베스트셀러 10명 여성 작가들의(제인 오스틴, 마가레트 애트우드, 다니엘 스틸, 호조 모예스 등) 독자 중 단지 19%만이 남성이었다. 그러나 베스트셀러 10명의 남성 작가의(찰스 디킨스, 톨킨, 리 차이드, 스티븐 킹 등) 남성 독자는 55%이고, 여성 독자는 45%였다.

이유는 무엇일까? 19세기에는 여성 작가들이 남자 이름으로 작품을 발표해야 했다. 조지 엘리엇(멜리 앤 에년스), 브론트 자매 등이 그 대표적인 예다. 현재라고 다를까. 세계적 베스트셀러 작가인 JK 롤링은 자신의 이름, 조엔 롤링 대신 JK로 필명을 선택한 이유가 남자아이들이 남자 작가일 때, 더 좋은 반응을 보인다는 출판사의 권유 때문이었다고 한다.

그런데 남성이 여성의 작품을 즐기지 않는 것도 아니다. 그들이 일단 책을 읽으면 좋아한다. 남성 독자들이 여성 작품에 5점 만점에 3.9 평균 이상 점수를 주었다. 남성이 쓴 작품에 대해서는 3.8이었다. 이러한 현상은 무엇을 의미하는가. 남성 독자들은 남성 작가들만큼 여성 작가들에 좋은 선입견이 없다는 점이다. 한국 독자들은 어떨까? 크게 다르지 않을 것이다. 전문가로서의 전문성은 남성 능력이 항상 기본값이며, 문학조차 보편성, 인간성이란 허구적 잣대로 여성의 삶과 경험을 특수화한다.

그런데 보수진영이 주장하는 성평등 사회의 지표인 제도가 충분하지도 않지만, 설사 여성이 남성과 동률로 전문적 집단에 속하면 문제는 완

★
Why do so few men read books by women?, 『The Guardian』, 2021. 7. 9

전히 해결된 것일까. 하태경 의원을 비롯한 많은 보수진영은 한국에서 대학입학률이 남성보다 여성이 더 높고, 대학 총학생회에서 스스로 투표로 여학생회를 없앴다며, 성평등이 이루어진 것처럼 주장한다. 마치 수의 크기 여부가 성평등의 전부처럼 말한다.

에이드리언 리치는 『우리 죽은 자들이 깨어날 때』에서 토크니즘에 대하여 다음과 같이 말했다. "전문직 종사자의 50%를 여성이 차지하더라도 남성 의식이 만들어낸 제도 안에서 어떤 여성도 진정한 내부자가 될 수 없습니다. 우리가 진짜 내부자라고 믿어버릴 때, 우리는 그 남성의식이 절대 받아들일 수 없다고 규정했던 우리 자신의 부분들과 접촉을 잃고 맙니다." 왜냐하면 "토크니즘의 일차적 모순은 토큰 여성 개인에게는 자신의 창조성을 깨닫고 일의 전개에 영향을 미치는 수단을 주는 것처럼 보이지만 특정 종류의 행동과 방식을 강요함으로써 권력과 통찰력의 진정한 원천이 될 수 있는 외부자의 시선을 차단하기도 합니다." 즉 토크니즘은 사회적 소수 집단의 일부만을 대표로 뽑아 구색을 갖추는 정책적 조치 또는 관행을 뜻하는 말에서, 에이드리언 리치는 남성 중심 의식, 가부장제 의식에서 물들어 있는 것을 포함한다고 말하고 있다.

이와 같이 진정한 성평등은 가부장제 의식, 문화로부터 벗어나는 것이며, 감각으로서 앎의 문제이다. 나는 에이드리언 리치의 토크니즘 정의가 양성 제도만의 완성을 성평등 완성으로 보는 보수진영에게 던지는 답이라고 생각한다.

페미니즘 vs 국가의 중립적 가치?

『100분 토론』에서 여가부 폐지를 주장하는 또 다른 토론자는 이선옥 작가였다. "여가부의 행정이 헌법에 기반했다기보다는 페미니즘이라는 특정한 이념에 기반한 사업을 펼치기 때문"이라고 지적했다. 그는 페미니즘을 여러 이념의 한 가닥으로 보고 있는 듯하다. 여가부가 페미니즘이란 하나의 가치체계로 이루어졌다는 점이 중립의무 원칙에 반하는 위헌적이라는 주장이다. 또한 성평등 교육 이수 등, 특정한 이념을 교육하는 것이 국민의 자유를 침해한다는 주장이다.

민주주의가 다양한 종류가 있듯이, 페미니즘은 그 안에 다양한 운동과 주장이 있으나, 기본은 현재 사회의 억압의 토대를 가부장제로 보는 것이다. 그런 의미에서 페미니즘의 부정은 현재는 가부장제 사회가 아니라는 주장과 같다. 따라서 현재가 가부장제 사회임을 부정하지 않는다면 여가부가 페미니즘에 기반하고 있는 것은 자연스러운 일이다. 또한 헌법의 정치적 중립이란 선거 등 정치적 활동에서의 중립이지, 기본적 가치를 부정하는 무가치가 아니지 않을까.

『100분 토론』의 주제, 여가부 폐지 논란은 현재 혼란과 보수화한 의식을 반영한다. 폐지론자들은 젠더 차별을 차별이 아닌 능력주의로 포장하려 한다. 더 나아가 국민의 자유를 이야기한다. 이 둘은 하나에 기반한다. 작은 정부, 오래된 자유주의를 말하고 있다. 그들의 공정성과 자유가 모두에게 열린 기회가 아니라는 점을 새삼 말할 필요는 없을 것이다. 그들은 경쟁과 자유주의란 말로 기울어진 운동장과 그 운동장을 지지하는 오래된 의식을 다시 고집하고 있다.

■ 2021년 7월 20일

작은 소리들

"혹시 페미니스트?"라고
당신에게 물으면

난 최근에 한 학자의 사적인 생활 이야기를 들을 기회가 있었다. 그분은 한국의 민주주의와 한국역사에 괄목할 만한 공헌을 하신 분이셨다. 그분은 정치학자였지만 사생활에서도 민주적인 분이셨으며 페미니스트적인 생활을 하셨다는 주위의 증언이 있었다. 그분이 스스로 페미니스트로 생각하지도 않고, 공적으로 선언을 하신 적은 없지만, 성평등적인 생활을 하고 있다는 칭찬이었다.

그런데 내가 그 이야길 들은 후에 드는 생각은 왜 그분은 스스로를 페미니스트라고 생각하지 않을까 하는 것이었다. 그리고 전하는 사람이 오히려 그분이 스스로 칭하지 않으면서 그런 생활을 하신 것을 높이 사는 듯한 태도에 페미니스트라고 공언하면 왜 안 되나 하는 의문이 들었다.

그러면서 여성 이슈에 관심이 많은 여성 중 몇 명이 자신을 페미니스트라고 생각하는지 궁금해졌다. 아마도 적지 않은 여성들이 주저할 것이다. 그렇다면 왜 우리는 남녀를 불문하고 스스로를 페미니스트라고 인정하는 것을 꺼릴까? 사전의 표현을 빌리면 페미니스트는 '남녀평등(성평등)'을 주장하는 사람을 뜻한다. 누군가에게 당신은 성평등이 옳다고 생각하냐고 물으면 아마도 대부분 사람들이 그렇다고 답할 것이다. 그러나 페미니스트라고 생각하냐고 물으면 아마도 대부분은 주저할 것 같다.

서구에서도 여성들에게 페미니스트라고 물으면 스스로를 페미니스트라고 생각하는 사람은 드문 것으로 나타났다. 최근에 우연히 구글에서 재미난 동영상을 보았다. "당신은 페미니스트입니까"라는 질문을 여성에게 던지는 것이었다. 인터뷰에 응한 여성들의 말과 표정이 아주 재미있었다. "나는 페미니스트라고 생각하지 않는다. 시위에 참가하지 않으니" "나는 페미니스트가 아니다. 나는 사회주의자다" "내가 나를 무엇으로 생각하든 사람들은 나를 흑인으로 본다" "사람들은 페미니스트를 공격적이며 요구가 많으며 전혀 여성적이지 않은 사람들로 생각한다" "나는 휴머니스트이다" 등이었다. 그중에는 "난 여성이 스스로 페미니스트라고 생각지 않는 사람을 이해할 수 없다"라고 답한 응답자도 있었다.

이상의 동영상에서 본 바와 같이 페미니스트는 그 기본 주장과 달리 다양한 모습으로 비치고 있다. 배타적이고 편협된 정치적 성격이 강한 것으로 비치기도 하고, 대부분은 부끄러운 줄 모르는 뻔뻔한 이미지 등 좋은 이미지를 가지고 있지 못하다.

또한 페미니스트라고 생각한다면 그 수준과 기준은 무엇이며, 굳이 페미니스트로 자기 정체성을 밝혀야 하는가 하는 의문도 제기될 것이다. 자신을 페미니스트로 생각하지 않는 여성과 남성 중 일부는 스스로 기준(?)에 부족하다는 겸손한 생각 때문일 수도 있다. 사실 나도 그렇다. 내가 나의 정체성을 밝히는 것은 자신이 없다. 그런데 스스로를 무엇이라고

작은 소리들

호칭하고 규정짓는 것은 현재의 수준을 말하는 것이 아니라, 자신의 신념, 추구를 분명히 하는 행위라고 생각한다.

예를 들어 종교에 관한 질문을 보자. 우리 한국사회에서는 교회나 절에 다니냐고 묻는다. 서구에서는 직접으로 기독교인(불교인)인가 묻는다. 그러면 사람들은 그것에 대하여 (사적인 질문이라 피할 수는 있겠지만) 그렇다, 아니다고 분명하게 답한다. 그런데 많은 기독교인(불교인)이 똑같은 수준의 신앙심을 갖고 똑같은 교파를 믿는 것이 아님에도 불구하고 그들은 스스로의 종교적 신념을 단순하게 답한다. 중요한 것은 수준, 교파가 아니기 때문이다. 또 다른 예로 정치적 신념에 관해서 말해보자. 누군가 사회주의자라고 말할 때, 그것은 자본주의에 대한 저항의 몸짓이며, 사회주의에 대한 자신의 지향과 주위에 선전을 하는 것이다. 사회주의자로서 노력하려는 자세일 수도 있다.

페미니스트가 단순하다는 것은 아니다. 성평등을 믿지만 그 원인과 생활에서 불평등에 대한 기준이 다를 수 있다. 그러나 기본적인 것, 성에 기초한 가부장적 질서에 대한 저항으로서 페미니즘을 이해한다면, 페미니스트이며 사회주의자로서 정체성을 가질 수 있고, 그리스도교인이면서 페미니스트일 수 있다. 그렇게 복합적인 자기 정체성 속에 하나이다.

그런데 페미니스트로 공개하는 것은 남성과 여성의 입장이 다를 수 있다는 생각을 한다. 남성에게는 포용력 있는(?) 모습으로 비쳐줄 수 있겠지만. 우리 사회에서는 여성들이 자신을 페미니스트라고 밝히는 것은 쉬운 일이 아니다. 그것은 커밍 아웃하는 것이다. 왜냐하면 페미니스트라고 커밍 아웃하는 순간부터 자신이 속하는 조직에서 (특히나 남성들이 대다수인 조직에서) 경계의 대상으로 왕따 당하는 분위기에 있기 쉽기 때문이다.

난 공개적으로 꼭 정체성을 밝혀야 된다는 것이 아니다. 의무가 아니다. 그러나 스스로의 신념으로 인해서 왕따 당하는 분위기, 경계의 대상이 되는 사회, 조직의 문화가 바뀌어야 한다면 무엇을 해야 할 것인가.

경계를 넘는 것에 두려워하지 말자. 페미니즘에 대한 다양한 반응과 의견들이 존재한다. 아마도 그 다양한 이해는 편견일 수 있고, 오해일 수 있다. 그러나 이 모든 것에 두려움 없이 반응하고 노력하는 것도 평등 사회를 위한 실천일 것이다. 특히 우리가 오늘날 여기에 있게 한 것은 수많은 페미니스트 덕분이다. 세상의 위협에서 꿋꿋이 맞서서 페미니스트로서 일어선 여성들이 우리를 여기에 있게 했다.

■ 2010년 7월 14일

작은 소리들

인기 작가가 말하는
페미니즘에 대한 편견

하루키가 말하는 건강한 페미니즘과 스탈린적인 페미니즘

『이윽고 슬픈 외국어』는 무라카미 하루키가 1990년대 초 미국 생활을 했던 경험을 적은 에세이다. 무국적, 탈정치, 자유로운 고립을 선호하는 작가 성향이 소설에서와 같이 에세이에서도 드러난다. 하루키는 이 책에서 90년대 초반의 미국과 일본 문화 비교를 많이 하는데, 일본 문화 대신 현재의 한국 문화로 바꾸어 읽으면 재미가 있다.

이 책이 한국에 처음 소개되었을 때 읽었던 기억이 나는 데, 크게 인상적이지 않아서 건성으로 읽었던 것 같다. 20년이 지난 지금, 이 책을 다시 접하면서 현재의 한국 상황과 비교되어 밑줄을 치게 되었다. 내가 20년 전의 글을 빌려오는 것은, 하루키 글이 최근 한국에서 논란이 된 인기 작가의 인터뷰와 겹치기 때문이다.

하루키는 '건강한 여성들에 대한 고찰'이란 제목 아래 자신이 만난 미국 페미니스트에 대한 거북한 심경을 털어놓는다. 하루키는 미국에서의 페미니즘에 대한 높은 관심에 놀라움을 금치 못한다. 당시는 페미니즘 문학비평이 융성하고 있던 때였다. 종종 그는 대학에서 자신의 문학과 번역 등에 관한 강연을 했다. 그 당시 하루키는 현대 미국 남성 작가들의 작품을 번역하는 일도 많이 했다. 하루키는 강연에서 "당신이 지금 열거한 작가는 남성뿐이지 않습니까? 의식적으로 그런 겁니까? 어째서 여성 작가의 작품은 번역하지 않습니까?"라는 질문을 받았다.

하루키는 그레이스 페일리의 작품을 번역하고 있다고 답하고는, 강연 후 불편했던 마음을 다음과 같이 털어놓는다. "내가 그레이스 페일리의 소설을 좋아하는 것은 그녀가 여성 작가라거나 아니면 페미니즘적인 자세를 취하고 있기 때문이 아니라 단지 작가로서 문장가로서 그녀가 뛰어나기 때문이다. 한 사람의 독자로서 그저 단순하고 솔직하게 공감할 수 있기 때문이다."

그러면서 페미니즘 문학 비평에 대한 우려를 솔직하게 드러낸다. "내가 생각하기에 사물의 올바른 모멘트(moment)란 본래 그 밑바탕에 의심이란 개념을 품고 있는 것이 아닌가 싶다. … 다양한 가설이 쌓여감에 따라 하나의 중요한 가변적인 모멘트가 생겨나는 것은 아닐까. 그러나 어느 시점에서 그런 가설 하나하나가 고정화되고 정착되어 본래의 가변성을 잃고 누구라도 알 수 있는 명제가 되어버리면 거기에는 어떤 숙명적인 스탈린주의가 생기게 된다."

나는 하루키의 주장에 동의한다. 여러 가설을 엮어서 자유롭게 읽을 수 있기 때문에 문학은 매력적이다. 문학에는 작가가 창조한 인물과 스토리가 있지만 그 인물의 성격과 스토리 의미에 대한 해석은 다양할 수

작은 소리들

있다. 역사서나 신문 기사가 아니기 때문이다. 따라서 문학작품을 작가의 성별이 아닌 문학성으로 선택한다는 것은 동의할 수 있다.

하루키 말대로 공감은 작가의 성별에 따라서 얻어지는 것은 아니다. 다양한 측면에서 공감은 일어난다. 여성인 내가 남성 작가의 작품에서 공감할 수 없다는 것이 아니다. 그런데 성별을 떠나서 여러 작가의 작품을 읽고, 선택된 작품이 공교롭게 남성 작가들의 것이었다면 하루키에게 공감을 주는 여성작가가 없다는 결론이 된다. 그렇다면 그는 논점을 흐린 것이다. 문학의 본질을 이야기하는 것이 아니라, 여성 작가들의 작품이 열등하다는 점을 말하는 것이 솔직하다. 그렇다면 정말 열등한가로 주제를 옮겨갈 수 있다.

열등하다는 판단이 아니었다면 왜 남성 작가의 작품만을 선택했는가를 고민해보아야 한다. 무의식적으로 작용하고 있는 관념과 감정을 고민해 보아야 한다. 특히 작가라면 새로운 측면에서 새로운 시점으로 문학을 이해하는 것은 중요하다. 현대 문학에서는 여성 작가가 많다. 그럼에도 그가 선택한 작품 대부분이 남성 작가라면 오히려 하루키가 스탈린주의적 선택을 하고 있지 않은지 의심스럽다.

하루키는 자신이 만난 미국의 건강한 여성을 소개한다. 바로 자신의 글을 출판하는 미국 출판계에서 일하는 여성들이다. 그들은 자신에게 남성작가의 글만 번역하는가라고 질문하지 않는 여성들이다. 하루키는 이들 풍토가 풀뿌리 페미니즘이라고 느낀다. 씩씩한 전문직 여성에 대한 칭찬을 한다. 그런데 출판계의 여성은 다음과 같이 말한다. "편집자 중에 여성이 많은 건 솔직히 미국에서는 편집자들의 월급이 그리 많지 않기 때문이에요. … 우리는 돈 때문이 아니라 출판이 정말 좋기 때문에 하는 거예요. 경제적 측면에서 말하면 거의 모두 남편이 있고, 돈은 남편이 착실히 벌어다 주거든요."

하루키는 얌전하고 착한 페미니즘(?)을 원한다. 남성에게 곤란한 질문을 하지 않고, 남성이 비워둔 일자리를 직업적 긍지를 갖고 대체하는 여성들, 남성의 지위에 위협이 되지 않으면서 사회적 진출을 하는 여성들을 건강한 페미니스트라고 한다. 그렇지 않은 페미니스트는 스탈린주의적이다. 이런 생각을 거침없이 이야기한 책이 출판된 20년 전의 일본과 한국의 페미니즘 의식은 얼마나 변했을까?

페미니즘이 여성, 남성을 일반화시키나?

페미니즘에 대한 오해는 한국에서도 예외는 아니다. 작년에 철학자 강신주 씨의 인터뷰가(bookdb.co.kr) 논란이 되었다. 강신주 씨는 『철학 vs 철학』이란 책에서 66개의 주제로 철학 논쟁과 철학자를 소개한다. 주제에는 본질, 정치, 사랑, 욕망, 문학, 에로티시즘 등이 포함된다. 그런데 1,500페이지 분량 중 여성 철학자는 한나 아렌트 단 한 명뿐이다. 여성이 한 명밖에 포함되지 않은 것에 대하여 강신주 씨는 이렇게 말했다. "페미니즘은 여성적인 입장을 다루나, 아직 인간 보편까지는 수준이 안 올라갔다. 그래서 항상 배타적이고 공격적이다. … 남성을 이해하고, 여성을 이해하면서 인간에 대한 이해가 넓어져야 하는데 아직 그 정도까지 안 왔다. … 페미니즘을 여기에 한 항목으로 넣을까 생각도 했었는데 수준

작은 소리들

이 떨어져서 넣지 않았다."

페미니즘이 어떤 점에서 수준이 떨어진다고 생각했냐는 질문에 "이 책에서 다룬 내용과 비교해 아직 그 수준이 맹아적이다. 예를 들어 어떤 사람이 있는데 그가 여성이며, 음악을 좋아하고, 음식을 잘한다는 등의 특징을 전체로서 봐야 인문주의 시선이 생긴다. 그런데 '여성', '남성'이라는 이유로 들어가면 파시즘적 담론인 거다. 그건 유대인이란 이유로, 친일파란 이유로, 일본 사람이란 이유로 비판하는 것과 같다. 여성, 남성을 일반화시키는 페미니즘이 파시즘적 담론에서 자유로울까?"

나는 근대까지 여성 철학자가 탄생하기 힘들었던 사회역사적 조건을 이야기하지 않겠다. 강신주 씨도 이런 객관적 환경을 모르지 않으리라. 66개의 주제에 관련한 여성 인문학자와 관련한 책이 많이 있다. 강신주 씨가 이런 책을 참고해도 자신의 책에 소개할 수준의 여성을 찾지 못했을까?

강신주 씨에게 더욱 안타까운 것은 20세기 말과 21세기에 발전된 페미니즘에 대하여 무지하다는 점이다. 페미니즘은 다양한 페미니즘으로 이루어졌다. 성 평등에서 계급, 민족, 인종, 성 등과 교차하는 이론으로 발전하고 있다. 강신주 씨가 주장하는 여성, 남성 일반화는 외부에서 페미니즘을 왜곡하는 데서 만들어진 규정이다. 민주주의가 다양한 논쟁을 포함하면서 자기 발전을 하듯이 페미니즘도 외부와 내부에서 쟁투를 벌이고 있다. 21세기적 관점에서 볼 때 고대나 17세기 민주주의가 한계가 있지만 그 의의를 찾으려 하듯이, 페미니즘도 민주주의 이론과 같이 시대적 한계와 시대적 과제를 가지고 오류를 범할 수 있다. 그 한계도 가부장제의 균열을 내는 데에 기여를 했다는 의의를 버릴 수 없다.

끝으로 정희진 작가의 말을 빌려오고 싶다. "인간을 남녀로 구분하는 사고는 가부장제인데, 대개는 페미니즘이 그런 줄 안다. 페미니즘은 차별보다 차이를 고안해 내는 권력에 주목한다. 차이는 차별을 위해 만들어진 것이다." 20년 전과 후, 우리는 얼마만큼 철학적으로 문학적으로 진전하고 있는가. 자신이 동의하지 않는다고 한 영역을 스탈린주의, 파시즘이라고 규정하는 오만한 지식인 풍토는 어떻게 지속되는 것일까.

■ 2017년 8월 18일

커플 아니면 반사회적 인격자?

파티에 초대받지 못하는 자

90년대 말과 2000년대 초에 『섹스 앤 더 시티』라는 TV 드라마 시리즈가 있었다. 30~40대 뉴욕 여성들의 도회적/중산층 삶을 그린 것이었다. 자유로운 연애, 섹슈얼리티 등과 관련된 스토리라인으로 한국의 시청자에게는 대단히 이색적이고 도발적이었다. 이 드라마의 거침없는 소재는 미국 내에서도 논란을 일으켰던 것으로 알고 있다. 특히 페미니스트 진영 내에서는 이 드라마와 페미니즘과의 관계성에 대한 찬반 논란이 격렬했었다고 한다.

나는 인상적인 몇 개의 에피소드 때문에 『섹스 앤 더 시티』에 대한 부정적 평가가 덜한 편이다. 아직도 또렷하게 기억나는 에피소드 중 하나가 커플파티에 관한 것이다. 주인공 중 한 명인 미란다는 자신의 일에 열정을 가지고 있는 변호사이다. 그녀는 사랑보다는 자신의 일과 직업적 성취감이 더 중요하다고 생각한다. 이런 그녀는 직장에서 레즈비언으로 오해를 받는다. 어느 날, 미란다는 자신의 직장 상사가 주최하는 커플파티의 초대장을 받는다. 이 파티에는 이성애든 동성애든 커플이면 환영하나, 싱글은 참가 자격이 없다. 그 파티는 미란다에게 성공을 위한 사교장, 직장 동료들과의 소속감을 갖기 위해서 중요했다. 그런데 그녀는 데려갈 남성 파트너가 없었다. 결국 그녀는 파티에 여성과 함께 하여 레즈비언으로 가장한다.

이 에피소드는 사회가 싱글을 어떻게 다루는가를 씁쓸하게 보여준다. 성인이 되면 당연히 커플이 되어야 한다. 특히 중산층 이상의 안정된 사회에서는, 싱글은 안전한 관계를 해칠 가능성이 높은 위험인물로 취급된다. 싱글 상태는 커플 관계의 중간지대, 커플을 만들기 위한 전적으로 준비기간, 과도기일 뿐이다. 이 기간 동안 싱글들은 커플을 만들기 위한 필사의 노력을 해야 한다. 『섹스 앤 더 시티』가 바로 그런 드라마이다. 여성 주인공들은 끊임없이 연애, 사랑을 찾기 위해 고군분투한다. 그런 중에서도 종종 싱글이 갖는 억울함을 토로하기도 하는데, 그중 하나가 이 에피소드이다.

법적으로 싱글이 금지된 것은 아니나, 싱글은 법적으로도 보호받지 못하는 차별과 배제의 삶을 산다. 어쩌면 싱글을 불법화하는 조치가 필요하지 않을 정도로, 사회는 싱글을 심리적·물리적으로 배제와 처벌을 충분히 하고 있는지 모른다. 그 예가 싱글은 사회의 어느 모임에 가든지 고착화된 질문에 직면한다. 왜 싱글인지 이유를 묻는 질문이다. 커플은 커플인 이유를 답할 의무가 없지만 싱글은 다르다. 싱글은 커플을 성립하지 못한 이유를 당연히 답해야 한다. 무책임, 태만함, 비도덕성, 이기심,

작은 소리들

반사회성으로 규정하려는 시선에 설명해야 한다.

싱글 또는 동물

만약 싱글을 이단시하는 생각을 노골적으로 밖으로 드러내어 사회적 시스템으로 만들면 어떤 모습이 될까? 시민의 조건은 커플이고, 주민등록증 대신에 커플증이 필요하다면 말이다. 바로 그런 영화가 요르고스 란티모스 감독의 『더 랍스터』이다. 커플 중심의 획일적 사회를 더욱 확고하게 체제화한 디스토피아로 끔찍하게 묘사하고 있다.

더 랍스터에는 세 개의 세상이 있다. 우선, '시티'라는 안정된 공간이 있다. 시티에는 커플이 산다. 커플증이 없으면 구속된다. 커플에서 싱글로 추락하면, 시티 외곽에 있는 호텔로 강제로 이주된다. 그 호텔은 싱글들이 일정 기간 동안 커플을 만들도록 교육훈련한다. 끊임없이 커플의 장점이 교육되고, 모든 사람을 커플화하는 것이 지상목표이다. 정해진 기간 내에 커플이 되지 않으면 동물이 된다. 다행스럽게도(?) 동물은 선택할 수 있다. 주인공은 랍스터가 되겠다고 계약서에 서명하고 호텔에 입주한다. 동물이 되지 않으려면 호텔에서 숲으로 도망쳐야 한다. 숲에는 도망쳐온 사람들과 동물들이 모여 산다. 이들은 호텔 사람들의 사냥감이 된다.

이 영화 속 인물들은 모두 기계인간처럼 무표정하다. 커플도 싱글도 로봇과 같이 감정의 희로애락이 보이지 않는다. 폐쇄국가의 시민들과 같다. 그런데 누가 이런 체제를 만들었는지 또한 이러한 제도가 누굴 위해

복무하는지 영화는 설명하지 않는다. 시티라는 사회는 우리의 오래된 의식이 쌓아 올린 철옹성, 누구도 의심하지 않고 받아들이는 신념이 만든 것이라고 감독은 말하는 것은 아닐까.

인간 개별의 자율성, 독립성은 없고, 기술적 장치로서 사랑이 있다. 획일적인 사회 속에서는 개인은 통제가 불가능한 돌발적인 위험을 내포한 요소로 인식된다. 어쩌면 커플은 상호통제하는 작은 단위로서 역할, 파트너는 획일사회, 통제사회를 고착시키는 또 다른 감시기구의 역할을 하고 있는지 모른다.

영화의 마지막은 또 다른 시사점을 던져준다. 숲으로 도망 온 주인공은 숲에서 사랑을 찾았다. 그런데 사회로부터 인정받기 위해서는 징표가 필요하다. '시티'의 규칙에 의하면 징표는 당사자의 마음이 아니라 두 사람의 외형적 공통성이다. 외형적 공통성이 없으면 둘은 시티에 진입하지 못한다. 두 사람은 커플이 되었으나 공통성이 있는 커플이 아니어서 나아가지 못한다. 결국 커플 여부뿐만 아니라, 커플 기준이 문제가 된다. 즉 사회적 규율이다.

고약한 영화로 스트레스를 응시하자

이제 영화를 만든 현실로 돌아와 보자. 『섹스 앤 더 시티』 속 싱글 여성들은 외형적으로 독립적이고 개방적으로 보이지만, 연애, 결혼과 출산 압박에 스트레스를 받는다. 그럼에도 『섹스 앤 더 시티』의 커플파티를 보면서 부러운 점이 있었다. 동성애적 관계가 법적으로는 모르겠으나

작은 소리들

사회적으로 인정되는 분위기, 그리고 커플이면 되는 것이지 결혼 여부를 묻지 않는 분위기 때문이다.

한국은 어떤가? 싱글이면 싱글이라고, 동성커플이면 동성커플이라고, 아이가 없는 결혼커플은 아이 없다는 이유로, 아이가 한 명이면 한 명이라서 주변에서 걱정이 쏟아진다. 걱정이 아니라 폭력이다. 특히 명절에는 이런 포화가 집중된다. 이래서 명절을 피하려 하는 사람이 늘고 있다. 그런데 명절만 피하면 되는가. 명절에는 일상적 의식과 관습이 시공간적으로 집중화되어 나타날 뿐이다.

우리 삶의 존재방식을 커플과 싱글로 이분화하는 것은 폭력적일 뿐만 아니라 아주 순진무구한 의식의 결과이다. 커플과 싱글은 다양한 삶의 지향, 태도를 가진 개인으로 구성되어 있다. 중요한 것은 각 개인의 삶의 태도일 것이다. 홀로인 나와 인생, 세상을 연결하여 사고하는 자세가 필요하지 않은가. 스스로 사랑하는 법을 배워야 한다. 어쩌면 사랑은 커플이 사회적 시민증으로 인식되는 사회에서 벗어날 때 가능할 수 있을 것이다.

그런 굴레를 벗어나는 출발로, 우리의 스트레스를 전면으로 응시해 보자. 훈훈한 명절을 만들기에는 적합지 않은 고약한 영화이지만, 『더 랍스터』와 『섹스 앤 더 시티』를 볼 것을 독자 분들에게 추천한다. 명절 연휴, 스트레스를 풀기 위한 영화 선택으로 코미디, 액션, 판타지 영화도 좋지만, 심란한 영화로 지긋지긋한 고민들을 나누는 것은 어떨까.

■ 2018년 9월 22일

아이 없는 사람들의 이야기

독신을 꿈꾸는 청년을 위해서

지난 설에 언니네 식구를 만났다. 그 속에는 30대 초반과 중반인 남자 조카 두 명이 포함된다. 큰 조카가 서른 중반에 들어서자, 자식 결혼에 여유가 있던 언니가 불안해하기 시작했다. 밖에 나가서 타인의 자녀 결혼 소식을 들으면 괜스레 자리를 피하게 된단다.

언니는 다른 부모에 비하면 자식 인생에 참견이 적은 편이다. 부모와 자식도 결국 독립적 개체이고, 각각 자기 몫의 인생을 산다는 주의였다. 그럼에도 자식 결혼에는 다른 부모와 다르지 않다. 하지만 조카에게 스트레스를 줄까 봐 걱정을 드러내지 못한다. 우리 세대는 엄마 세대보다 어렵다. 엄마 세대들처럼 자식들 결혼에 적극적으로 간섭도 못하니. 그러면서도 '총각귀신'이 되지는 않을 거라고, 손주도 언젠가는 안게 될 것이라고 믿는다. 그런데 조카가 딸이었으면 어땠을까? 아마도 집안의 걱정이 더 많았을 것이다. 같은 나이대의 자식이라도 딸이 아들보다 걱정

　　　　　　　　　　　　　　　작은 소리들

인 것은 생존력, 경제력보다는 가임기 때문인 것 같다.

요즘 결혼하지 않고 혼자 살겠다는 청년이 늘고 있다. 주변에 독신을 선언한 딸 때문에 고민하는 지인이 있다. 독신으로 살겠다는 딸을 가진 지인이 나에게 독신으로 사는 것이 괜찮은지 물어본다. 그 진지한 질문에 마땅히 할 말을 찾지 못했다. 독신으로 살겠다는 어린 여성에게 내가 무엇을 말해 주어야 할까? 사카이 준코의 『아무래도 아이는 괜찮습니다』는 아마도 좋은 이야기를 들려줄 수 있을 것이다.

'1억총활약사회'를 위한 여성의 활약

사카이 준코의 글이 항상 그렇듯이, 작가는 자신이 겪고 들은 에피소드를 통하여 이야기를 풀어간다. 책을 읽다 보면 마음에 맞는 친구들과 카페에서 수다를 떠는 기분이 든다. 이 책도 결혼과 출산을 강요하는 사회에서 독신자인 자신과 주변이 겪은 에피소드를 담고 있다.

『아무래도 아이는 괜찮습니다』는 아베 정권이 '1억총활약사회'를 선언한 이후에 쓰였다. '1억총활약사회'는 2050년 이후에도 인구 1억명을 유지하고 이 인구가 사회에서 제 몫을 다하는 사회를 뜻한다. 1억명을 유지하기 위해서는 현재의 출산율 1.4를 1.8로 끌어올리는 것이 목표이다. 이를 위해서 다양한 정책을 강화한다는 것이다.

한국은 일본보다 출산율이 낮다. 2017년 합계출산율은 1.3이다. 두 나라의 저출산 현상은 유사하다. 한국정부도 위기의식이 높다. 보건복지부 산하기구였던 '저출산고령사회위원회'를 대통령 직속으로 위치 이동한 것이 그 위기의식을 대변한다. "지금이 심각한 인구위기 상황을 해결할 수 있는 마지막 골든타임이다"라는 것이다. 20년 전까지만 해도 '산아제한'을 외치던 정부가 이제는 2명 미만도 되지 않는 합계출산율 목표에 대해서 자신이 없는 시대가 된 것이다.

'1억총활약사회'를 위한 여자의 활약은 출산이다. 독신, 아이가 없는 채로 나이를 먹은 사람은 국적(國賊)처럼, 세금을 축내는 인간으로 취급되기 쉽다. 이러한 엄중한 시기에, 골든타임의 때에 사카이 준코는 저출산 원인에 대하여 골똘히 생각하지도, 저출산을 극복하기 위한 대책을 고민하지도 않는다. 저출산으로 인하여 미래 발생할 우려에 대해서도 크게 공감하지 않는다. 보수·개혁 가리지 않고 매진하는 출산과 육아에 좋은 환경을 만들자는 대안, 사회 환경 개혁에 대해서도 별로 관심이 없다.

작가는 역으로 1억 인구보다 다양한 선택을 존중하는 사회가 우선되어야 한다고 주장한다. 결혼이 꼭 출산으로 이어져야 하는 것이 아니고, 출산을 위해 결혼이 필요한 것도 아니다. 또한 결혼과 출산을 원하는 여성에게 대책이 필요하듯이, 그에 동참하지 못한, 할 의사가 없는 여성도 온전한 인간으로 대우하라고 요구한다. 아이를 갖는 것과 안 갖는 것 그 어떤 것도 보편적 정답이 될 수 없다는 것이다.

저출산고령화 시기에 출산과 육아를 희망하는 사람에게 좋은 사회·경제환경을 만드는 것은 미룰 수 없는 과제이다. 그럼에도 시대는 변했다. 모성이 여성 본래의 본성도 아니고, 출산이 여성의 의무라는 구시대적 의식에 기반한 정책은 효과를 내기 힘들다. 또한 고령화로만 설명될 수 없는 독신고령화인구가 늘어나고 있는 점에 주목할 필요도 있다.

작은 소리들

이러한 사회적 변화와 청년층의 의식 변화를 수용하지 않고 결혼과 아이라는 조건을 갖추지 않으면 어른이 될 수 없다는 인식은 여전히 팽배하다. 성인이 되면 마땅히 아이를 포함하여 가족에게 희생을 해야 한다는 사회의식은 어디서나 만날 수 있다. 누군가를 위해서 살아야 어른이 된다는 것이다. 독신은 누군가를 위해 살지 않기 때문에 미성숙한 이기적 인간이라는 것이다. 이에 대해서 작가는 가족에 대한 희생만이 있지 않고 사회에 공헌하는 일은 많다고 말한다.

이걸로도 충분하다

독신을 이기적인 인간으로만 보는 것은 아니다. 또 다른 시선은 연민이다. 당연히 가져야 할 것을 갖지 못한 자, 인생에 실패한 사람에 대한 시선이다. 이에 작가는 자신이 아이를 갖지 않은 이유는 단순하다고 말한다. 자신의 일과 인생 꿈을 희생하면서까지 아이를 원할 정도로 좋아하지 않는다고 말한다. 그럼에도 출산이란 타인의 꿈을 기준으로 연민의 대상이 되는 현상에 대하여 분노한다.

"40대를 맞을 무렵에는 이대로 좋은가 하면서 고민한 적이 있습니다. 하지만 그 물음은 몸이 울린 경종 때문에 생긴 거였습니다. '이제 곧 가임기가 끝납니다'는 소리였죠. 그때 모성 같은 것이 샘솟았던 것은 일시적인 현상이었습니다. 얼마 지나지 않아 완전히 없어졌으니까요. 친구의 아이를 보면 귀여웠지만 부럽지는 않았고, '이대로 좋은가'라는 질문은 '이걸로도 충분해'라는 확신으로 변했습니다."

그러면서 작가는 호기 있게 말합니다. "아이가 없어 '홀가분하다'는 것입니다. 이 홀가분함은 쓸쓸함과 쉽게 교체되지만 적어도 아이의 행복, 가문, 집안을 지켜야 하나든 집착에서는 해방시켜 줍니다." 그럼에도 작가는 이런 말을 덧붙인다. "사람들은 자기가 질 수 있을 만큼만 짐을 지고 가겠죠. 아이가 있는 사람 중에는 무거움 짐을 지고 가다가 누군가 들어줄 사람이 있을지도 모릅니다. 저는 그런 사람을 바라볼 수밖에 없는 것입니다. 그리고는 죽을 때까지 작은 배낭을 메고 타박타박 걸어가야 할 겁니다."

인간은 이렇게 자기 몫의 짐을 지고 흔들리며 가는 것이다. 이제 사회가 다양한 몫의 짐에 주목해 주었으면 좋겠다.

■ 2018년 2월 28일

작은 소리들

우리에게 인구란 무엇인가

출산 애국을 부르짖는 정부

국가가 즐기는 단어가 있다. 그것은 바로 국력, 애국이다. 통치를 위한 이러한 전략적인 단어들은 시대의 변화에 따라서 앞에 붙는 수식어를 바꾸어왔다. 한동안 체력이 국력이다, 국산품 애용은 애국, 수출은 애국 등 그 당시의 국가의 정책이 분명히 드러나는 수식어가 앞에 있었다. 그리고 이에 따른 각종 정치선전물과 선전내용이 있었다.

요즘은 애국하는 길은 무엇일까. 그리고 국력을 키우는 것은 무엇일까. 아마도 출산일 것이다. 그런데 출산애국, 인구국력이라는 신조어가 심심치 않게 등장하고 있다. 다산의 여왕이란 별명을 가진 개그우먼이 있다. 이 여성을 보면서 시청자들은 무슨 생각을 가질까. 의견이 분분할 것이다. "능력 좋다" "어째 저런 일이 ㅉㅉㅉ" "애를 넷이나 가졌는데 어쩌면 저렇게 몸매가 날씬할까" 등. 그녀의 출산능력에서 양육에 대한 부담을 걱정하는 것, 그리고 산후 관리 등 다양하다.

그런데 그녀가 자주 나오는 프로그램을 보면 요즘 모두 그녀를 애국자라고 칭한다. 그녀가 겪어야 하는 양육과정에서 오는 부담에 대한 공유는 없고 그녀가 낙태를 하지 않고 출산을 한 것에만 칭찬을 한다. 결국 순식간에 출산을 주저하는 가정은 비애국자가 되어 가고 있다.

인간이 아닌 인구로 보는 시각

'인구가 국력', '출산이 애국'이라는 전략이 은폐하고 있는 것이 무엇인가. 출산을 기피하게 하는 사회적 원인을 제대로 바라보지 않고 있으며, 과거 출산억제정책만큼 강한 신체에 대한 자기 결정권을 침해하는 반인권적 모습이다. 한국의 저출산 위기론과 그 애국론이 호소력이 없는 것은 저출산을 부르는 양극화와 가치관의 변화에 전혀 대응하지 못하고 있기 때문이다.

인간으로서의 가치보다는 인구라는 집단성이 중요해진다. 인구의 중요성은 무엇인가. 왜 인구가 중요한가이다. 저출산이 심대한 문제라는 것을 부정하는 것이 아니다. 그러나 미래의 국가적 재앙이 저출산만이 아니다. 오히려 일국적 차원, 지구적 차원에서 치명적인 영향을 미치고 있는 것은 그만큼 오히려 보다 중요한 것이 많을 것이다.

언제부터인가 인구가 부담이 아니라 소비자로 부상되고 있다. 따라서 인구 감소는 소비자 감소를 의미한다. 특히나 과잉생산의 자본주의 하에서 인구는 노동력 이전에 소비자로서 중요하다.

최근 한국은행이 발표한 '소비구조변화가 산업구조에 미치는 영향'이라는 보고서를 보면 저출산·고령화로 2020년 취업자 수가 2008년에 비해 9만명가량 감소할 것으로 분석했다. 소비지출이 같다고 가정했을 때 교육 분야에서 일자리가 18만6000개 사라진다. 음식 및 숙박에서 5000개, 농림수산품과 음식료품에서 각각 2000개와 1000개가 줄어든다. 물론 금융·보험 및 기타 서비스에서 3만6000개, 보건·의료(2만3000개), 도·소매(2만1000개), 교양·오락(6000개) 등에서 늘긴 하지만 전체적으로는 8만7000개 일자리가 줄어든다고 전망했다.

인구에 대한 소비자본주의의 관점에서 접근하는 세태에 여성이 다시 희생양이 되어가고 있는 것은 아닌지 우려가 된다. 우리에게 인구란 무엇인지, 어떤 의미로 접근을 해야 하는지 고민을 해볼 때이다.

■ 2010년 10월 1일

제5장

작은 곳에서
작은 손들이 함께

생명에 대한 이름을 알아가는 시골 생활

감각을 깨우는 시골

아침에 잠자리에서 눈을 뜨게 하는 것은 창으로 들어오는 빛과 소리다. 아침이 되면 다양한 소리가 집으로 밀려온다. 우선 들어오는 소리는 새소리다. 시골에서 듣는 새소리는 도시에서 듣던 새소리보다 다채롭다. 내가 도시에서 들었던 새소리는 몇 가지였을까? 새소리를 들어도 당연히 흔한 참새소리려니 했다. 참새 말고 더 많은 새가 있었을 것이다.

시골에는 후각을 자극하는 새로운 냄새가 있다. 봄이 온다는 신호 중하나가 냄새다. 봄을 알리는 냄새는 언 땅에서 온다. 동면했던 곤충, 얼었던 곤충들이 해동하면서 뿜어내는 냄새가 있다. 그리고 꽁꽁 얼었던 땅 속에 심어 있던 식물의 냄새, 땅을 품어주고 있던 얼은 채소들이 녹으면서 다시 땅으로 가기 위해서 냄새를 뿜는다. 밭을 덮고 있던 수수대들이 햇살을 받아 흩어지면서 나는 냄새, 겨울 내내 땅을 덮고 있던 검은 비닐을 벗겨냈을 때, 민낯을 드러내는 흙에서, 물기 어린 흙에서 나는 것이

봄의 냄새다. 자동차의 매연과 섞이지 않은 날 것의 냄새들이 진동한다. 6월에는 비린내 나는 밤나무 꽃냄새가 한창이다.

그리고 눈을 자극하는 곳, 눈이 호강하는 곳이 시골이다. 시골은 다양한 꽃들이 화려하게, 소박하게 피어난다. 화훼 식물에서만 꽃이 피는 것이 아니다. 농작물, 과수에서도 꽃이 핀다. 비록 짧은 기간 피웠다가 지지만 봄과 여름에는 다채로운 꽃들로 눈이 즐겁다. 특히 시골에서만 볼 수 있는 농작물에서 피는 꽃들은 농부들에게는 작물의 생산주기를 알리는 신호지만, 도시에서 온 나에게는 색다른 꽃들이다. 화단, 정원에서 볼 수 없는 콩 꽃, 감자 꽃, 들깨 꽃은 소박하고 작지만 아름답다.

이름 알아가기

이렇게 시골생활은 내 몸의 감각을 열고 확장시킨다. 내 몸을 깨우는 소리, 냄새, 색깔과 모양에 나는 예전과 다른 호기심이 생겼다. 꽃과 새의 이름 그리고 각각 다른 냄새를 만든 주인공에 관심을 갖게 되었다. 매일 가까이서 보고 들으니 그 정체가 궁금하지 않을 수 없다. 시골에 와서 사진 찍는 것이 늘었고 소리를 녹음하는 횟수가 늘었다.

능선 비탈을 따라서 피는 꽃들을 사진 찍어, SNS 야생화 그룹 밴드에 올리고 이름을 물어보곤 한다. 최근에는 사진을 찍어서 올리면 금방 이름을 알려주는 웹도 스마트폰에 깔았다. 꽃 중에는 내가 이름으로만 알고 있던 꽃을 실물로 확인하는 경우도 있는데, 애기똥풀, 금낭화, 초롱꽃, 개망초 등이 그것이다. 거꾸로 실물은 본 적이 있었으나 이름을 몰랐던 꽃들이 있다. 인동덩굴, 큰까치수염, 금계국 등이다. 대부분은 생소하고, 구별하기도 쉽지는 않지만, 이름을 읊조리는 것만으로도 정겹다.

서울에서 참새소리만 들어도 감탄을 하던 나는 다채로운 새소리에 종종 혼란스러울 때도 있다. 새마다 자기 구역이 있어서인지 소리가 마구 뒤섞이지는 않는다. 멀리서 가까이서 들려오는 소리가 다르다. 그런데 새들은 쉽사리 제 모습을 드러내지 않는다. 내가 눈으로 목격할 수 있는 것은 제비, 두루미, 곤줄박이, 박새 등 종류가 얼마 되지 않는다.

새들은 움직이니 스마트 폰으로 그들을 찍기가 힘들어서 소리로만 주인공을 알아내야 한다. 새소리만으로 새의 이름을 알아내기 위해서, 새소리를 녹음해서 여러 포털 사이트를 뒤지며, 내가 녹음한 소리와 비슷한 것을 찾으려고 노력도 해봤다. 야생화의 사진만으로 꽃 이름을 알려주는 어플이 있듯이 새소리 웹이나 밴드가 있을 것이라고 기대했지만 찾을 수 없었다.

새소리는 음절이 있다. 어떤 새는 네 음절이고 뒤 부분이 떨어진다. 어떤 새는 세 음절이고 뒤를 길게 뺀다. 그런데 어떤 놈인지 도통 알 수 없다. 동물의 소리를 단순화된 문자로 익힌 나에게는 혼란스러울 수밖에 없다. 나만 혼란스러운 것은 아닐 것이다. 살아 있는 소리를 그대로 옮겼을 때의 비현실적인 어색함이 코미디의 소재가 되기도 한다. 개그콘서트의 한 토막처럼 소리를 문자화하는 것은 불가능한 일인 듯하다. 특히나 자연의 소리를 담는 문자화하는 것은 이미지를 만드는 수단일 뿐 그 소리를 온전히 담지 못한다.

뻐꾸기는 '뻐꾹뻐꾹', 소쩍새는 '소쩍소쩍' 소리를 낸다고 알았다. 다행

작은 소리들

히 뻐꾸기 소리는 글 문자로 배운 것과 비슷하다. 그런데 소쩍새 소리는 글 문자 기호와는 다르다. 꾀꼬리 소리는 소리를 둥글게 말아서 맑게 위로 올리는 듯하다. 휘파람 새 소리는 급하게 소리를 내뿜다가 여음을 나선처럼 뱉어내는 것 같다. 꾀꼬리와 휘파람새 소리는 산에 가면 자주 들었던 소리인데 난 그 소리가 누구의 소리인지 몰랐다. 그 소리의 주인을 알고 나니 주변에 새가 보이지 않아도 보이는 듯하다. 이름은 모르지만 매일 익숙해지는 소리는 늘어나고 있다. 이제는 산책을 하면서 저 나무에 가면 어떤 새소리가 나겠구나 하고 기대를 하게 된다.

소음과 잡초 투성이, 시골

도시에 살 때 개 짖음 때문에 낭패를 본 적이 있다. 우리 집 개인 '삐삐'를 데리고 매일 산책을 갈 때마다 주택가 골목을 통과해야 했다. 그런데 골목 안 집들에 묶여 있는 개들이 산책을 하는 삐삐를 보거나, 냄새로 감지하고 짖어댔다. 특히 큰 마당이 있는 집의 개 두 마리가 우리가 자신의 집 주변을 벗어날 때까지 짖었다. 묶지 않고 키우는 것 같은데, 대문 밖을 보고 있다가 삐삐가 지나가면 기다렸다는 듯 짖었다. 사람이 지나가면 소리를 내지 않는데 개만 지나가면 짖었다.

그런데 그 집의 개 짖음 때문에 이웃과 분란이 생겼다. 이웃에서 시끄럽다고 항의를 했고, 집주인은 개를 지하 창고에 가둘 수밖에 없었다. 지나가는 사람이나 개를 보지 못하게 자신의 개들을 외부로부터 차단한 것이었다. 결국 분쟁의 원인은 삐삐를 데리고 산책을 했기 때문인 것 같아서, 나는 삐삐를 데리고 다른 길로 돌아서 산책을 해야 했다.

도시에서 개 울음은 소음이 된다. 그런데 시골은 개가 수시로 짖는다. 개를 거의 밖에서 키우다 보니, 개들은 사람을 보고, 지나가는 개를 보고, 밤에는 농작물을 먹으러 내려오는 동물을 보고 짖기도 한다. 그런데 시끄러운 동물 소리에 대해서 시골은 관대하다. 도시에서 볼 때 시골은 소음 투성이다. 닭소리, 염소 소리, 소 소리 등, 소리를 낼 수 있는 생명은 끊임없이 울어댄다. 종종 그 소리가 쓸쓸하게, 비명처럼 들리기도 하고, 가슴을 찌를 때도 있다. 특히 가축 소리를 듣는 것이 힘겨울 때도 있다. 그럼에도 그들 소리를 품으면서 살아야 할 곳이 시골이다.

꽃도 마찬가지이다. 야생화라고 하나 잡초이다. 야생화들은 꽃만 무더기로 피는 경우도 있지만 다른 풀들과 엉켜 있기도 하고 질서 정연하지 않다. 질 때는 지저분하다. 꽃들이 지고 나면 줄기만 웃자라서 풀밭이 된다. 발에 차여 성가시다. 아마도 공원이나 집 마당에 있다면 보기 싫어서 베어버렸을지도 모른다. 이런 야생화, 잡초 때문에 쉬파리 등 날 것들 또는 뱀을 만날 수도 있다. 이러한 위험 때문에 영화에서 보듯이 잡초에 눕거나 앉아 쉴 수는 없다. 이 모든 생명에 감사하면서도 조심하면서 사는 곳이 시골이다.

식물과 동물에 문외한인 내가 이들의 이름을 알아가는 노력은 작은 생명체들에 대한 나의 고마움을 표시하는 마음이다. 나를 풍요롭게 만드는 이들에 대해서 어떻게 감사하지 않을 수 있겠나. 그러면서 생명들이 얽혀서 살아가는 시골과의 관계 맺기가 더 깊어지길 바라고 있다. 몇 달, 몇 년이 지나야 내 주변 생명들의 이름을 알 수 있을까?

작은 소리들

이 땅에 몸 바친 우리 사랑은

우리 빛,

우리 물,

우리 바람 찾아

산에 강에 언덕에

어머님 고추밭 가에도

이름 찾는

풀꽃으로 줄기차게 피어

더욱 곱고

- 김용택, 풀꽃 -

■ 2016년 6월 30일

트로트가 흐르는 여름 저녁

씁쓸한 세상을 엿보는 축제

폭염 경보가 연일 계속되어도 지역 축제는 멈추지 않는다. 내가 살고 있는 면(面)에도 나름 꽤 유명한 축제가 있는데, 매년 열리는 가요제이다. 이 가요제는 시(市)가 주최하는 것이 아니라, 면이 중심이 되고, 추진위원회도 지역 면의 주민만으로 구성되어 마을에서는 자긍심을 갖고 있는 행사이다.

마을 초등학교 운동장에서 가요제가 열린다고 하여, 나는 가요제를 마을 아마추어들의 노래자랑으로 생각했다. 송해 아저씨의 '전국노래자랑'과 유사한 마을 노래잔치일 줄 알고, 동네사람들의 노래 솜씨와 장기자랑을 보고 싶어서 구경을 갔다. 그런데 동네 노래자랑이 아니었다. 가요제는 무명 가수들과 아마츄어 가수들이 프로로 가기 위한 경연장이었다.

가요제가 열리는 초등학교 운동장의 안과 밖에는 면 자치위원회 회원들이 열심히 움직이고 있었다. 마을 축제를 성공시키기 위해서 노력하는

작은 소리들

모습이 역력했다. 내가 본 다른 마을 행사보다 봉사하는 인력규모도 컸다. 이것만으로도 이 행사가 마을 차원에서 어떤 의미를 갖는가를 짐작할 수 있었다.

경연에 앞서, 사회자가 참석한 귀빈들의 이름을 각각 부르고 일으켜 세워서 박수를 받게 하는 순서를 가졌다. 그런데 단상에 오른 자치위원회 위원장, 시장, 국회의원 등은 또다시 일일이 참가한 인사들을 열거해서, 청중들에게 다시 이름을 각인시킬 기회를 제공하고 서로 인정해 주는 품앗이를 하고 있었다. 지역 국회의원은 자신의 치적을 열거했다. 자신의 선거법 위반 건에 대해서는 어떤 해명도 없었다. 그들만의 행사가 거의 40분간 진행되었다.

이런 모습들을 주민들은 참을성 있게 지켜보고 있었다. 저녁 시간이라 하지만 후덥지근한 여름에 주민들을 모아놓고 서로 추켜세우는 그들의 공적 겉치레에 주민들은 짜증도 내지 않았다. 의례적인 질서에 단련이 되어 있는 듯했다.

주최 측과 지역 인사들은 가요제에서 우승한 가수가 전국적 유명세를 갖는 가수가 되길 희망하고, 가요제의 위상이 높아지길 바란다고 여러 번 말했다. 구경 나온 마을 어른들은 그런 기대에는 전혀 관심이 없고, 그저 노래와 화려한 무대만이 빨리 시작되길 기다렸다. 오락거리가 적은 마을에서는 흥겨운 행사임에 틀림이 없었다.

어른들의 문화를 기웃거리는 아이들

가요제 우승을 위하여 경연자가 전국에서 왔다. 경연자들은 이미 프로 기운이 가득했다. 트로트 가수의 전형이라 할 수 있는 반짝이 의상만이 아니라 얼굴 표정, 몸짓 그리고 손놀림이 내가 TV에서 본 트로트 가수들과 별반 차이가 없었다.

지역방송으로 가요제가 방영되어, 방송국 측의 요구 때문에 경연자들의 의상, 무대 매너가 갑작스럽게 연출된 것 같지 않았다. 작은 무대에서 활동한 경륜이 경연자의 공연에서 풍겼다. 참가자 나이도 어려 보이지 않았다. 트로트 가수다운 몸태, 음색이 나이 들어 보이게 하는지 모르겠지만, 30대 후반에서 40대 초반이 대부분이었다.

가요제에는 초청가수들도 있었는데, 내가 아는 가수 이름은 단지 한 명뿐이었다. 내가 워낙 가요에는 아는 바가 없어서 그럴 수 있겠으나, 청중들의 호응으로 추측컨대 청중들도 한 명의 가수 외에는 다른 초청가수는 낯선 것 같았다. 유명가수 무대를 제외하고는 동네 어른들이 즐겁게 춤추며 호응하는 모습을 볼 수 없었다. 가요제 분위기는 내 예상과 달리 차분했다. 유명 가수의 대리를 자처하고 나서는 초대된 가수들, 소위 무명가수들이 경연의 앞과 중간을 메웠다. 차분한 분위기를 띄우기 위해서 온몸을 다해서 열창을 했다. 사람들은 노래에 대한 반응이 간단했다. 익숙한가 아닌가에 따라 청중의 반응은 금방 바뀐다. 이런 반응을 아는 경연자들은 자신의 오리지널 노래를 부를 때 조심스러우면서, 그 몸짓은 더 공허하게 커 보였다.

무대에는 가수들 외에 네 명의 백 댄서가 있었다. 네 명은 의상의 장신구만을 바꾸어가면서, 초청가수와 경연자가 나올 때마다 돌아가며 무대에 나와 춤을 췄다. 그들은 무대에서 자신들이 해야 할 일은 춤보다는 눈요기를 위한 몸매를 보여주는 것이라고 생각하는 듯했다. 힘을 전혀 들이지 않는 단순한 춤의 동작을 반복적으로 보여주었다. 마치 바람에 흐느적거리는 풍선인형 같았다.

허벅지 라인을 그대로 내보이는 짧은 치마, 핫팬츠 그리고 어깨를 드러낸 상의를 입고 춤을 췄다. 그들은 흐느적거리면서 허리와 힙의 선을 보여주는 웨이브도 보여주었다. 춤의 재능이 없어서가 아니라 그 이상은 보여서는 안 된다는 절대적 규칙이 있는 듯이 보였다. 자신이 돋보이지 않으면서 화려한 볼거리를 제공해야 하는 역할에 충실했다. 초대가수까지 포함해서 20여 명 가수의 뒤에서 분위기를 띄우기 위해 필요한 에너지를 감안한 절묘한 춤동작이었다.

경연자만 긴장하고 있는 것이 아니었다. 무대 위 모든 사람들이 긴장하고 있었다. 그런데 그 긴장감 속에서 피곤감이 흐르고 있었다. 후텁지근한 여름의 저녁처럼. 신선함은 전혀 느낄 수 없고, 오랫동안 보아온 분위기가 묻어 나오고 있었다. 작은 무대이지만, 그들만의 세계가 갖고 있을 권력관계가 느껴졌다. 무대 아래 작곡가로 구성된 심사위원단, 경연자 그리고 댄서들과 초대 가수들 등 이들 중 누가 실세일까? 아니면 가요제 밖에 있는 그 누구일 수 있었다.

남녀상열지사가 노골적으로 드러나는 노래들이 초등학교 운동장을 가득 메웠다. 이런 분위기는 학교 밖까지 이어졌다. 학교 밖에는 천막 주점이 줄을 이었다. 그 주점 중 한 곳은 노래방 기계가 설치되었는데, 모니터에는 반나의 여성 영상과 노래 가사가 흘러가고 있었다. 동네 식당은 한가했다. 노점은 외지에서 온 장사꾼임이 분명했다.

학교 안과 밖, 시장으로 변한 마을을 아이들은 공연히 들떠서 여기저기 구경을 하고 있었다.

■ 2021년 8월 21일

작은 소리들

시골에서 버스 찾기

마지막 버스를 놓치다

"응급! 응급!
혹시 지금 충주서 덕산 들어오시는 분 계세요?
딸내미가 차를 놓쳐서…"

몇 개월 전, 오후 7시 37분에 마을 밴드에 이런 글이 떴다. 다행히 글이 올라오자마자 충주에 있던 마을어른과 연결이 되어, 버스를 놓친 아이는 무사히 귀환을 하게 되었다. 이런 훈훈한 마을 분위기에 절로 웃음이 지어졌다. 그런데 나에게 이런 일이 닥치니 느긋할 수가 없었다.

지난 금요일, 서울에서 충주행 5시 30분 버스를 탔다. 충주에서 덕산으로 출발하는 7시 30분, 마지막 버스를 타기 위해서 맞춘 시간이었다. 그런데 충주를 진입하자 버스가 느리게 운행되기 시작되었다. 충주와 괴산 간 도로공사가 진행되고 있었다. 충주에서 볼 수 없던 교통 정체, 주차장 분위기가 연출되고 있었다.

버스 운전석 위에 부착된 시계의 빨간색 숫자가 7:00을 표시하자, 슬슬 걱정이 되었다. 만약 버스를 놓치면 충주에서 다음날 아침 6시 30분까지 기다려야 한다. 어디서 저녁을 보낼 것인가. 서울에는 24시간 사우나가 많으니 그곳에서 하루 밤을 보낼 수 있지만, 충주에는 24시간 사우나가 있는지 모르겠다. 전에 봤던 밴드 글이 떠올라 마을밴드에 SNS을 보냈다. 밴드에 글을 올리자, 서울에서 내려오는 마을사람이 있다는 답신이 왔다. 그 차를 기다리기로 했다. 결국 서울에서 충주로 오는 시간만큼 기다려야 했다.

내가 사는 덕산면은 행정상 제천시에 속하나, 거리상으로는 충주시와 가까워서 충주 생활권에 속한다. 서울 등 다른 지역으로 이동할 때에도 충주시외버스터미널을 이용한다. 덕산에서 충주로 가는 시외버스는 하루 8회뿐이고, 요금도 시외버스라 비싸다. 병원이나 큰 마트를 찾아서 충주로 나갈 때는 적어도 4~5시간이 필요하다. 시내버스는 시외버스보다 더 찾기 힘들다. 99년도에만 해도 제천-덕산을 하루 12회 운행하던 버스가 지금은 반 이하로 줄어들었다. 승객은 학생과 노인층이 대부분이다. 충주시보다 먼 제천시 버스를 노인들이 이용하는 이유는 버스요금이 싸기 때문이다.

덕산면에만 운행하는 지선은 하루 1~2회만 운영한다. 이런 버스노선의 시간을 지키면서 왕복하려면 한나절을 보내야 한다. 콜택시가 있는데, 덕산면사무소에서 주변까지 요금이 8,000원이다. 학생이나 어르신 분들께는 큰돈이다. 그래서 학생들은 종종 도로에서 히치하이킹을 한다.

작은 소리들

지방의 대중교통 상황

충주터미널에서 날 태워줄 차를 기다리는 동안 시장도 보고, 저녁도 먹으면서 시간을 보냈다. 중소 도시의 터미널은 교통을 연결하는 곳일뿐더러 큰 체인점 마트와 패스트푸드점이 있는 나름 시내의 중심지이다. 그런데 9시가 되니 터미널이 한산해졌다. 매표소도 식당도 문을 닫는다. 충주에서 떠나는 시외버스 시간을 알려주는 전광판이 꺼졌다. 서울 전광판만이 켜져 있다. 서울 가는 버스는 23시 30분까지 있다. 서울로 가는 길은 열려있는데, 이웃 지역으로의 길은 막혔다는 것이 아이러니하다.

서울을 비롯한 대도시에서는 지하철이 끊기는 시간을 위한 심야버스가 운행 중이다. 심야버스는 광역버스로 대도시 도심에서 그 주변을 연결한다. 제주도에도 심야버스가 있다고 들었다. 서울의 경우는 광역 심야버스가 45–50분 간격으로 운행 중이다. 최근에는 서울 강남 부근에서 심야 콜버스가 운행 중인데, 강남지역의 고질적인 심야택시난을 해결하기 위해서라고 한다. 그러니 24시간 대중교통 혜택을 보고 있다고 할 수 있다.

이런 변화에 역행하는 대중교통 상황이 시골에서 이루어지고 있다. 시골로 들어가는 버스 수는 줄어들고 있다. 대중교통이 줄어드니 자가용 운행이 늘어난다. 자기 차가 없는 시골생활은 불편하고, 고립되기 쉽다. 운전하던 남편이 돌아가시자 집 밖 외출이 어려워졌다고 한풀이를 하는 마을 여성을 만난 적이 있다. 60대에 들어서 운전면허시험을 봤는데 여러 번 실패했다는 것이다. 이렇게 교통 취약층이 늘어나고 있는 곳이 시골이다.

아직 나는 덕산면을 운행하는 시내버스를 타 본 적이 없다. 시간을 맞추는 불편함과 정류소에서 버스를 기다리면서 버릴 시간 때문이다. 결국 차를 샀다. 20년 만에 장롱면허를 사용하게 되었다. 차를 구입한 직후에는 차를 집 앞에 세워두는 시간이 길었다. 운전이 서툴기도 하지만 시골생활을 시작할 때 내 마음가짐과 거리가 있는 생활이라는 불편한 마음 때문이었다. 그래서 충주를 갈 때에도 시외버스를 이용해 왔다. 그럼에도 대중교통 운행 수가 적어서, 점점 대중교통과 거리가 멀어지고, 교통비가 늘어나는 생활을 하고 있다.

저녁이 있는 삶

덕산 버스를 놓치고, 예상하지 못했던 저녁 시간을 한산한 충주터미널에서 보내면서 '저녁이 있는 삶'이란 구호가 생각났다. 저녁이 있는 삶이란 심야버스가 필요한 도시인들을 겨냥한 구호였다. 만약 덕산에 심야버스가 나타난다면, 그것은 덕산이 시골이 아니라 도시로 변했다는 반갑지 않은 소식일 것이다.

농촌인 덕산면은 저녁이 되면 거의 모든 가게는 문을 닫고 컴컴한 동네가 된다. 술을 마실 곳이 없다고 불평하는 소리도 들린다. 농사철에는 시골이 도시보다 아침이 먼저 열린다. 그래서 자연스럽게 저녁을 집에서 보내는 생활을 하게 된다.

저녁이 있는 삶이란 구호가 필요 없는, 심야버스가 필요 없는 덕산이

작은 소리들

지속되길 바란다. 충주터미널에서 덕산으로 가는 마지막 버스를 놓치는 경우가 다시 있을 수 있지만, 나는 심야버스가 생기지 않길 바란다. 그렇다고 마을의 대중교통상황이 이대로 좋다는 것은 아니다. 도로도 안전하지 않은 시골길을, 좁은 농로를 이용해 자가용으로 아이들을 통학시켜야하는 시골 생활, 인도가 없어서 자전거 타거나 산보하는 것이 위험하고, 어르신들의 전동차가 좁은 차도에서 차와 같이 경주를 해야 하는 교통상황은 매일 위험천만이다.

한 가구당 두 대씩 차를 보유하여야 하는 시골생활은 지속가능한 마을풍경이 아니다. 지속가능한 마을이 되기 위해서는 우선, 인구가 많은 지역에 맞는 대형시내버스가 아닌 작은 버스로 바뀌어야 한다. 마을 곳곳을 운행하고, 하루에 2~3회가 아니라 수시로 운행하는 작은 버스를 타고, 노약자가 집 밖을 자유롭게 이동할 수 있는 마을이 되길 희망해 본다.

■ 2016년 10월 3일

작은 곳에서 작은 손들이 함께

작은 지역에서 일어나는 문화 양분화

최근, 한 단체로부터 교육 프로그램 안내문자를 받았다. 미술사, 여성과 예술 등 도시의 어느 문화센터, 도서관에서 본 듯한 프로그램이다. 우리가 무심히 지나치는 예술세계, 익숙한 작품을 새로운 관점, 인권의 관점에서 다시 보게 하는 목적이 선명히 보인다. 나 같은 사람에게는 반가운 주제이다. 이 안내문을 보며 강원도의 이 작은 지역에도 교육이 다양해지고 있구나 싶다. 그러면서 이 교육에 선주민이 얼마나 참가할까 하는 의문이 들었다. 이 교육도 고학력 귀촌자가 기획하고, 귀촌자가 교육하고, 참가자는 귀촌인구일 가능성이 크다. 이렇게 작은 지역에서 문화는 양분화하고 있다.

나는 도농복합, 작은 소도시에 거주하고 있다. 거주지와 달리 대부분 일과 활동은 시골, 농촌에서 이루어지고 있다. 작은 지역에서는 이웃 간의 교류가 활발할 것이라는 일반적 인식이 있다. 그런데 지역이 작아서,

주민 간 삶의 양식 차이가 두드러지게 나타나고, 지역에서 관계의 격차도 크다. 외형적 주택의 크기, 모습으로 차이가 나기도 하지만, 관계 맺기, 어울리는 분위기에서도 다르다. 쉽게 섞이지 않는다. 극히 목적적 관계 맺기가 아니라면 보통 비슷한 문화차로 서로 데면데면 지내는 경우를 많이 본다. 작은 지역 주민이라면 이런 어색한 문화를 한번 정도는 고민했을 것이다. 도시처럼 서로 모른 척하고 지내는 것이 일반적이고, 무시해도 되지만 시골에서 무시하기도 힘들다. 가까운 생활을 하기 때문이다.

10년 정도 시골, 농촌에서 생활하다 보니, 종종 문화 차이에 의해서 주민들이 나누어지는 현상을 목격한다. 이런 문화의 차이는 대단히 복합적 요소가 포함되어 있다. 어떤 인물이 가지고 있는 문화는 생활 속에서 오랫동안 만들어진 결과물이다. 물론 도시에서도 문화 차이가 있다. 그러나 작은 동네에서는 문화자본의 위력을 더욱 실감한다. 프랑스 철학자, 피에르 부르드외는 문화취향의 차이는 학력, 화폐 등과 더불어 현대사회를 구성하는 주요한 권력이라고 말했다. 문화자본이 그들만의 문화, 소속감을 공고히 하는 기능만으로 끝나지 않고, 물질자본과 같이 이윤을 만드는 역할을 한다.

고향에서 만나는 소외

우리 주변을 보자. 김지연의 단편집, 『마음에 없는 소리』에는 고향에서 서울로 이주해서 살아온 여성들이 고향을 다시 찾아 겪는 일들을 담은 몇 편의 단편들이 있다. 이들은 일반적(?) 생애주기를 벗어나 있다. 결혼이란 압박에 시달리는 나이의 여성, 변변한 직업을 갖지 못한 여자들이다. 열심히 살았으나 항상 노력 부족으로 비추어진다. 무용하지 않지만 특별히 사회적으로 인정하는 능력, 기능을 갖지 못한 인물들이다. 소설 속에는 특별한 가해자와 가해의 행위가 없지만, 주요 인물들의 삶은 주눅 들어 있다. 그림자 같은 인물들, 적지 않은 우리의 주변 인물이다.

단편집의 표제작인 〈마음에 없는 소리〉에서 선미는 서울에서 정착에 실패하고, 고향으로 돌아와서 작은 식당을 차리지만 안정적이지 않다. 그런데 고향에는 예술을 생산하는 청년들이 있다. 이들은 도시에서 온 청년들로서, 지역의 폐교를 전시공간으로 만드는 프로젝트에 참가하고 있다. 이들은 정주하지는 않지만 지역에서 활발히 일하고 있다. 동일한 공간을 예술 공간으로 만들려는 그들과 생존의 장으로서 힘겹게 버티는 선미는 대조를 이룬다.

선미의 고향 친구들은 예술가에 대해서 다음과 같이 말한다. "청년예술가? 뭐 그런 사업에 선정돼서 한동안 살러 온 거라 하네." "예술가라잖아. 맨날 놀고먹으면서 예술가랍시고 나랏돈 타먹는 거다. 먼저 먹는 놈이 임자라느니 눈먼 돈 이라느니 어쩌니 하면서." 그들에 대해서 질투와 적의를 드러낸다. 그들의 말은 진실이 아닐 수 있다. 관심을 가져야 할 것은 고향 청년들의 소외감이다.

예술가 청년들 중 한 여성이 선미를 그들의 전시회에 초대한다. 선미는 그들의 활동이 낯설고, 오히려 자신이 이방인 같다고 느낀다. 30대 후반이라는 비슷한 연령대임에도 불구하고 서로 쉽게 접근이 가능하지 않

작은 소리들

은 것은 선미의 성격 때문인가? 왜 그럴까? 자신의 고향에서 객체화, 대상화된 이유는 무엇일까? 선미는 그들에게서 넘을 수 없는 벽, 문화 차이를 느꼈을 것이다. 예술가 청년들이 직접적으로 물질적 자본, 학력을 내세우는 일은 없다. 그들도 지역사업 프로젝트에 참가할 뿐이다. 그러나 그 활동으로 그들은 간접적으로 그들의 물질적 자본, 학력을 보여준다.

귀촌자들이 만드는 풍경

최근 농촌지역에 귀촌자가 상대적으로 선주민/토박이에 비해 자주 눈에 들어온다. 귀촌인구가 유독 늘어났기보다는 선주민 인구가 줄어들기 때문이다. 다른 지역에서는 청년 귀촌인구가 증가한다는 소식이 있기는 하지만 내가 생활하는 곳에는 5060대 귀촌인구가 늘고 있다. 이들은 상대적으로 고학력자들이다. 그들 대부분은 서울이나 도시에서 일정 자산(부동산)을 가지고 있어 중산층에 속한다고 할 수 있을 것이다. 이들과 선주민과의 생활 차이도 도드라진다. 서울에 강남이 있듯이, 농촌지역, 도농지역에도 그들만의 지역이 있다. 소위 말하는 전원주택 단지가 생긴다. 단지가 형성되지 않아도 농촌 마을 곳곳에 돌담으로 둘러 쌓인 멋진 집들이 들어선다.

그들은 도시와 농촌이라는 터전을 이중으로 살고 있다. 그들의 생활이 극히 도시적이기만 한 것은 아니다. 그들은 열심히 텃밭을 가꾸고, 마당에 꽃과 나무를 키운다. 농촌에 귀촌인구가 늘어나는 것은 나쁜 현상은 아니다. 예전에는 텃세라는 것이 있었다. 몇 년 전만 해도 선주민들이 귀촌자들에게 일정 돈, 기부를 요구하는 경우도 있었다 한다. 그러니까 선주민들이 마을 만드는 데 기여한 것에 대한 일정 감사 표시를 요구했다고 한다. 그러나 이도 옛날 일이다. 오히려 요즘은 지방 소멸을 막기 위해서 귀촌자를 모셔와야 하는 형편에 이르렀다.

귀촌자들은 이곳에서 시골 전원생활을 단순히 즐기는 삶만을 선택하지 않는다. 그들의 학력, 경력 때문인지, 지역에서 다양한 활동에 참가한다. 특히 자격증, 책 출판, 전시회 경험 등 경험이 있으면, 주요한 경력을 보증하는 증표가 된다. 그것 때문에 작은 지역에서도 일자리를 쉽게 찾는다. 그들에게는 큰 일자리가 아니어도, 토박이들에게는 가질 수 없는 성격의 일이기도 하다. 선주민들은 생업인 농업을 떠날 수 없어서, 교육의 기회에 접근할 경제적 토대가 없어서 멀리 할 수밖에 없었던 분야이다. 지자체에서는 선주민들에게서 찾기 힘든 귀촌자들의 재능을 이용하여 새로운 마을 만들기에 힘을 쓰고 있다. 시골, 농촌의 모습이 예전보다 다양해지고 있다.

다양함과 연대가 함께 하는 문화

내가 서울에서 지방으로 이전한 것은 10여 년 전이었다. 처음 내가 살게 된 곳은 작은 면이었다. 그곳은 깊은 산자락 안에 위치해 있어서, 밭농사가 주이고, 산자락을 끼고 밭고랑이 보이던 곳이었다. 아마도 교통이 불편했던 때, 지금처럼 자가용이 흔하지 않았던 때에는 고립되었을 것이라고 짐작되는 지형이었다. 그런데 그곳에는 2000년 초부터 귀촌자가 늘기 시작했다. 선주민과 귀촌자들, 그들 사이에는 유형무형의 차이가 있는 것은 자연스러운 일이었다. 그 차이를 예민하게 의식하고 불편하게 생각하는 쪽은 선주민들이었다. 귀촌자들은 의식적으로 선주민들과 함께하려는 노력을 했지만, 항상 따로따로였다. 어쩌면 선주민만큼 귀촌자들이 문화의 차이를 불편해하지 않고, 편안함을 느끼는 것 자체가 특권의 위치에 있다는 반증일 것이다.

김지연 소설 속 인물들을 생각한다. 그들이 계층을 온전히 대변한다고 할 수는 없다. 선주민이나 귀촌자나 하나의 결일 수는 없다. 각각 그 속에는 다양성이 있고, 다양한 계층적 차이를 포함하고 있다. 서울이나 수도권에서 밀려나서 온 귀촌자들도 많다. 따라서 농촌은 귀촌자 각각에게 다양한 의미를 가질 것이다. 농촌은 귀촌자들이 선주민들을 무조건 따라해야 하는 공간이 아니지만, 새로운 문화를 이식하는 공간도 아니다. 작은 지역에서 다양함은 어떤 계층, 누군가를 소외시키는 결과를 낳을 수 있다.

오늘 나는 교육안내문을 보면서 생각한다. 내 문화의 정체성은 어디에 속하고 어디를 지향하는지 잠시 생각한다. 다양함이 경계를 긋는 일은 아닐 것이다. 다양함과 다름이 함께 하는 지점을 조금 더 고민해야겠다.

■ 2023년 3월 22일

인구절벽 시대, 시골의 어린이

산부인과가 없어지는 작은 지역

"여기는 산부인과가 있네."

홍천 읍내로 들어서기 위한 천변 다리를 건너자 우뚝 선 산부인과 간판이 보였다. 도시에서는 특별할 게 없는 간판이다. 동행하던 친구의 탄성을 듣고 나서야 새삼 깨달았다. 나와 친구가 사는 횡성읍에서 산부인과 간판을 본 적이 없다는 것을. 대학까지 있는 지방이지만, 산부인과가 없다.

그러고 보니 소모임을 같이 했던 젊은 회원들이 임신했을 때, 원주로 산부인과를 다닌다는 말을 들은 적이 있었다. 출산도 원주에서 하고, 그곳의 산후조리원에서 조리를 한다고 했다. 처음에 원주에 있는 산부인과로 외래 진료를 받으러 간다는 말을 들었을 때, 이 작은 지역의 의원을 믿지 못해 이웃 도시로 간다고 생각했었다. 이곳의 의료시설과 의료진을 못 믿어서가 아니라 아예 없어서 주변 도시로 원정 출산을 가는 것이란 사실을 나중에 알았다.

10여 년 전엔 분만실은 없지만 외래진료는 가능한 산부인과가 있었다고 한다. 그러나 그마저 없어진 지 오래다. 이곳 읍에는 고령층이 자주 찾는 진료과목인 정형외과, 내과 의원이 2~3개 있다. 다행히 치과, 안과도 하나씩 있다. 그러나 산모를 위한 전문 의원은 없다.

작은 지역에 살다 보면 넓은 도시에서보다 선명히 보이는 문제가 있다. 인구 문제가 그중 하나다. 한국 사회 전체가 맞닥뜨린 문제이지만, 아직도 도시로의 인구 집중 현상이 있어 인구문제는 도시에서는 피부로 느끼기 힘들다. 내가 사는 횡성군은 1966년을 정점으로 인구수가 하락하여 현재는 정점의 절반도 되지 않는다. 이것도 최근 주변 도시 확장으로 인한 효과로 인구가 조금 증가한 효과이다.

아마도 이곳만이 아니라 강원도의 대부분 농촌, 산촌, 어촌 지역은 비슷할 것이다. 이런 인구 감소는 최근의 일도 아니다. 시작은 도시를 기반으로 하는 제조업 중심의 국가 경제성장 계획 때문이었다. 이런 국가적 정책은 이농현상을 가져왔다. 또 이 국가정책에는 산아제한 정책도 동반되었다. '둘만 낳아 잘 기르자', '한 명 낳기 운동'이 그 예다. 횡성은 산아제한 정책이 실질적으로 없어진 80년대 말에 이미 전체 인구가 반토막 이하로 줄어들었다.

그런데 농촌 인구 문제의 원인에는 전국적인 저출생 추세와는 다른 측면이 있다. 도농 간의 깊은 경제적·문화적 격차 그리고 농업에 대한 저평가·천시가 있다. 이런 복합적 원인으로 인해 농촌은 고령화 위기라는 타이틀로부터 벗어나지 못하고 있다.

학교에서조차 또래 만나기 힘들어

『나의 해방일지』라는 드라마를 보면, 염창희(이민기)가 시골에서 친구 만들기에 대하여 투덜대는 장면이 나온다. 그는 "반경 10킬로 이내에 또래를 모아도 열댓 명이 안 되는 곳에 살고 있으니, 어쩔 수 없이 비슷한 연령대의 아이들은 친구가 된다"면서, 동생을 가리키며 "저 아이는 동네에 또래가 없어서 동네 바보 어른이랑 놀았다"고 한다. 또 "학교에 가야 다양한 또래친구를 만난다. 짝이 맘에 안 들면 다른 친구들과 놀면 된다"고 말한다.

드라마 속 경기도의 농촌 지역에는, 동네 친구가 없었으나 학교에 가면 학급 친구가 있어 또래들과 친구를 할 수 있었다. 그러면 다른 지역, 현재는 어떤가? 서울의 주변 권역인 경기도를 벗어난 농촌 지역으로 가면 학교에서조차 자신과 같은 나이의 친구들을 만나기 힘들게 되어가고 있다.

내가 사는 지역의 학교 상황을 대략 보면, 면 단위에 1개씩 있던 고등학교는 폐교한 곳이 많다. 다행히 면마다 중학교는 있는데, 그 규모가 줄어들어, 전교생 15~16명 정도로 폐교될 위기를 맞고 있는 곳이 많다. 초등학교 경우엔 학생수가 전 학년이 20명 미만인 곳도 있다. 한 학년의 학생이 1명인 곳도 있다. 이런 곳은 2개 이상의 학년이 한 교실에서 수업을 받는 복식학급이 운영된다. 어릴수록 1년이 큰 차이를 보이는 초등학교 학생들이 같은 학년 친구 없이 학교생활을 해야 하는 것이다. 이들 지역은 본래 고립되어 있던 곳도, 인구과소지역도 아니었다.

물론 작은 학교가 갖는 장점이 있을 수 있다. 큰 학교 학부모는, 작은 학교 아이들이 교사의 관심을 더 많이 받고, 학생의 학습 능력, 개인적 취향에 따라 지도를 받으니 좋지 않겠나 생각할 수도 있다. 그러나 시골의 작은 학교 학부모들은 다르게 생각한다. 또래 활동을 통한 정서적 성장 효과를 기대하기 힘들고, 경쟁이 전무하니 학습 성취 욕구가 떨어진다고 본다. 그래서 중학교에 들어가면 적응하기 힘들다고 걱정한다.

작은 마을의 작은 선택

며칠 전, 시골의 특징을 온전히 보여주는 한 마을을 다녀왔다. 작은 학교를 품은 마을에서 빠지지 않는 건물은 면사무소와 지역복지관, 농협이고, 근거리에 학교와 교회 건물이 흩어져 있었다. 이 건물들을 볼 때, 이곳이 마을 주민들의 생활 중심지임을 알 수 있었다. 지역복지관에는 작은 도서관과 마을회관 역할을 하는 강당, 그리고 작은 모임이 가능한 방들이 있었다.

마을의 중심지인데도 인적이 드물고 황량했다. 그중 가장 분주하게 움직이는 곳은 아동들이 있는 곳이었다. 대표적으로 학교와 지역아동센터이다. 내가 방문한 아동센터는 교회에서 운영하고 있었다. 교회 건물 바로 옆에 있었다. 그런데 면 단위에는 하나의 지역아동센터가 있다. 이런 마을과 비교하면 상대적으로 읍은 취학 후 돌봄을 맡을 기관이 많은 편이고, 선택이 가능하다. 그러나 이보다 작은 마을의 유일한 지역아동센터는 대부분 민간 센터이고, 종교기관이 운영하는 경우가 많다. 복지 사각지대라 할 수 있는 곳에 교회라도 있어 돌봄을 책임지니 다행이다 싶기도 했다. 초등학교 학생들 전부는 방과후 학교와 가까운 지역아동센터로 이동하여 돌봄을 받는 모습이었다.

모든 종교기관 부설 돌봄센터가 그렇지는 않지만, 이 마을의 지역아동센터는 교회 의식이 일상활동에 스며들어 있었다. 일례로 활동 시작 전, 식사 시간마다 그리스도교식 기도를 해야 했다. 현재의 센터장이 변동 없이 20년 이상 운영 책임을 맡고 있었다. 교회와 센터장은 돌봄의 전권을 행사한다. 이에 대해 불만인 학부모들이 없는 것은 아니나, 불만을 표하기가 힘들다. 자신의 불만 표시로 센터장과의 관계가 껄끄러워지면, 아이에게 영향을 끼칠 것을 우려하기 때문이다. 그러면 아이가 갈 곳이 없어진다.

여기서 제시된 것은 하나의 예이다. 이외에도 많은 문제가 있을 수 있다. 이런 문제들을 해결할 기관은 지자체이다. 어린이를 중심으로 한 지자체의 세밀한 관리가 절실히 필요하다고 학부모들은 말한다.

농촌 어린이에게 맞는 정책과 지원을

어린이날이다. 어린이날 탄생 100주년이라 한다. 어린이날 특집 행사가 여러 곳에서 진행되고 있다. 일회적인 어린이 관련 소식이지만, 언론이 다루는 어린이들은 도시의 어린이들이다. 농촌, 산촌, 어촌의 어린이에 대해 관심이 없다.

정책과 지원도 마찬가지이다. 지역을 고려한 정책이 적다. 주요 정책

지원의 대상인 취약층 어린이라는 범주에는 경제적 이유가 주요하다. 이런 범주는 도시를 중심으로 만들어진 지원이다. 시골의 어린이는 경제적 취약층일 뿐만 아니라, 문화적 취약층이다. 도시에서 쉽게 눈에 띄는 학원 간판조차 찾을 수 없다. 학교 수업을 보충하기 위한 학원뿐 아니라, 취미 활동, 운동을 위한 시설과 교습소를 찾을 수 없다. 대중교통이 전무하므로 아이들이 읍으로 찾아가 문화적 기회를 접촉하기도 힘들다.

앞에서 보았듯 절대적인 인구감소 영향으로, 시골의 어린이들은 또래 그룹과의 접촉이 많지 않다. '농촌에 아기 울음소리가 들리지 않는다'는 소리는 이제 오래된 이야기가 되었다. 앞으론 어린이들의 소리조차 들리지 않을 수 있다. 원아수 감소로 폐원 위기에 몰린 어린이집 시설이 늘어나고 있다. 농림축산식품부는 이런 우려 때문에 농촌 실정에 맞는 소규모 어린이집을 지원하는 '공동 아이돌봄센터' 사업을 확대하려 하고 있다. 이런 곳을 통해 벽지에도 다양한 문화 기회가 더 많이 주어지길 기대해 본다.

아이들에게 종종 미래라는 수식어가 붙는다. '미래의 한국사회를 짊어질 어린이', '미래의 일꾼' 등이다. 그런데 현재 행복하지 않은 어린이에게 건강한 미래의 어른이 되길 기대할 수 있을까.

■ 2022년 5월 8일

'저출산고령화' 정책에 빠진 지방 청년 현실

지난달 말에 윤석열 정부의 '저출산고령사회위원회'는 저출산 고령사회 정책 과제 및 추진 방안을 발표했다. '다자녀 가구의 기준을 3명에서 2명으로 낮추고, 육아기 근로시간 단축 제도의 연령을 만 8세에서 12세로 올리고, 난임 시술비의 소득 기준을 완화하는' 등이 주요 정책에 포함된다. 이에 대하여 야권과 시민사회단체는 비판을 즉각 쏟아냈다. 가족 형성을 어렵게 만드는 구조적인 요인을 피해 간 정책이라는 것이다. 현재 우리 사회가 가지고 있는 불안한 고용불안과 이중적 고용시장, 그리고 젠더 불평등 등을 전혀 고려하지 않았다는 비판이다. 따라서 정부의 정책이 노동자의 다수를 차지하는 중소기업·비정규직·플랫폼 노동자들에게는 그림의 떡일 수밖에 없다는 것이다

그런데 이러한 지적에 빠진 것이 있다. 비수도권 측면에서 볼 때 또 다른 비판이 가능하다. 지방의 인구 감소는 어떻게 보아야 할 것인가. 지방 소멸의 우려가 나올 정도의 지방에서는 전체적 인구 감소와는 다른 설명이 필요하다. 지방 소멸 원인 중 하나인 지방에서 청년이 줄어드는 이유

작은 소리들

를 동시에 살펴보아야 한다. 우리나라의 인구 문제는 수도권으로의 지나친 인구집중과 관련이 깊다. 지방 청년이 일자리와 기회를 찾아 서울을 비롯한 수도권으로 이주하고, 수도권의 높은 인구집중은 주거 문제를 수반하고, 안정적인 삶을 누리기 힘들어서 결혼, 출산을 포기하게 되는 현상은 오래되었다.

"여기는 최저임금이 최고임금이에요."

며칠 전 우연히 귀촌한 사람들과 만날 기회가 있었다. 사실 바삐 움직이면 서울과 하루 생활권인 지역에 살다 보면, 서울과의 거리감을 많이 느끼지 못한다. 또한 미디어의 발달이 그 거리감을 해소해 주고 있다. 지역 도시에도 생활편의시설이 웬만큼은 있지만, 도시처럼 번잡하지 않다. 권역별 중심도시라 하더라도 서울 변두리보다 한가하다. 생활비를 봐도 나쁘지 않다. 식비나 기타 비용이 수도권과 차이가 많이 나지는 않지만 비슷하거나 적게 든다. 그중에서 가장 큰 차이를 만드는 것은 주거비이다. 서울이나 수도권에서 전세 값이면 강원도 도시에 속하는 지역, 원주나 춘천시에서 제법 이름난 브랜드 아파트를 살 수 있다. 나와 같은 연령대, 은퇴한 사람들은 이런 좋은 점 때문에 지방으로 이주하는 것이 나쁘지 않은 선택이 된다.

초중고교에 다니는 자녀를 둔 집은 상대적으로 학비 걱정이 줄 수 있다고 말한다. 학생 수가 적으니 큰 도시의 학교보다 각종 장학금 혜택의 기회가 많을 수 있다. 특히 '작은 학교 살리기 운동'의 일환으로 작은 학교에 대한 지원이 늘어나고 있다. 서울에서 이주한 지인은 자신의 자녀가 집에 받아오는 상장이나 선물에 놀랐다. 학생 수가 많고 경쟁이 높은 서울보다 상을 받을 기회가 많다. 대학교도 마찬가지이다. 한국장학재단이 제공하는 국가 장학금의 혜택을 누리기 쉽다. 즉 저소득층 가족의 학생이면 대학교의 학비가 전액 면제되기도 한다. 거기에 생활비 지원까지 포함되는 경우도 있다. 서울이나 수도권도 저소득층 가정의 자녀는 장학 혜택을 받을 수 있지만, 지방은 주택 등 자산의 가치가 상대적으로 낮으니 혜택의 기회가 많다. 그리고 지방소멸을 막기 위한 지자체 차원에서 학비 지원도 있다.

이런 이점들이 있으나, 경제활동의 비중이 높은 연령대의 사람들에게 지방은 미래를 준비하는 측면에서 적합한 곳은 아니다. 우선 일자리가 부족하다. 비수도권 지역일수록 자영업 비율이 높다. 큰 사업장이 적다는 이야기다. 사업장 중 공공기관이 가장 많은 인원을 고용하는 곳이 된다. 다음으로 일자리의 질 문제이다. 가장 두드러진 것이 임금 차이이다. "내가 서울에서 받은 월급이 260만원 정도였는데, 여기는 180만원이었다." 7~8년 전에 이주한 지인의 말이다. 자신은 일과 관련한 자격증이 있어서 그나마 많이 받는 것이었다고 한다. 서울을 비롯한 지역과 차별 없이 임금 대우를 받는 것은 공무원밖에 없다. 대학생 두 명의 자녀를 둔 지인은 말한다. "장학금도 중요하지만 지역 월급이나 올랐으면 좋겠다. 학자금 대출을 받아도 사회에 나가 대출을 변제할 수 있는 경제적 능력이 생기는 것이 더 중요하다." 대학 졸업자는 양산하지만 그 이후는 대책이 없다는 것이다. 일자리가 부족한 것은 물론이고, 그들이 받는 임금은 최

작은 소리들

저임금이다. 일자리 질의 문제에서 빠질 수 없는 것이 성평등적 환경이나, 지방에서는 이런 성별 위계 문화가 강하다. 이런 불평등한 환경에 불만이나 직언을 하는 것이 힘들다. 작은 지역이다 보니, 눈 밖에 나면 다른 일자리를 찾기 힘들기 때문이다.

지방에서 자신의 미래를 꿈꿀 수 없는 청년

"청년들의 미래 인식은 국회미래연구원이 2022년 수행한 '미래정책의 국민선호 연구'에서도 드러난다. 전국 3천명 시민을 대상으로 '15년 뒤 미래는 지금보다 더 좋아질까' '개인이 미래를 바꿀 수 있을까' '15년 뒤 내가 바라는 미래가 실현될까'라는 세 가지 질문을 한 결과, 20~30대 청년들의 대답은 다른 세대와 매우 달랐다. 20대는 미래 낙관, 기대에 6.5%, 30대는 10%만 동의했다. 이는 40대 21.9%, 50대 24.5%, 60대 이상이 37.1%로 동의한 것과 대비된다."[*]

이런 보고서가 아니더라도 청년세대가 그들의 부모세대보다 행복하지 않다는 말은 여러 번 들었다. 대학 진학이 보편적이어서, 청년세대는 부모세대보다 학력은 높다. 해외여행을 부모보다 더 많이 하고, 더 멋진 문화생활도 누릴 수 있다. 그러나 자신들의 미래에 대한 기대는 아주 낮다. 부모세대는 현재보다 빈부 격차가 크지 않았으며, 노력하면 이루어

[*]
박성원 국회미래연구원 연구위원, 『한겨레신문』, 2023.3.20

질 수 있다는 신화가 사회적으로 먹히던 시기였다. 미래의 청사진을 그려보는 것이 어려운 현실을 견디는 데 도움이 되었던 시기가 있었다. 그러나 현재의 청년들은 미래를 꿈꾸는 것이 현실을 살아가는 데 도움이 되는지 모르겠다고 말하기도 한다. 미래의 꿈은 지금으로부터 멀지 않은 시기의 직업을 준비하는 데 그친다. 생존이 가능한 안정된 일자리를 얻는 것이 미래의 꿈이다. 자신의 학력도 모두 이를 위한 준비일 뿐이다.

앞서 본 청년세대의 미래에 대한 기대치가 지방도 마찬가지일 것이다. 그런데 지방 청년들의 독특한 문제가 존재한다. 정도의 차이로 치부할 수 있는 문제가 아니다. 서울 등 대도시에 비해 일자리가 적을 뿐더러, 장학금을 받으며 대학 졸업을 해도, 졸업장이 큰 힘을 발휘하지 못한다는 것을 이미 청년들은 알고 있다. 지방의 대학 졸업장은 서울 대학 졸업장만큼 가치가 있는 것으로 취급되지 못한다. 지방 대학에 다니는 학생은 서울에서 학교를 다니는 학생에 비해서 다양한 경험의 기회가 적다고 생각한다. 대학생 이상 성인을 위한 전문기술을 교육하는 사설기관도 만나기 쉽지 않다. 이것이 지방 청년들이 서울로 향하는 이유를 만든다. 서울과 격차가 더 커지는 지역에서 청년의 미래에 대한 기대는 낮을 수밖에 없다. 이곳에 사는 청년들에게 지방의 성장동력, 스스로 성장해야 한다는 주문은 무리하다.

이런 청년들이 겪는 어려움을 부모가 모를 리 없다. 그래서 청년들의 문제는 부모의 문제가 된다. 자녀를 위하여, 자녀에게 더 많은 기회를 줄 수 있는 환경을 고민할 수밖에 없다. 따라서 자신은 아니더라도, 자녀를 현재 사는 곳에서 벗어나게 할 수 있는 통로를 고민하게 된다. 저출생의

작은 소리들

원인을 지방에서 볼 때, 인재 유출과 연결된다. 수도권과 지방의 불평등한 관계, 문화에 대한 고민이 필요하다. 이런 지방의 현실을 기반하지 않은 윤석열 정부의 저출생 정책은 비수도권 지역민에게도 그림의 떡이다.

■ 2023년 4월 17일

작은 곳에서도 교육 사다리 열풍

　최근에 어린 자녀를 둔 엄마들 모임에 낀 적이 있다. 이들과의 인연은 작은 독서모임에서 시작되었다. 참가자들 중 몇 명이 출산과 취업으로 이어지면서 모임은 지속되지 못했다. 그래도 종종 서로 연락하는 사이가 되었다.

　이들도 여느 학부모와 같이 자녀 교육에 관심이 많았다. 회원 중에는 학부모가 된 이들도 있다. 초등학교 3학년생을 둔 회원은 대학 입시 관련 강연을 다녀왔다고 한다. 아마도 초등학생 학부모를 대상으로 한 강연이 있는 것 같았다. 그러면서 〈공부를 부탁해 티처스〉를 꼭 보라고 다른 엄마들에게 권했다. 자녀들의 공부법을 알려준다고 했다. 모임의 다른 회원이 "애들이 건강하고, 자기가 원하는 대로 키우는 거지. 억지로 시킬 필요가 있냐"고 반응했다. 그 반응이 모임 분위기를 싸하게 했지만 잠시 뿐이었다. 그 반응에 "너는 아직 애가 어려서 그래"라는 대꾸가 돌아왔다. 애들이 아직 3살이니 곧 학교에 들어가면 자신들과 동일한 처지가 될 것이라는 확신이었다.

주의 깊게 본 적은 없지만, 나도 그 프로그램을 알고 있다. 채널 돌리다 보게 되었는데, 난 긍정적인 느낌이 들지 않았다. 사실 나는 티처스를 보면서, 한때 논란이 되었던 〈렛미인〉이란 성형 예능이 떠올랐다. 외모지상주의를 부추기고, 성형에 대해서 잘못된 인식을 심어줄 수 있다는 비판이 높았다. 그럼에도 이 방송은 시즌 5까지 방송되었다. 물론 제작팀은 사연의 주인공들이 외모로 얼마나 큰 고통을 받으며, 외모의 변화를 통해 당당함과 자존감을 찾는 것을 보여주는 것이 프로그램의 취지라고 말할 수 있을 것이다. 예전에는 성형받은 사실에 대해서 드러내지 않으려 했다. 쉬쉬했다는 것이 긍정적이라는 뜻이 아니다. 이제는 성형이 더 이상 숨겨야 될 문제가 아니고, 비용의 문제만 해결되면 누구나 시도해보는 것이 되었다. 지금처럼 '외모도 능력이고 실력이다'라고 생각하는 사회적 분위기에서는 그런 태도가 따라올 수밖에 없다. 렛미인이 이런 사회적 분위기를 만드는 데 전적으로 책임이 있다고 할 수 있지만, 사회 분위기를 반영할 뿐만 아니라, 그 분위기 형성에 일조했다고 생각한다.

부모가 만드는 자녀의 미래

사교육도 마찬가지이다. 사교육을 받는 것이 비밀로 해야 할 것은 아니지만, 사교육이 권장되어야 할 성질은 아니다. 한동안 공교육 외의 보충교육으로 EBS 방송이 충분하지 않나 싶었다. 물론 이런 교육방식이 개별 학생 수준과 특성을 고려하지 못한다는 생각은 든다. 그러나 개별 특성, 수준을 고려한 학습은 공교육도 하지 못하고 있다. 공교육이 사교육을 받은 학생들 성적 관리, 즉 등급 관리만 하는 것은 아닐 것이다. 현재 공교육의 문제가 없는 것은 아니나, 설사 공교육의 질이 좋다고 해도, 한국과 같이 입학 대학이 미래를 결정하는 현실에서 사교육 경쟁은 피할 수 없을 것이다.

티처스는 학생 한 명에 대한 일대일 상담과 지도로 진행된다. 그 담당 티처도 평범한 수준이 아니라 각각 사교육계에서는 전문가로 정점에 있는 사람들이다. 더구나 공부법을 가르쳐준다니 누구나 따라해 볼 수 있으리라는 기대로, 학부모 간에는 인기가 있나 보다. 그런데 이와 비슷한 프로그램이 있었다. 2019년에 MBC에서 방영되었던 〈공부가 머니?〉였다. 그 프로그램의 기획의도는 홈페이지에 다음과 같이 소개되어 있다. "OECD 국가 중 교육비 지출 1위! 연간 '19조'가 넘는 어마어마한 돈이 자녀 교육비로 지출되고 있는 나라" "성적은 쑥쑥 올리고! 교육비는 반으로 확~ 줄이는! 지금껏 한 번도 공개되지 않았던 1급 비밀 교육 노하우가 공개된다! 당신의 자녀만을 위한 1대1 맞춤형 솔루션!" 지금의 티처스와 전체적인 기조가 달라진 것은 없다. 사교육 안녕을 외치던 방송이 조기 종영된 것은 오히려 사교육 조장이라는 비판 때문이었다고 들었다. 그러나 그런 비판적 분위기조차 기대할 수 없는 것이 현재이다. 비판이 있어도 인기몰이중이다. 아마도 종편이라 견디는지 모르겠다.

이런 종류의 교육 상담 프로그램에는 몇 가지 특징이 있다. 우선, 학생만이 아니라 부모가 함께 출연한다. 공부는 교육환경이 중요하고, 그런 의미에서 부모의 도움이 필요하다는 메시지라면 동의할 수 있다. 그런데 방송에 나온 부모들은 교육에 대한 열정이 높았고, 엘리트들이었다. 마

작은 소리들

음만이 아니라 열정만큼 실제로 노력을 하고 있는 부모였다. 자녀의 교육 성취 정도 여부는 부모의 노력 여하에 달려있다는 것을 보여주는 듯하다. 평범한 부모들은 이런 프로그램을 시청하며, 자신들이 자녀에게 소홀하다는 점, 책임감이 부족하다고 자책하고, 불안을 가중시킬 수 있을 것 같았다. 결국 교육 공간은 자녀뿐 아니라 부모 간의 경쟁 장이 된다.

두 번째는 자기주도 학습의 강조이다. 즉 스스로 원리를 이해하고 사고하고 정리, 암기하는 공부법에 대해서 이의를 제기할 사람은 없을 것이다. 이미 오래전에 자기 주도 학습이 강조되고 인기를 끌었다. 그런데 여전히 사교육은 인기를 끌고 있다. 이 프로그램에서 관건은 전문가를 통한 학생의 변화이다. 일단은 교육 전문가가 상담하여, 학생의 학습 방법과 실력이 보여주는 문제를 찾아낸다. 오랜 경험이 만들어낸 전문성이 빛을 발한다. 따라서 자기주도 학습도 학생의 단점과 그 접근법을 찾아내는 전문가의 접근이 우선한다. 즉 어디서 출발할 것인가를 전문가가 알려준다. 학생 특성을 족집게처럼 찾아내는 것이다. 그렇지만 그 족집게 공부법을 일반화시킬 수 없다. 부모들이 정보를 얻을 수 있지만, 그 정보가 자신의 자녀에게 맞는 방법인지 판단하기 어렵다. 자기주도 학습이 가능하기 위해서는 전문가의 컨설팅이 필요하다는 또 다른 사교육을 부추기게 된다.

자유로울 수 없는 사교육 고리들

나는 이런저런 생각을 그 모임에서 말하지 못했다. 자녀의 미래를 고민하는 부모로서, 극심한 경쟁 사회를 몸소 경험하는 어른들에게 내 말이 무슨 의미가 있을까. 한국의 교육문제를 모르는 사람은 없을 것이다. 그러나 그 문제를 아는 것만으로 개인의 삶에는 큰 영향을 주지 못한다. 또한 나 자신도 그 위치에 있다면 자신 있게 그런 매체와 사교육의 유혹에서 벗어날 수 있을까.

한국은행의 조사에 의하면, 사교육비 총액이 27조 규모(2023년 기준)를 넘었다. 또한 서울의 고등학생 사교육비가 100만원이 넘는 학생의 비율이 전체 학생의 40%에 육박했다. 소득·거주지, 대입에 큰 영향을 주고, 소득 상위 20% 고소득층 자녀, 상위권대 진학률 저소득층의 5배이다. 새삼스럽지도 않은 조사 결과이다. 결국 부모의 소득과 거주지가 자녀의 대학 진학과 연관성이 높다는 것을 부정하기 힘들게 하고 있다. 그 연관성은 더 강고해질 것이라고 누구나 예측할 수 있다. 특히나 의과대학 정원을 2000명으로 확대한다는 정부안이 발표되면서, 의대를 가기 위한 사교육 시장이 더욱 커지고 있다. 초등학생을 위한 초등의대반도 대치동 학원가에 생겼다는 말을 들었다.

저소득층 자녀와 수도권이 아닌 지역의 학생들이 빨리 학업을 포기하는 이유를 알 것 같다. 그들이라고 자신이 어떤 환경, 위치에 있는지를 모르겠는가. 내가 사는 강원도 지역에서도 경제력이 있는 학부모는 자녀를 주말마다, 방학마다 서울 학원으로 보낸다. 서울로 거주지를 옮기지 않는 이유는 농어촌특별전형이나 지역 우선 선발이라는 기대 때문이다. 방학 동안에 기숙사형 학원에 보내는 데 1천만원이 필요하다고 한다. 결국 누구의 능력이고 경쟁력인가. 부모, 소득, 지역이 일차 능력으로 내장된 학생들이 또 다른 능력 싸움, 좋은 대학 경쟁을 하고 있다. 이것이 신분제 사회이다. 교육이 신분제 사회의 상층으로 가는 사다리 역할을 할 수 있다고 믿었던 때가 있었다. 그러나 앞선 한국은행의 조사가 그 환상을 깨뜨리고 있다. 그럼에도 순진한 부모들은 그 교육 사다리를 믿고 있다.

모임을 마치고 돌아오면서 몇 년 후 그들의 모습을 상상해 본다. 자녀의 대학이 부모의 실제적 훈장이 되는 지나치게 솔직한 천박한 사회가된 지 오래다. 다만 이제는 '나는 서울대 부모입니다'[*]에서 '나는 의대 부모입니다'가 되지 않을지. '너는 그렇게 살아라, 나는 다르게 산다'고 호기 있게 말할 수 있는 부모가 얼마나 될까. 교육의 사다리를 차버리는 부모를 기대하는 것은 힘들다. 다만 자녀의 대학이 부모의 능력이니. '나는 서울대 부모가 아닙니다', '나는 의대 부모가 아닙니다'라는 낙인을 스스로 새기지 않기를.

■ 2024년 10월 9일

[*] 서울대 발전재단이 2024년 1월부터 'SNU 가족 스티커' 배부.

작은 학교 청소년들의 문화 활동

청소년기의 예체능 활동

청소년 방과 후 활동을 지원하는 일을 한 적이 있다. 주 대상은 중학생들이었다. 지방자치단체에서 일정 보조금을 받아서 방과 후 강사를 모집하고, 학생들의 학교 수업 외 활동을 할 수 있도록 도움을 주는 일이었다. 본래 활동 목표는 학력 격차를 줄이는 데 있었다. 도시와 읍면 단위의 청소년들 간에 학력 격차가 큰 것은 이미 다 알고 있는 일이다. 뿐만 아니라 학급 내 학생 간의 격차도 여전했다. 예전의 학생수와 비교하면 대폭 줄어들어서, 학생 수준에 맞는 개별 맞춤 학습이 가능할 것으로 예상했으나, 그렇지도 않은 듯했다. 소규모 학교도 일방적, 일률적 암기 교육을 벗어나기 힘들어 보였다. 그러니 빨리 학업을 포기한 학생들이 많았고, 지식과 교과 중심의 수업에 대한 관심은 적었다. 그런데 예체능 활동은 달랐다.

시골 학생들이 다른 교과목에 비해 예체능 활동에 관심이 많은 이유는 뭘까? 우선 국제화된 K팝 영향도 있고, 성적과 무관하게 놀이로 편하게 접근할 수 있기 때문일 것이다. 그리고 지역 특성도 한 몫을 한다. 존폐 위기가 있는 작은 학교가 있는 면 단위에서 학생들을 읍에 있는 학원으로 데려갈 대중교통을 찾기 힘들다. 부모님이 차로 학원까지 데려가야하지만, 시골의 부모님은 농사일 등으로 그런 여유가 없다. 예체능 학원비도 다른 과목 학원비에 비해서 비싸다. 그러니 방과 후 선생님이 직접 면 소재 학교로 오고, 무료로 배우니, 인기가 있을 수밖에 없었다. 우리단체가 지원한 예체능 활동은 악기 배우기와 축구였다. 악기라고 해봐야 기타, 드럼, 키보드였다. 다행히도 지역의 작은 도서관에 이 악기들이 있었다. 현악기, 관악기는 꿈도 꿀 수 없었다. 또 강사의 열정으로 초보부터 개별 맞춤 교습을 진행했다.

나의 청소년기 예체능 활동은 어떠했나. 나의 청소년기는 평균 60명이상이 한 반에서 수업하는 과밀학급인 시대였다. 그리고 사회 전체가 '생산성'이란 신념으로 움직일 때였다. 당시 산업화, 2차 산업 위주의 일꾼을 만드는 데 혈안이 되어 있었다. 그러니 예체능 교육은 등한시되었다. 예체능 수업은 다른 학과 과목과 달리 무엇보다 개별 지도가 필요했으나, 다른 과목과 마찬가지로 학생들 각각의 능력, 소질을 고려하지 않았다. 그저 준비된 아이들만이 즐길 뿐이었다.

나와는 많은 세대 격차가 있으나, 지금 작은 학교의 청소년들이 비슷한 경험을 하고 있지 않은지 걱정이 된다. 학원을 찾아가기도 힘들고, 학교에서는 개별 수준과 소질을 고려한 수업을 기대하기 힘들다. 우리 단체가 만났던 학생들은 작지만 그런 기회를 갖게 된 행운아들이었다.

청소년들을 문화에서 소외시키는 정부

'일인일예(一人一藝)'라는 오래된 교육 목표가 있다. 이는 아직도 필요한 목표이다. 그러나 이를 달성하기 위해서는 어떻게 해야 할까? 그것에 합당한 방법을 윤석열 정부는 알고 있다. 윤석열 정부는 '누구나, 더 가까이, 더 깊게 누리는 K-문화예술교육'을 비전으로 삼아 문화 접근 기회를 보다 폭넓게 하기 위한 정책들을 내세우겠다는 방향을 갖고 있다. 그런 정부가 올해 학교 문화예술교육사업 예산을 50% 삭감했다. 문예체(문화예술체육) 교육은 학생들에게 암기식 기능, 지식을 전달하는 것이 아닌, 인성교육, 감성교육 육성이 제일 목표이다. 그렇기 때문에 누구나 쉽게 접할 수 있어야 한다. 그래서 공적 기관이 앞장서야 한다. 그러나 예산 삭감으로 작은 학교에서는 강사 채용 과정부터 난관에 봉착했다. '누구나, 더 가까이, 더 깊게 누리는'라는 구호가 무색해진다.

우리나라의 교육은 사교육 영향을 무시할 수 없다. 학부모들도 자녀를 동네 학원에 보내는 것을 당연히 생각한다. 이는 소박한 편이다. 그런데 다른 과목보다 사교육 영향을 가장 많이 받는 과목이 문예체이다.

내가 일하는 지역에 지역인재를 양성시킨다는 목표하에 운영 중인 아카데미가 있다. 지역 학생들의 엘리트 코스이다. 지역 중학생들이 시험을 통하여 이곳 아카데미에 들어가면, 방과 후에 모여서, 대도시에서 초빙된 학원 강사가 진행하는 수업을 받을 수 있다. 면 단위 학생들은 택시비까지 지원된다. 결국 공부 잘하는 아이는 공부를 더 잘할 수 있는 기회를 갖게 되는 것이다. 이 아카데미 운영은 모두 공적 자금으로 진행된다.

작은 소리들

이런 공적 자금이 소위 국영수 과목 중심의 엘리트를 만드는 데만 사용되고 있다.

문예체에 재능이 있는 학생들, 자신의 재능을 발견하고, 훈련할 수 있는 기회를 찾기 어려운 학생들은 어떡하나? 그것을 내가 일하던 단체에서 적게나마 했었다. 그런데 걱정이 생겼다. 강사를 구하는 것이 어려워졌다. 한 시간에 4만원 정도 강사비를 받으며 면으로 들어가고자 하는 강사가 드물다. 그리고 강사들에게 주는 혜택은 전혀 없다. 일시적인 구두 계약으로 강사를 모집하고 파견한다. 이렇게 혜택도 적다 보니, 아르바이트 정도로 일을 받아들이기 쉽다. 또한 자동차 기름값 상승으로 가능하면 큰 지역에서 수업을 하려 한다.

문화 격차의 영향

문화는 경제적 격차와 지역적 격차를 반영한다. 또한 역으로 영향을 미친다. 문화 격차는 단순히 취향의 차이만을 만들지 않는다. 문화 격차로 인한 문화 소외는 삶의 질을 낮출 뿐만 아니라, 경제적 불평등, 갈등에 영향을 미친다. 이제 더 이상 문화는 생산적 활동 밖의 취미 영역이 아니다. 이미 문화는 중요한 생산 수단이 되고 있다. 소위 콘텐츠 산업이 커지고 있다. 정부는 혁신성장산업으로 콘텐츠 사업을 육성하고 있다. 영화, 음악, 방송, 게임 등 산업의 규모와 고용의 규모가 커지고 있다. 작은 지역의 작은 학교 학생들은 이런 산업에 얼마나 창의적으로 참여할 수 있을까.

청소년들의 문화 소외는 그들의 현재만이 아니라 미래까지 영향을 미친다. 그들에게 장래 꿈, 일자리를 물어본 적이 있는가? 문예체 관련 꿈을 꾸는 청소년들을 만나기는 쉽지 않다. 이미 꿈마저 차단된 삶을 살고 있다. 그들이 생활을 위해 갖게 될 직업이 하찮다는 뜻이 아니다. 다만 아무 거리낌 없이 막연하나마 모든 일을 상상해 볼 수 있는 시기가 청소년 때이다. 그런데 꿈조차 꾸지 못하게 하는 현실이다.

미래는 차치하고 현재 그들의 여가활동을 보라. 방과 후 예체능 활동이 없다면, 방과 후 여가는 주로 스마트폰 속으로 빠져든다. 그 속에서 모든 예체능을 접할 수 있다. 그러나 직접 몸으로 익히며 즐기는 것이 아니라, 보는 것에 만족해야 한다. 그리고 접하는 스마트폰 속 문예체 콘텐츠도 자신이 가진 소양에 따라서 극히 제한될 수밖에 없다. 2018년도 아동종합실태조사에 따르면 아이들이 희망하는 방과 후 활동이 계층에 따라 차이가 있다고 한다. 즉 소득 수준이 낮을수록 TV 시청하기를 희망하는 비율이 높았고, 소득 수준이 높을수록 신체활동·운동하기를 희망하는 비율이 높게 나타났다. 소득이 낮은 계층일수록 스마트폰 사용 시간과 TV 시청 시간이 길며, 게임을 하는 시간도 많았다.

이제 여름 방학이다. 소득 수준이 낮은 계층의 청소년들, 작은 학교의 청소년들이 어떤 모습으로 여름을 보내고 있을까 상상해 보라.

■ 2024년 8월 1일

작은 소리들

제6장

소소한 일상을 나누는
존중

살아남는 기억만 진실이다

살아남는 기억으로 만들기 위한 노력

"진실의 반대말은 거짓이 아니라 망각이다." 비극적 사건이 회상될 때마다 회자되는 말이다. 나는 김연수의 『시절일기』에서 이 문장을 처음 접했다. 『시절일기』에서는 이어령 교수의 말로 인용된다. 그래서 원문을 찾아보니 2016년 『주간조선』에 실린 이어령 교수 인터뷰 기사였다.

"라틴어로 진실의 반대말은 허위나 거짓이 아니라 망각(忘却)이라고 해요. 거짓된 것은 망각 속에 다 묻히기 때문에 살아남는 기억만 진실한 것이라는 뜻이지"

이 인터뷰 기사를 보면서 내가 관심을 가진 문장은 두 번째 문장이었다. 두 번째 문장은 이어령의 해석인 듯했다. 이 문장을 볼 때 의문이 들었다. 망각된 것은 모두 거짓인가. 진실한 것은 잊히지 않고 살아남는가? 우리 주변의 사회적 비극이 얼마나 빨리 잊히는가. 먼 과거가 아니라 최근 10년 동안에만 해도 세월호, 강남역 화장실 살인, 안희정 성폭력, 김용균 사망 등 많은 사건이 일어났다. 그 일들은 우리의 몸과 마음, 의식을 망치처럼 때렸다. 놀라게 했고, 힘들게 했으나, 곧 다른 사건에 묻혔다.

따라서 '거짓된 것은 망각 속에 다 묻히기 때문에 살아남는 기억만 진실한 것'이라는 문장에는 생략된 말이 있거나, 다른 의미를 숨기고 있는 듯하다. 바로 살아남는 기억으로 만들려는 노력이다. 사회적 진실과 거짓을 가르는 기억과 망각은 시간이 흘러가면서 자연스럽게 그냥 이뤄지는 것이 아니다. 기억의 바탕에는 다시 비극을 반복하지 않겠다는 의식적 활동들이 있었다. 잊지 않으려는 의지가 사건과 무관하게 살아가는 일반 대중을 깨운다. 기억의 구석에 파묻혀 있던 것을 끄집어내어, 비록 잠시일지라도 진실을 문득문득 대면하게 한다. 그렇게 과거의 기억은 현재의 활동이 되고 미래에도 진실로 살아있게 된다.

망각하지 못하는 삶

비극적 진실을 직접 경험한 개인은 이것을 기억하고 싶을까? 잊고 싶으나 잊지 못하는 삶은 어떤 것일까? 이러한 기억과 관련된 대표적인 작품이 헤르타 뮐러의 『숨그네』일 것이다. 거칠게 분류하자면 이 소설은 '수용소 문학'이라 부를 수 있다. 헤르타 뮐러는 시적인 감성으로, 몽환적인 분위기로 수용소의 삶을 이야기한다.

『숨그네』속 화자인 '나'는 17세 소년이다. 이 소년은 수용소의 정체를 모른 채 여행을 떠나듯 수용소로 간다. 수용소 생활 동안에도 수용소를 움직이는 정치가 어떻게 벌어지고 있는지 모른다. 소년의 눈에는 가해자가 보이지 않는다. 가해자보다는 자신을 둘러싼 일상에 천착한다. 나는 죽는 것에 대한 두려움보다 배고픔의 고통이 더 크다. 나는 생존하기 위하여 환각에 의존하기도 한다. 수용소에서 마주치는 물건에 집착하기도 한다.

『숨그네』속 나는 5년 동안 강제수용소 생활을 한다. 그런데 나의 수용소 생활은 고향으로 돌아온 후에도 중단되지 않는다. 평생 잠을 설친다. 잠을 못 이루게 하는 것은 나의 이마 안쪽에 들어있는 검은 트렁크이다. 그 트렁크에는 수용소 물건들이 들어있다. 나의 의지와 상관없이 수용소의 물건들이 나를 수용소로 데려간다. 그러면서 나의 숨은 그네처럼 공중에서 한 바퀴 돌고, 헉헉거린다.

불면증을 겪어본 사람은 알 것이다. 잠자리에 들면 잠 먼저 찾아오는 것들이 있다. 낮에 하지 않은 일이 떠오르기도 하고, 낮에 고민했던 일들이 연장이 되기도 한다. 그러나 정작 힘든 것은 이마 안쪽에서 깊숙이 잠자던 것들이 기지개를 켜며 선명히 다가오는 현실이다. 그것들은 수치심과 후회 등의 감정을 실어 온다. 검은 연기처럼 스며드는 것들은 질서도 없고, 논리도 없다.

이런 상황을 경험한 자들은 알고 있다. 종잡을 수 없는 번잡한 잠자리 기억들이 다음날 자신을 더욱 황폐하게 만든다는 것을. 그리고 불면을 만드는 것들은 잊으려 해도 잊히지 않고 끈질기게 찾아온다는 것을. 내

작은 소리들

일 밤도 잠을 설치리라는 것을. 과거의 일에 의한 정신적 고통에 시달리는 사람에게, 우리는 "잊으라"고 위로하고 충고한다. 그리고 그 고통에서 벗어나지 못하는 것을 무능력, 무의지의 소산이라고 말하기도 한다. 정신적 고통에 머물고 싶은 자가 누가 있겠는가. 그럼에도 벗어나지 못하는 것은 자신의 의지와 상관없이 잊혀지지 않기 때문이다. 잊으려 해도 더 굳어지는 기억들 때문이다. 그 기억들은 종종 서로 부딪혀 다른 상처를 만들어내기도 하고, 숨그네의 화자처럼 평생을 벗어나기 힘들게 한다. 그런데 나의 주변에, 곁에 그 기억을 함께 나눌 사람들이 있었다면 어땠을까?

기억과 위로의 힘

한 해가 간다. 항상 연말 국회는 씨끄럽다. 올해도 마찬가지다. 서로 삿대질하는 정치권을 보는 것이 지겹고 힘에 부쳐 고개를 돌리려 하다가, 국회의사당 밖에서, 영하의 날씨에 진실을 지키려는 이들이 있어 부끄러워하며 정치에 기대를 걸어본다.

어느 날 갑자기 망각할 수 없는 것들에 부딪힌 피해자들과 그 가족들의 눈물이 우리를 다시 살게 한다. 눈물의 샘이 고갈되어 버린 건조한 순간에도 그 진실은 살아야 한다.

어디 이들뿐이랴. 팬데믹이란 전 세계적 사태 속에서 피해나 고통을 입었다고 하소연도 못하는 개인들이 늘어나고 있다. 위로와 격려가 필요한 시점이다. 연말이라 그렇고 고통이 현재 진행형이라 더 그렇다. 고통

의 기억들을 모아 함께 기억해 주고 해석해 주고 정리해 주는 것이 위로
가 되고, 살아남는 기억 즉 진실이 될 것이다.

■ 2020년 12월 18일

작은 소리들

병 때문에 인생 망했다고?

우리의 소원은 건강

"올해 소원이 뭐예요?" 새해가 오면 주고받는 의례적인 질문이다. 보통 사람들의 소원 목록에는 건강이 빠지지 않는다. 건강을 위한 실천으로 다이어트, 운동, 금연, 금주 등을 다짐하는 사람도 많다. '건강을 잃으면 모든 것을 잃는다'라는 격언을 당연하다고 믿는 사회에서 이런 새해 소원은 지당하다. 특히 코로나19로 인하여 유례없이 불안했던 해를 경험한 후, 새해에는 더욱 건강을 기원하고 있다. 나도 예외가 아니다. 그런데 올해 소원이 뭐냐고 지인이 물었을 때, 난 무심코 이렇게 말했다. "건강이지. 그런데 그게 내 의지랑 무관해서⋯." 이 말에는 내 개인적 경험이 배어 있다. 건강은 개인의 의지, 노력만으로 지켜지는 것이 아니라, 다른 힘도 내 몸에 영향을 미칠 수 있다는 것을 어렴풋이 깨달아가고 있는 중이다.

　내가 처음 암 진단을 받았을 때, 무엇이 암을 발생시켰는지 이유를 알고자 했다. 내 담당의사의 답은 애매했다. "원인은 알 수 없지." 그 의사의 대답은 원인을 모른다는 것이 아니라 복잡하다는 뜻이었을 것이다. 사회환경적 문제, 유전적 문제, 생활습관의 문제 등이 얽혀 있으며, 원인을 하나로 꼭 집어 말하기 힘들다는 의미였을 지 모른다. 또 의사가 한두 가지 이유를 답하면 그것에만 집착하는 환자들을 알고 있기 때문에 두리뭉실 답을 했을 수도 있다. 모든 질병이 사회구조적 환경과 무관한 것은 없을 것이다. 그럼에도 내가 의사에게 물은 것은 '나에게 무슨 문제가 있나요?'라는 것이었다.

재발되었을 때는 창피하고 초라한 마음이 들었다. 나의 관리 잘못으로 재발되었다는 의식이 더 깊어졌다. 그렇기 때문에 가족과 주변에 미안한 마음이 더욱 심해졌다. 처음 발병 원인도 내게 있었고, 재발도 나에게 원인이 있다고 생각했다. 그동안 식습관, 생활습관 등을 바꾸려 노력했는데 부족했던 것일까. 가족의 말대로 '나의 예민한 성질' 때문에 재발했을까. 그런데 3차로 재발되었을 때는 이유를 찾는 것보다 내 몸을 인정하게 되었다. 내 몸에 굴복했다. 몇 번의 재발 과정을 거치면서 몇 가지 분명해진 것이 있었다. 수술로 암덩어리를 제거하고, 방사선, 독한 항암제로 다스린 후에도 내 몸은 이전으로 돌아갈 수 없다는 것을, 이제 약해진 면역체의 몸덩어리로 살아야 한다는 것을. 건강을 회복하려는 개별적 의지의 밖에서 내 몸의 건강과 불건강이 결정된다는 것 또한 인식하게 되었다. 이런 인식이 부정적인 것만은 아니었다.

작은 소리들

병은 모두 내 잘못?

항암치료가 끝나고, 머리카락이 자라서 겉으로 별 특이점이 없어도, 일상이 가능한 정도가 되어도 내가 암환자라는 의식은 계속된다. 병원에서 치료를 받을 때만이 아니라, 병원 밖 생활에도 그렇다. 암환자가 된 이후부터 주변환경에 예민해졌다. 그것이 건강한 사람에게는 '유난'스러워 보이고, 그들을 불편하게 만들기도 했다. 예를 들어, 초미세먼지에 대한 나의 민감성이다. 아침에 일어나서 체크하는 것 중 하나가 미세먼지 웹이다. 우리 사회가 코로나19 사태로 마스크를 쓰기 시작하기 전부터 나는 마스크를 썼다. 공기가 안 좋은 날에는 외출을 최대한 피했고, 실내에서는 공기 청정에 신경을 썼다. 도서관, 카페 등 공공장소에서 창문이 열려있으면 달려가서 닫았다. 건강한 사람들은 이런 나를 보며, '그렇게 몸을 걱정하면 집에 있지' 하며 못마땅해 할 수도 할 수도 있겠다.

나도 남처럼 아무런 일도 아닌 듯 흉내를 내고 싶을 때도 있다. 내 몸의 상태를 숨기고 생활하려 노력하기도 한다. 그런데 그들의 기준이란 바로 건강한 사람들의 기준이다. 유질환자를 고려하지 않은 기준이다. 그들 기준대로 사는 것은 날 더 힘들게 할 뿐이다.

그렇다고 내가 '나 환자예요'라고 밝히는 것은 쉬운 일인가. 하소연 같기도 하고, 타인에게 나를 밝힌 순간, 받게 되는 시선과 침묵이 부담스럽다. 또 잠시라도 병의 발병 이유와 회복법에 대해서 이렇게 저렇게 오고 갈 말에 에너지를 쓰고 싶지 않았다. 제일 힘든 것은 몸과 병을 내가 설명하는 것이다. 자신도 낯선 상태를 무경험자인 타인에게 전달하는 것이 쉽지 않다. 사실 의사에게도 내 몸 상태를 설명하기 힘들 때가 많다. 오락가락하는 몸의 상태와 감정을 어떻게 전달해야 타인에게 가닿을 수 있을까. 걱정하는 사람에게 내가 어떤 모습을 보여야 하는지 고민할 때도 있다. 특히 재발 때는 그랬다. 똑같은 이유로 주변에 걱정스러운 존재가 되었다는 점, 동정과 배려의 대상이 되었다는 것이 참혹했다.

처음 암 투병중일 때는 투병기를 담은 책 몇 권을 읽었다. 대부분 성공적으로 병을 극복한 과정을 쓴 것이었다. 이 책들은 같은 질병 또는 비슷한 상태의 환자들에게 희망을 주는 희망서이며, 이렇게 하면 극복할 수 있다는 지침서가 되기도 한다. 그러면서 투병기는 바뀐 삶의 태도를 언급한다. 세상을 다르게 보게 되었다는 점이다. 그런데 이런 책들의 공통적 특징은 발병의 원인과 그 회복을 환자의 개인적 책임과 의지에 의존한다. 이런 의식은 사실 나를 포함하여 많은 환자들이 갖고 있는 '질병의 개인화'라는 프레임이었다. 투병기는 발병 이전의 나에게로 돌아갈 수 있다는 정신적 승리의 자세를 요구했고, 돌아가야 한다는 압박을 느끼게 했다.

건강권과 함께 아플 수 있는 권리를

그런데 최근 몇 년 사이에 다른 투병의 소리가 들린다. 조한진희는 『아파도 미안하지 않습니다』에서 생소한 권리, 질병권을 주장한다. 저자는 건강권과 다른 질병권을 다음과 같이 설명한다. "건강권이란 단어는 건강을 중심에 놓고, 건강을 위한 임시적 상태로 아픈 몸을 보는 경향이 있

작은 소리들

다. 반면 질병권은 아플 권리를 주장하는 표현으로서, 치료받을 권리를 포함해 건강권과 유사한 의미가 있지만 강조점이 다르다. 아픈 몸들에게는 최선을 다해 질병을 완전히 겪을 수 있도록 시간과 환경을 보장받을 수 있어야 함을 강조하려 했다." 저자는 질병을 개인화하고, 질병으로 인한 차별과 배제가 인정되는 사회, 건강제일의 사회, 건강강박의 사회에 대하여 비판을 한다. '건강을 잃으면 모든 것을 잃는 것'이란 말은 건강강박 사회를 단적으로 표현한다고 주장한다.

조한진희 작가를 필두로, 아픈 몸들의 경험을 가시화하는 글들이 많이 보인다. 안희제『난치의 상상력』, 이다울『천장의 무늬』 그리고 신채윤의 〈노랑클로버〉 등이 있다. 이들은 만성질환, 희귀난치병을 갖고 있다. 자신의 고통을 드러내는 그들의 용기 덕분에 나도 내 병을 드러내는 용기를 가지게 되었다. 그들을 통하여 나와 다른 환자를 조금이라도 이해할 수 있게 되었다. 또한 그들이 겪는 사회적 차별과 편견, 그리고 불안이 생생히 다가왔다. 치료가 힘든 만성질환자들은, 병으로 인하여 직장, 학교 등에서 배제되고 차별받음으로써 가져올 미래의 불안, 가난에 대한 고통이 현재 질병의 고통보다 두렵다고 말한다. 건강약자들을 위한 사회제도와 환경이 절실하다고 주장한다. 어디 이들뿐이겠는가. 본 글의 제목인 '병 때문에 인생 망했다고?'는 〈노랑클로버〉에서 인용했다. 중 3인 신채윤은 입원으로 장기간 결석한 이유를 친구들에게 설명한다. "내가 희귀난치병에 걸려 입원해야 했다고. 그 친구 입에서 나온 말은, '뭐? 그럼 네 인생 망했네?'였다."(『한겨레 21』, 1343호)

작년에 이어 오늘도 코로나19 사태는 진정 국면을 보이지 않고 있다.

우리는 확진자가 되지 않아도 모두 그 언저리에서 살고 있다. 확진자는 감염의 고통뿐만이 아니라 사회적 낙인의 시선을 견디어야 한다. 확진자들은 자신의 잘못으로 확진되었다는 질병의 개인화에 시달려야 하고, 감염경험 노동자들은 직장에서 소외된다. 확진자와 함께 있었다는 이유로 부당한 해고를 당하기도 한다.

감염병 방역도 불평등하게 적용되고 있다. 일례로 요양원과 요양병원에서 일어나는 일은 한국 사회가 얼마나 건강약자에게 참혹한가를 알게 한다. 그곳 생활자들에게 나타나는 빠른 감염 전파의 원인은 무엇인가. 그곳에서 생활하는 사람들이 노령이고 기저질환자들이 많기 때문에 불가피한 것이 아니라, 건강약자를 수용하는 시설의 취약함이 감염에 취약하게 만든 것이다. 그런데 대응은 코호트 격리이다. 누구로부터 누구를 격리하고 무엇을 보호하는가. 건강한 사람을 위하여 격리하고 있는 것이 아닌지 의문스럽다. 결국 과밀 집단 수용의 상태를 그대로 둔 채, 배제와 격리는 건강약자들을 더 취약하게 만들고 있다. 이들은 자신들을 감염의 사각지대에 놓이게 하는 제도와 정책에 목소리를 높일 수도 없다. 우리 지역 공동체가 건강한 사람 중심이라는 점을 오늘도 확인하게 한다. 건강을 잃으면 모든 것을 잃는다는 격언은 건강을 잃은 것이 문제가 아니라, 모든 것을 잃게 만드는 사회와 제도를 비판하는 것이어야 한다. 조한진희 작가가 말하는 잘 아플 수 있는 권리는 정녕 요원한 것인가.

코로나19 사태가 올해에 제발 진정되길 바란다. 그리고 확진 경험자와 유병 경험자가 자신의 병력으로 인해 위축되지 않길 소원한다. 새해에는 병에 걸리면 인생이 망했다는 의식이 차별과 편견의 말임을 아는

작은 소리들

사회, 병을 가지고 있는 사람들이 사회적 낙인의 두려움 없이 아프다고 말할 수 있는 사회가 되었으면 좋겠다. 나의 올해 소원이다.

■ 2021년 1월 19일

청소년의 행복지수

내가 30대가 한참 지난 후, 식탁에서 어머니와 TV를 보고 있었다. TV에서 청소년에 대한 이야기가 나오고 있었다. 프로그램의 종류가 명확히 기억이 나지 않는데, 사춘기의 특징, 심리적·정서적 불안, 폭력성 등을 이야기하고 있었다. 그걸 보시던 어머니가 말했다. "우리 애들은 사춘기가 없었지." 나는 어머니 말에 피식 웃었다. 어머니는 내가 굴러가는 낙엽만 봐도 웃는 즐거운 청소년기를 보낸 것으로 알고 있었다.

굴러가는 낙엽만 봐도 우울해지는 성인이 된 후 내 청소년기를 되돌아보면, 그때에도 굴러가는 낙엽을 보고 웃지만은 않았다. 울기도 했다. 그때에도 희로애락이 있었다. 그러면서 빨리 어른이 되길 희망했었다. 무엇이 그런 희망을 갖게 만들었을까? 그리고 언제 어른이 되는 것일까?

영화 『벌새』와 『보이후드』는 힘겨웠던 10대를 회상하게 한다. 그 여행 속에서 자신의 가여운 10대를 만나서 위로해주고 싶게 만든다. 그리고 성장기라는 이름으로 지나온 때의 감정을 되새김질하면서 그 감정의 정체를 물어보게 한다.

은희 그리고 메이슨

『벌새』 속 1994년 은희는 평범한 가족의 중2다. 집안의 경제적 조건도 무난하다. 평범한 가족의 전형적인 모습과 닮아있다. 가족 내 위계가 만드는 폭력의 일상화까지. 작고 여린 마음의 은희에게 가족은 위로와 위안 대신에 상처를 준다. 영화에서 이들 가족의 특징을 잘 보여주는 식사시간이 나온다. 식탁에 가족 모두 둘러앉지만, 가족 각각의 표정은 밝지 않다. 일방적 질서를 확인하는 자리가 된다. 아버지의 일방적 훈시가 지배한다. 이러한 분위기는 학교에서도 지속된다. 성적으로 우열을 나누고, 이 우열을 기준으로 차별과 인격적 모욕까지 자연스럽게 이어진다. 은희는 학급 내 교우 관계도 쉽지 않다.

은희는 자신의 꿈인 만화가가 되기 위해 만화를 끊임없이 그린다. 그녀는 성실히 노력하고 있다. 그런 그녀의 노력은 인정되지 않고, 그녀에게 학교, 가족 어디에서도 만화에 대해서 물어보지 않는다. "내 생도 언젠가는 빛이 날까요?" 이런 자신의 심정을 털어놓을 수 있는 공간은 작은 주변 장소이다. 학원수업시간이 은희가 숨을 돌릴 수 있는 때이다. 자신과 처지가 비슷한 학원 친구와 자신의 불안을 이해하는 학원선생이 있다.

『벌새』가 1994년의 은희를 주목한다면, 영화 『보이후드』는 주인공인 메이슨을 긴 시간을 열어놓고 지켜본다. 메이슨 가족은 은희 가족과는 대조된다. 메이슨의 부모는 이혼했다. 자립, 사회적 성취를 위해 고군분투하는 엄마와 사회적 성취와는 거리가 있는 듯한 히피적 정신세계를 가진 아빠가 있다. 메이슨의 실질적 법적 보호자인 엄마는 재혼과 이혼을 반복한다. 아빠와는 종종 만나는 관계인데, 부자 관계는 친구와 같다.

메이슨은 양쪽 부모를 오가며 다른 가족, 다른 환경의 사람들과 생활한다. 엄마의 사정으로 학교를 전학하고 이사해야 하는 어려움이 있지만 학교생활에 특별한 사건이나 어려움은 없어 보인다. 메이슨은 10대 후반에 사진가로서의 직업적 희망도 가지게 되고, 이를 가족과 학교 모두가 응원한다.

그래도 상처는 남는다

은희와 메이슨은 비슷한 성향을 가지고 있다. 내성적인 성품에 예술적 감수성이 풍부하다. 그런데 롤러코스터 같은 삶을 사는 부모를 가진 10대 메이슨이 은희만큼 불행해 보이지 않는다. 소위 콩가루 집안의 메이슨이 은희보다 왜 덜 불행해 보일까? 그 차이는 일상적 폭력의 유무이다. 폭력이 일상화되어 있는 가족관계에 은희는 더 많이 속해있다. 메이슨은 양부의 알콜성 폭력에 불안하기도 했지만, 엄마는 폭력으로부터 그를 구원해 낸다. 그러나 은희의 경우는 다르다. 오빠의 폭력에 대하여 부모는 형제간 상호 싸움으로 인식하고, 중요하게 생각하지 않는다. 장남이라는 이유로 오빠가 중심인 가족이다.

학교도 마찬가지이다. 영화『벌새』에서 학교를 보여주는 장면은 짧지만 그 속에서 은희가 느꼈을 불안과 분열을 감지할 수 있게 한다. 메이슨의 학교생활은 어떤가. 메이슨이 다니는 학교에서 학생들을 일률적으로

작은 소리들

강제하는 것이 특별히 눈에 보이지 않는다. 물론 한국에서 중고등학교를 다닌 경험이 있으면 영화 벌새의 장면에 쉽게 감정이입이 된 편향된 평가일 수도 있다. 한국인이라면 치열한 경쟁의 수레바퀴를 돌리는 학교가 주는 고통의 경험을 공유하고 있으니.

은희와 그 많은 10대는 빨리 성인이 되고 싶었다. 롤 모델이 되는 어른이 있어서 그들을 따라 하고 싶어서라기보다, 무력한 현재의 시기를 벗어나고 싶었을 것이다. 아무것도 선택할 수 없는, 타인의 욕망을 자신의 욕망으로 내재화시키는 학교와 집의 공간에서 탈출하고 싶은 것이다.

그럼 나이가 들면 자신을 옥죄이던 어른과 화해할 수 있는가. 부모를 이해하게 되면, 자신이 부모가 되면 어른이 된다고 말하는 어른이 많다. 부모 자신도, 어른들도 외롭고 불안한 존재였음을 이해하게 될 때 비로소 자녀들은 어른이 된다고 말한다. 그런데 이때는 실제적 나이로도 성인이 되는 때이다. 결국 타자로서 어른을 이해하는 것이 아니고, 어른이 자신의 처지를 변호하게 되는 때가 되는 것이다. 그러면서 어른 자신은 스스로 위로하는 것이다.

부모와 어른을 이해하면 어린 시절의 상처는 사라질까. 그 상처를 만든 환경을 객관화하고, 이해하는 것이 상처 치유에 분명 도움이 된다. 그럼에도 그때의 상처가 없어지지 않는 경우가 많다. 기억하지 못하더라도 마음 한 결, 저 밑에 숨어있다. 나이가 들어가면서 자기 연민 시간이 많아진다. 상처가 만든 영향의 하나이다.

이렇게 자신도 충분히 지각하지 못한 상처를 품은 1994년의 은희가 오늘 2019년 은희를 만난다면 어떤 이야기와 관계를 맺을 수 있을까.

1994년과 별로 달라지지 않은, 아니 더 악화된 환경에서 중2를 보내고 있는 은희에게 다가가 위로의 말을 건넬 수 있을까. 아니면 94년에 만난 어른과 같은 태도로 그들을 만나고 있을까.

■ 2019년 9월 25일

작은 소리들

소소한 일상을 나누는 존중

얼마 전 하루 간격으로 안타까운 죽음 소식을 들었다. 발달장애인 자녀를 둔 어머니가 투신 사망하였다. 다음 날 다른 곳에서 다른 발달장애인이 약을 과다복용하고 생을 마감했다. 어찌 이들뿐이겠는가. 장애와 가난이 엮는 비극은 도처에서 일어나고 있다. 이들 죽음은 한국 사회의 장애인 위치를 알려준다. 그런데 나는 이들과 어떻게 손을 잡고 있는가.

그들이 거리에서 온몸으로 거리의 바닥에 엎드려 시위를 할 때, 나는 그들이 무엇을 말하는지 귀를 기울였다. 그들이 계단을 오르내려가는 시위, 휠체어를 타고 승차하는 시위를 보면서, 그들의 이동 고충을 알았다. 그러면서 장애인등급제 폐지, 이동권 보장, 장애인독립생활지원 등의 요구를 응원했다.

난 그렇게 장애인 인권운동에 박수를 보내지만, 내 주변에 장애인이 없다. 일상에서 그들을 마주치는 일이 드물다. 그들이 내게 개인적으로 무엇을 요구한 적도 없다. 이렇게 나와 그들과는 거리가 있다. 그래서 내가 경험해야 할 물리적·심리적 불편함이 없다. 내 응원은 불편함을 수반하지 않는 거리가 만들어 준 곳에 있다.

장애인을 드물지만 우연히 마주쳤을 때, 거리가 좁혀졌을 때, 나는 순간적으로 복잡해진다. 그들의 '다름'이 나를 자극한다. 그것은 '낯설다'와는 다른 감정이다. 나와 다른 그들의 몸, 몸짓에 나는 어떻게 반응해야 할지 잘 모른다. 연민과 죄책감을 느끼기도 한다. 그런 감정이 올바른지 의문이 들기도 한다. 그들과 어떻게 소통해야 할지 몰라서, 난처한 상황과 실수를 피하기 위해서, 불편하지 않기 위해서 나는 얼른 자리를 떠나기도 한다.

이런 감정의 호들갑 밑에 있는 내 무의식의 정체가 무엇인지 궁금하다. 혹시 그들의 삶을 잘못된 것으로 낙인찍고 있는 것은 아닐까. 김원영의 『실격당한 자들을 위한 변론』(이하 『변론』)은 이런 나를 어떻게 판단할까. 그리고 나에게 무엇을 요구할까.

존중은 자신을 온전히 받아들이는 일

『변론』은 '잘못된 삶(wrongful life)' 소송 사건을 소개한다. 의사가 태아일 때 장애를 일으키는 유전자 검사를 잘못하여 장애인 자녀가 태어났으므로 의사에게 손해배상을 요구한 사건이다. 의사의 부주의, 과실로 인해 자녀가 잘못된 삶을 살고 있다는 것이다. 『변론』은 장애를 가진 삶이 잘못된 삶인가를 묻는다. 그리고 '잘못된 삶을 받아들인다는 것은 당사자에게 어떤 의미인가', 잘못된 삶이 아니라면 어떻게 살아야 하는가를 고민한다.

저자 김원영은 잘못된 삶이란 하나의 개별적 존재로 인정받지 못하는 실격당한 삶이라고 정의한다. 장애만이 아니라 다수가 혐오하는 성향을 가진 사람은 잘못된 삶의 실체, 존중받지 못한 삶이 되기 쉽다. 존중은 개별자로서, 인격체로서 실존적 의미를 인정하는 것이다. 존중받지 못할 때는 한 사람의 장애인이지만, 존중을 받을 때는 장애를 가진 다양한 개성을 가진 인격체가 된다.

저자는 이러한 존중을 당사자 입장으로 가져와서, 주체적·적극적으로 자신을 존중해야 한다고 말한다. 장애를 정체성으로 수용하는 것이 자신에 대한 존중이라고 말한다.

"나는 장애를 정체성으로 선택했다고 말할 수 있는데, 그 선택이란 장애를 가진 사람들의 공통된 경험과 역사를 내 자아의 중대한 부분으로 삼는다는 말이다."

"자기 자신을 혐오나 피해의식에 기초하여 받아들이지 않고, 이 세상에 구축해 놓은 외모의 위계질서에 종속되지 않으며, 앞으로의 삶을 외모에 대한 사회적 차별이나 억압, 혹은 피억압자로서의 의식과 트라우마에 짓눌리지 않은 채 살아가겠다는 삶에 대한 근본적인 태도를 수용한 것이다."

저자가 말하는 정체성 수용은 물리적으로 벗어날 수 없는 상태를 인정하는 것, 즉 체념이나 피해의식이 만들어낸 것이 아니다. 그렇다고 자신에 대한 과도한 존중을 담거나 자신에게 유리하기 때문에 전략적으로 취하는 정신적 승리를 위한 마음가짐도 아니다. 온전히 자기를 받아들인다는 것은 장애의 현 상태를 인정하는 것과 그 장애로 인한 차별과 억압에 맞서는 과정이라 할 수 있다. 즉 우리가 각자가 처한 불편하고 부당한 상황에 맞서는 과정에서 만들어지는 수행성을 포함하고 있는 것이다.

장애인뿐만 아니라 소수자, 자신의 정체성에 항상 주눅이 들어있는 사람이라면 이러한 정체성 수용의 태도와 자신을 빗대어 바라보게 될 것이다. 한국 사회에서 비주류라고 자평하는 나의 정체성의 인식은 어떤 무게와 삶의 의미를 가지고 있었는가. 내 서사 형성에 어떻게 도움을 주는지 고민해 본다. 나에게 정체성 수용이 주체적 독립적인 태도처럼 보이지만 고립적 태도가 아니었는지, 어떤 변화도 수용하지 않으면서, 그냥 그대로의 모습만을 인정해 달라는 고집스러운 태도가 아니었는지 말이다.

존중은 아름다울 기회를 평등하게 갖는 일

"아무런 매력도 보이지 못하는 사람은 도덕과 법규범에 의지해 일정한 존중을 받을 수 있지만, 진정으로 타인과 깊숙이 연결될 기회를 갖기는 어렵다."

저자는 존중의 또 다른 요소로 매력자원을 말한다. 진정으로 타인과 깊숙이 연결하는 요소는 매력, 아름다움이라고 말한다. 그런데 그 매력

작은 소리들

을 어떻게 알 수 있는가. 저자는 누구든 매력은 있고, 매력은 시간을 두고 찾는 것이며 서로 만들어가는 노력이 필요하다고 주장한다. 서로 매력을 느끼기 위해서는, 마치 화가들 앞에 자기 초상화를 맡기는 것과 같이 긴 시간과 공간이 필요하다는 것이다. 그것을 '아름다울 기회를 평등하게 나누는 실천'이라고 부른다. 그 실천 내용을 다음과 같이 열거한다.

"장애아동과 비 장애아동이 한 학교에서 오랜 시간 함께 하기, 어떤 중증의 장애인이라도 거리에 나오기 편한 환경 만들기, 이들이 자기 서사를 충분히 말할 수 있게 하고 그 말을 듣는 시간을 배정하기, TV 프로그램에서 구체적이고 섬세한 감정과 표정을 드러내는 장애인 캐릭터를 만날 기회를 제공하기, 공식적인 회합뿐만 아니라 사적인 자리에서도 가급적 모든 사람이 소외되지 않고 자기를 표현할 수 있는 상호작용의 기술을 공유하고 의사소통 규범을 준수하기, 장애아의 부모, 형제자매, 연인, 친구, 이웃이 쓴 글을 진지하게 읽고 정치적 목소리에 힘을 싣기."

이러한 행동은 거창한 것이 아니다. 비장애인 다수에게는 아주 일상적이고 소소한 것일 수 있다. 그런데 이런 소소한 일들을 장애인과 적극적으로 나누지 못하고 있다. 소소한 일상을 함께 하고자 하는 마음이 없다. 나는 어떤가. 나도 전형화된 매력을 기준으로 사람을 보았다. 그 기준에서 먼 사람들과는 가깝게 느끼지 못했고 더 가까워지려고 하지 않았다. 왜냐하면 나도 다수처럼 장애인 인권을 정치사회적 구조의 변화, 정치적 올바름 차원으로만 생각했기 때문이다. 인간답게 사는 것은 정치적 올바름으로만 구성될 수 없다는 극히 단순하고 자명한 이치를 장애인 삶과는 연결시키지 못했다. 크든 작든 공동체의 온전한 구성원으로서 인정이 필요하다는 절실함을 간과했다. 나는 장애인 인권운동을 그저 좋은 풍경을 만드는 것처럼 타자화해 왔다.

이 책을 덮을 때, 장애인과 그들 보호자들의 죽음을 다시 생각했다. 그들의 상황과 조건을 볼 때, 내 반성의 리뷰가 그저 무력한 넋두리 같다. 가난과 장애라는 무거운 실체를, 그럼에도 장애인 주체들에게 더 많은 친구가 필요하다는 점을 전보다 절실히 느낀다. 내가 공적·사적 영역에서 함께 하는 친구들이 필요한 것만큼 그들도 그렇다.

■ 2018년 11월 29일

작은 소리들

시장 신에서 벗어나 자유를 선택하라

영화『1987』를 봤다. 촛불 집회가 한창이던 때에 영화를 보아서인지, 영화는 우리의 과거와 현재를 비교하게 만든다. 1987년이 남긴 유산과 과제가 무엇이었던가, 나아가 우리는 어디에 있는지 묻게 한다. 그 당시 나는 왜 거기에 있었고, 지금은 어떤 모습으로 살아가고 있는가. 2017년 촛불 이후, 많은 시민단체들은 촛불 이후가 또 다른 87년 체제가 될 것이라는 우려를 가졌다. 즉 87년이 군부독재를 종식시키고, 선거민주주의 정립이 유산이라면, 우리는 어떤 세상을 원하는가. 청와대의 주인만을 바꾸는 것인가. 조금은 답답한 심정으로, 남반구의 작은 나라 우루과이의 전 대통령의 기록인『호세 무히카 조용한 혁명』(마우리시오 라부페티, 2016)을 읽었다. 호세 무히카의 별명, '세상에서 가장 가난한 대통령'을 만든 배경은 무엇이었을까? 우리나라의 1987년 유산과 촛불집회는 무히카로 연결될 수 있을까?

한 때 무히카에 대한 세계 열풍이 있었다. 한국에서도 대중매체에서 경쟁하듯이 그를 다루었다. 그 소식들만으로 그를 다 이해하고 있다는 착각을 갖게 했다. 정치적 신념과 발언이 널뛰기를 하고, 부정과 부패가 만연한 정치권을 매일 견디어야 하는 한국에서 '무히카'라는 인물은 사막에서 만난 어린 왕자와 같았다. 그 비현실성에 나는 무히카가 멀리 느껴졌다. 그런데 촛불집회 기간 중에 우리가 원하는 세상이 무엇인지를 현실로 보여주는 모델을 찾는다는 마음으로 무히카를 읽었다.

내 읽기의 초점은 무히카란 인물을 탄생시킨 객관적 배경과 무히카가 주는 의미를 찾는 것이었다. 무장투쟁세력의 일원으로 14년 이상 수감 생활을 한 사람, 사회주의를 스스럼없이 주장하는 사람을 정치 지도자로 뽑은 후 우루과이는 어떻게 변했을까? 무히카의 정치적 상징성이 된 가난하고 소박한 삶은 한국에서 어떻게 해석될 수 있을까?

무히카를 탄생시킨 힘

우루과이는 기존의 정치가나 엘리트 집단에 투표하는 대신, 검증되지 않은 한 사람, 대학 졸업장도 없는 사람, 무장세력 중 지도자도 아니었던 평범한 사람을 2010년 대통령으로 선출했다. 『호세 무히카 조용한 혁명』에서 역사가들은 무히카가 대통령이 될 수 있었던 원인 중 하나를 우루과이의 전통에서 찾는다.

우루과이는 '사람 위에 사람 없다'는 오래된 믿음을 갖고 있었다. "평등구현에 대한 의지는 이미 우루과이의 국가 건설 초기부터 드러났다. 1815년 국가 영웅인 호세 헤르바시오 아르티가스가 대농장을 몰수해서 빈민들에게 분배하기로 결정한 것이다. 1830년 최초의 헌법을 제정하고

… 1877년 무상. 의무교육 시행했다."

이런 전통은 '바트예주의'라는 사회민주주의를 정착시켰다. 바트예주의는 20세기 초기에 집권한 '호세 바트예 이 오르도네스' 대통령의 이름에서 따온 사상이다. 바트예주의가 실행된 1904년에서 1919년 사이에는 사회적 균형을 꾀하고 중산층을 양산하기 위해 국가가 경제활동에 적극적으로 개입했다. 자유주의에 의해 실현된 시민의 자유를 정착시켰다. 바트예주의는 현재까지도 우루과이의 중요한 정치적 토대이다.

이렇게 우루과이는 라틴아메리카의 대다수 나라들과 달리, 역사가 오래되고 견고한 민주주의 전통을 가진 나라이다. 민주주의 전통과 법치와 자유의 문화는 쿠데타 이후 군부독재 시기에도 완전히 사라진 것은 아니어서 독재가 무너지고 민주주의가 회복되자 더 활력 있게 다시 꽃 피우게 되었다.

무히카가 집권하게 된 또 다른 요인은 2004년에 좌파로 정권교체가 이루어진 바탕이 있기 때문이다. 우루과이 역사상 최초로 좌파 정권, 타바레 바스카 대통령이 당선되었다. 바스카 대통령은 무히카와 같은 '민중참여운동' 당원이다. 무히카는 재임 기간 중 전임 대통령의 정책을 대부분 유지했다.

결국 무히카를 정부의 수반으로 만든 것은 무히카의 개인적인 능력보다 우루과이의 깊은 민주주의 전통과 좌파 정권의 성공이었다. 마지막으로 우루과이 국민은 무히카의 진정성, 가난한 사람들을 위해 싸운 정의의 용사라는 점을 인정했다. 무히카가 속한 무장혁명단체, '투파마로스'가 주장한 사회정의의 실현과 부의 재분배 문제가 반세기 후에도 일부

국민의 공감을 얻었다는 것은 분명하다.

"시민들은 우리를 존중하면서 바라봅니다. 의사당에서 제게 보내는 존중의 큰 부분은 역시 이런 점과 관련된 것입니다. '이 미친놈들은 모든 것을 다 걸었다'고 생각하는 거지요."

자유민주주의 실현자 무히카

우루과이는 한국보다 일인당 국민소득이 절반밖에 되지 않고, 인구도 거의 1/12 밖에 되지 않는 작은 국가이다. 하지만 자신과 다른 정치적 행동에 이념적 낙인을 찍어 악마화시키는 한국 정치 현실과 달리 우루과이는 다양함을 수용하는 것에 익숙한 나라이다. 이런 점에서 한국은 아직도 낙후하다.

한국 대중매체에서 감탄하는 무히카의 평범한 시민으로서의 생활은 사실 우루과이에서는 특이한 것은 아니다. 우루과이에서는 대통령들이 다른 사람들을 신경 쓰지 않고 시내를 활보한다. 군부 독재가 시작되기 전까지 우루과이 정치계의 주인공들이 평범한 일반인들처럼 단순하고 소박하게 살았다는 사실은 우루과이 서민의 뇌리에 깊이 박혀 있었다.

호세 무히카도 마찬가지 경험을 했다. 그는 '루이스 바트예 트로파스' 대통령과 같은 동네에 살았다. 그가 어렸을 때 본 '트로파스 대통령' 자택의 대문에는 두 명의 경찰만이 경비를 서고 있었다. 그리고 대통령이 직접 차를 운전하는 것을 볼 수 있었다. 대통령은 가까이하기 쉬운 사람이

작은 소리들

었고, 이웃들은 그를 만나러 그의 자택에 가곤 했다. 이러한 문화가 호세 무히카를 소박한 시민 대통령으로 만드는 토양이 되었다.

무히카가 전임 정치인과 다른 점은 인권에 대한 입장이다. 취임 시 정부의 선언에 분명히 드러나 있다. "우리는 모두 서로 다르다. 사회는 이 점을 인식해야만 하고 다양성을 존중해야만 한다. 배제는 결코 경제적이지 못하다." 이러한 정신은 낙태 합법화, 동성결혼 합법화, 마리화나 합법화를 이루어냈다. 가톨릭 종교가 생활인 국가에서 이런 인권정책의 파장은 컸으나 그는 주저하지 않았다.

그러나 경제정책에서는 실패했다. 사회정의를 위해 가장 필요한 것은 토지 집중을 막는 것이었다. 무히카는 토지집중세법을 추진하려 했다. 그러나 이는 강한 저항을 뚫지 못했다. 대토지에 대한 집중세 대신 당시까지 비과세하던 농지에 부동산 세금을 부과하는 것으로 그쳤고, 농민노동자에게 8시간 노동제를 실현한 것에 만족해야 했다. 국가개혁안과 공교육 개선도 관료주의에 부딪혀 실패했다. 결국 무히카 정부는 국내의 시급한 개혁 과제에서는 성취한 것이 없다고 평가되기도 한다.

우루과이에서 자유민주주의 실현은 성공했다고 할 수 있다. 그러나 무히카 정부에 대한 좌파의 기대, 경제 정의적 측면에서 기대는 충족되지 못했다. 시장자본주의가 강화되면서 예전의 소박한 우루과이는 더 이상 찾기 힘들어졌다. 그러나 그는 낙관적이다. 무히카는 자유민주주의와 바트예주의를 넘어선 새로운 미래를 외쳤다.

민주주의의 목표는 인간을 주체적으로 만드는 것

"소비사회의 감옥은 금융자본의 감옥처럼 너무나 심각합니다. 경제 구조가 바뀌면 과도하게 부당한 소유체제가 어느 정도 해결되리라는 생각은 너무나 기계적입니다. 이것은 사람이 바뀌어야 종식될 문제입니다."

무히카는 남들에게 보이는 자신의 모습과 행동을 자신이 전해야만 하는 메시지의 일부라고 생각한다. 그의 가난한 생활은 소비주의를 벗어나는 사회를 만들고 싶은 열망을 담고 있다. 그 사회를 만들기 위한 동력은 바로 주체적인 인간을 양성하는 것이라고 강조했다. 무히카는 사고와 교육과 문화의 가치가 인간의 주체성을 함양할 것이라고 믿었다.

어느 정치평론가가 말한 것처럼 무히카는 우루과이에서 성취한 업적이 거의 없다. 그러나 우루과이 역사는 무히카 전과 후로 나뉠 것이다. 왜냐하면 그는 새로운 가치를 스스로 실천하는 정치인이기 때문이다. 평생 사회주의자로서 살면서 다양한 개혁적 과제를 실현하려 노력했다. 부의 재분배, 다양한 가치의 인정, 국제주의적 연대 실현이다. 그 속에서 그는 물신을 숭배하는 소비주의를 벗어나는 세상과 자율적 삶을 사는 인간을 외치고 있다.

반소비주의, 자율적 인간이란 이상이 누구에게는 비현실적으로, 진부하게 들릴 수 있다. 그러나 우리의 생활은 그것에 조금이라도 접근하려 노력하고 있는지 물어봐야 한다. 『1987』 영화는 우리를 그 당시로 소환

작은 소리들

한다. 그 당시와 비교하여 우리는 어떻게 변했나? 정치제도는 정착되었는지 몰라도, 우리는 그 당시보다 더 행복한가? 경제적 불평등은 더 심화되고, 소수자와 약자를 향한 혐오의 감정은 더 심해졌다. 필요에 의한 소비가 아니라 욕망에 의한 소비가 커져 가고 있다. 그 생활을 유지하기 위해 우리는 바쁘다.

우리는 우루과이처럼 다양한 과제를 안고 있다. 이 중 무엇 하나 버릴 수 없다. 특히 극소수가 중심이 된 경제구조의 변화가 절대적으로 필요하다. 그것이면 족한가. 또한 그것은 어떻게 이루어질까. 그러한 고민 속에서 빠지지 말아야 할 것이 평범한 국민의 삶에 대한 태도 변화일 것이다. 삶의 태도 변화는 종교적 가치만이 아닐 것이다. 무히카처럼 물질이 아니라 시간을 더 가져야 한다. 자신을 위한 자유로운 시간 속에서 우리는 변화를 꿈꾸어야 한다. 그럴 때 다양한 과제를 해결할 힘이 생긴다. 우리가 원하는 민주주의는 자유로운 시간 속에서 사회와 연대하는 것이다. 우리가 원하는 것은 능력이 뛰어난 대통령이 아니라 우리와 변화를 함께할 지도자이다.

■ 2018년 1월 30일

애국의 이미지에 감추어진 기억

　한국 대통령들은 미국을 방문할 때는 으레 한국전 참전 미군용사에게 감사를 표하는 의식을 갖는다. 이러한 행사는 한미동맹 가치를 재확인하는 상징의 하나이며, 남한의 존재 기반을 부단히 각인하는 역할을 한다.

　미국뿐만 아니라 한국에서도 참전용사들은 모두 애국심의 상징이며, 자유주의 사회의 수호자들로 칭송을 받는다. 그들은 동일한 가치를 가진 집단으로 찬양을 받고 있다. 그러나 그들 각각이 동일한 가치로만 존중받아야 하는가. 그들의 희생은 집단적 가치와 무관하게 기억될 수는 없는지. 희생된 한 명 한 명이 어떤 마음으로 참전을 했는지도 기억해야 하지 않을까.

　김수영 시인은 한국전쟁 때 서울을 점령한 북한군에 징집되었다가 탈출했다. 이후 남한 경찰에 체포되어, 거제도 포로수용소에 억류된 적이 있었다. 박완서 소설가의 '그 산이 정말 거기 있었을까'를 보면, 소설가의 오빠도 북한군에 참가했다가 도망쳐 나왔다. 소설가 자신도 북한군에 끌려가다가 도망치는 이야기가 나온다. 이렇게 전쟁 참전은 개인 의지와는 상당히 거리가 있어 보이는 사례는 많다.

필립 로스의 『울분』은 한국전쟁에서 사망한 미군 이등병 개인의 기억을 따라, 역사 속에서 개인의 의지와 선택 재량이 얼마큼 가능한지를 묻는다. 이 책은 1950년대 미국 사회에서 청년이 무너지는 모습을 쓸쓸하게 보여준다.

전쟁과 사회의 방정식

필립 로스의 『울분』의 배경인 50년대는 미국 풍요의 역사가 시작된 때였다. 동시에 매카시즘 광풍이 불고, 종교적 규율을 사회적 윤리로 전환하는 시대였다. 질서, 안정이란 이미지 배후에는 적색공포가 만연했다. 냉전이데올로기가 지배하던 사회에서는 동일성, 전통적 규범이 절대적이고, 이런 틀에서 벗어나는 일탈에 대해서는 배척과 억압이 가차 없이 진행되었다.

사회 각계에서 공산주의자 사냥이 벌어졌다. 우리가 잘 아는 '찰리 채플린'이 미국에서 추방되었다. 채플린과 같은 예술인들이 사회에서 추방되는 일들이 진행되었지만 미국 사회는 조용했다. 좌파 노동조합도 모두 저항하지 않는 이익단체로 변했다.

『울분』의 화자인 마커스 메스너는 유대인 대학생이다. 그에게 대학은 피난처였다. 우선 아버지의 간섭으로부터 벗어날 수 있는 곳이었다. 아버지는 외아들이 성인이 되면서 아들의 안전에 대한 불안이 점점 깊어지고, 간섭이 늘어난다. 그것은 전쟁이 만들어낸 강박이었다. 가까운 사촌들이 제2차 세계대전에 참전하여 사망했다. 아들 마커스는 이런 아버지의 간섭으로부터 벗어나기 위해 집에서 먼 곳의 대학으로 도망을 갔다.

또한 대학은 한국전 징용을 피할 수 있는 피난처였다. 그는 전쟁에 대해서 반대도 찬성도 안 한다. 다만 전쟁 강박에 사로잡혀 있다. 학교에 적을 두지 않는 청년의 경우 전쟁으로 향할 수밖에 없었다.

> "어느 한쪽도 승리를 거두지 못하고 전쟁이 계속 시소처럼 왔다 갔다 하면 나에게 어떤 일이 닥칠 것인지 이해한 순간부터 나는 강박에 사로잡힌 듯 전쟁기사를 읽고 있었다."

그러나 불행하게도 학교는 진정한 피난처가 될 수 없었다. 캠퍼스는 보수적 이데올로기를 보급하는 장소로 억압과 순종의 성채였다. 이러한 환경에서 19세의 마커스에게 주어진 선택 범위는 극히 협소하고, 그의 현재와 미래는 불안할 수밖에 없었다. 비록 이 소설의 시대적 배경은 50년대이지만 현재의 정치와 비교해 보면 유사성을 발견할 수 있다.

전쟁으로 내몰린 개인

마커스는 특별한 청년이 아니다. 그는 가족의 가업인 정육점에서 아버지처럼 살고 싶지 않았다. 유대 가족의 전통으로부터 벗어나고, 억압 사회에서 살아남기 위한 방법은 대학을 좋은 성적으로 졸업하는 것이라고 생각했었다. 그래서 그는 성실하게 공부에 매진했다.

그런데 그에게 요구되는 것은 학업 성적만이 아니었다. 채플과 군사학을 의무적으로 수강해야 했으며, 성생활은 엄격하게 제한되었다. 그는 대학 내에서 동년배 학생들처럼 믿음, 규율에 쉽게 타협을 하지 못하고, 학교의 요구, 규율에 분노했다.

"나는 모두 A를 받는 학생이었다. 왜 모든 사람이 그것으로 만족하지 못하는가? 나는 주말에 일을 했다. 왜 모든 사람이 그 정도면 잘한다고 생각하지 않는가? … 왜 모든 사람이 그 정도면 잘하는 것이라고 생각하지 않는가? 내가 나의 가치를 사람들에게 입증하려면 뭘 더 해야 한단 말인가?"

무신론자인인 그는 채플 시간에 설교를 듣기 싫어서 초등학교 때 배운 노래를 속으로 부르면서 시간을 때운다. 결국 그는 채플 시간에 대리출석을 시키고 참석을 하지 않는다. 이것이 적발되어, 오히려 채플 참석 의무시간이 늘어났다. 이런 처벌을 그는 받아들이지 못한다. 동일성, 전통적 규범을 강요하는 학교에 대해서 울분을 터뜨렸다. 그 결과, 그와 그의 가족이 가장 두려워하던 전쟁에 끌려가서 죽음을 당한다.

국민의 자격은 출생과 동시에 주어진다. 태어남이 자신의 의지가 아니듯 국가도 자신이 선택한 것이 아니다. 운명이다. 운명에는 국가가 부여하는 의무가 있다. 국방의 의무가 그것이다. 그렇다면 참전은 피할 수 없는 트랙이었나? 그가 학교와 사회에서 요구하는 정상성이란 틀에 순응을 했다면 그는 피할 수 있었을 것이다. 그에게 한국전은 애국적 의미도 자유주의 이념 수호의 의미도 없었다. 다만 마커스는 자신의 울분을 숨기지 못했을 뿐이다. 보수적 국가 이념에 대한 불복종은 역설적으로 국가의 최전방으로 나가게 만들었다.

한반도 전쟁설이 난무하고 있다. 전쟁 분위기로 두려움을 만들어내는 것이 마치 자유 수호의 진수인 듯 한미 양국의 보수들이 극성을 부리는 요즘, 『울분』은 현실적 무게감을 던져주는 책이다. 반미치광이 사회에 처한 청년의 불안과 절망을 통하여 역으로 생명과 평화의 귀중함을 절실히 깨닫게 해 준다. 한반도 중부전선에서 전사한 마커스를 통하여 적아의 구분, 이념의 경계를 넘어선 보편적 고난을 연결 지어본다.

"산에는 주검들만 덮여 있을 뿐, 양편이 상대를 죽여야 할 정당한 명분이 생기기 전에 수천 년 동안 그랬던 것처럼 인간 생명은 찾아볼 수 없었다. 메스너 이등병의 중대에서는 이백 명 가운데 겨우 열두 명이 살아남았다. 목숨을 구한 사람은 모두 반미치광이가 되어 울부짖었다."

■ 2017년 9월 30일

작은 소리들

실패한 여행을 계속하는 이유

최근에 해외여행을 가자는 제안을 여러 번 받았다. 제안 때문이 아니더라도 훌쩍 떠나고 싶을 때가 있다. 그런데 여행을 본격적으로 고민하기 시작하면 피곤한 마음이 몰려온다. 자유여행, 혼자 하는 여행을 주로 해왔던 나에게는 여행이 편하고 즐겁지만은 않았다. 예상치 못한 상황에 혼자 대처해야 하고, 수시로 결정을 해야 하는 여행은 스트레스이고 노동일 때가 많다.

이런 불편한 경험만으로 여행을 망설이는 것은 아니다. 더 주요한 원인은 오래 기억되거나 이후 삶에 작더라도 영향을 준 여행경험이 적기 때문이다. 시간과 비용 투자 대비 여행에서 얻는 것은 극히 적다. 여행 추억은 여행에서 돌아온 후 잠깐 동안 지속될 뿐이다. 이런 허탈한 여행경험은 나만의 것일까?

예전에 비해 시간적 여유가 많아지고, 여행 장애물이 적어졌지만 쉽게 여행 채비를 할 수 없다. 바람 쐰다는 기분으로 가볍게 출발할 수 있는 여행이라면 헛헛함이 적을까? 그럼에도 이런 여행을 계속 꿈꾸는 이유는 무엇일까?

알랭 드 보통의 『여행의 기술』은 우선 나의 불편하고, 불만족한 여행 감정을 동감해 주면서, 내 여행의 문제점을 지적해 준다. 이 책은 저자 자신의 경험과 예술가들의 여행 경험을 적절히 배합하면서, 왜 여행을 하는가, 어떻게 여행을 할 것인가를 묻는다.

여행에 대한 기대와 현실의 차이

"우리는 지속적인 만족을 기대하지만 어떤 장소에 대하여 느끼는, 또는 그 안에서 느끼는 행복은 사실 짧다. 적어도 의식적인 정신에게 는 우연한 현상으로 보일 것이다."

우리 삶의 목표가 행복을 찾는 일이라면, 여행도 그 과정에 있다. 여행의 목적이 여행자마다 각각 구체적으로 다르게 표현될 수 있지만, 궁극적으로는 삶의 행복도를 높이기 위한 것이라는 점을 부정할 수 없다. 드보통은 어떤 활동보다도 행복을 찾는 과정을 풍부하게 역동적으로 드러내는 것이 여행이라고 말한다.

그럼에도 여행에서 우리가 행복을 찾지 못하는 이유는 알랭 드 보통은 심리적 요인 때문이라고 말한다. 이국적인 풍경과 문화가 제공하는 물질적, 미학적 요소가 부족해서가 아니라, 심리적 요소 때문이다. 여행자의 태도는 삶의 태도와 상관관계가 있다. 여행의 만족은 목적지에서 오는 것이 아니라 태도에서 온다는 것이다.

작은 소리들

아름다운 대상이나 물질적 효용으로부터 행복을 끌어내리려면, 그전에 좀 더 중요한 감정적 또는 심리적 요구들을 충족시키는 것이 필수적이다. 따라서 여행에 가기 전에 여행의 목적을 구체적으로 분명히 하고, 여행의 목적에 맞는 준비가 필요하다. 여행의 동반자가 있다면 서로 심리적 요구를 잘 살펴야 한다.

또한 여행의 행복을 반감시키는 것은 인류의 고질적인 문제, 과거와 미래에 대한 걱정이다. 멋진 풍광, 이색적인 문화가 여행자에게 주는 만족은 아주 짧다. 드 보통은 10분 이상 지속되지 않는다고 말한다. 대부분 시간을 여행자는 미래를 위한 걱정으로 보낸다고 한다. 여행지에서도 습관처럼 현재에 집중하지 못한다. 그러다 보니 여행자에게 남는 것은 아주 짧은 시간 집중했던 몇 장의 장면뿐이다. 여행지에서 우리의 모습은 여행을 떠나기 전의 모습과 크게 다르지 않으며, 고민도 계속 유지된다. 결국 우리의 기대는 현실과 차이를 보이며, 여행의 기억은 극히 적고 단순하다.

드 보통은 실제 여행보다 사진이나 여행서적 등 대체물로 상상하는 것이 여행지를 더 잘 이해하게 할 수 있을지 모른다고 말한다. 실제 여행에서 얻을 수 있는 만족은 극히 적다는 것이다. 나만 그런 것이 아니었다. 결국 여행에 대한 기대와 현실의 차이를 만드는 주요한 원인은 여행자가 가지고 있는 심리적 요인이다.

여행을 가기 전의 준비운동

"사막을 건너고, 빙산 위를 떠다니고, 밀림을 가로질렀으면서도, 그
들의 영혼 속에서 그들이 본 것의 증거를 찾으려 할 때는 아무것도
나오지 않는 사람들이 있다."

우리는 가벼운 휴가조차 바쁘게 움직이다가 돌아온다. 마치 먹방 프로
그램의 맛 집을 순례하듯 여행한다. 소비를 하면 할수록 쌓이는 카드의
포인트처럼 다녀온 여행지를 축적하는 것에 더 관심이 있는 여행, 짧은
시간에 많은 여행지를 보는 것이 목적인 여행, 기회가 있을 때마다 마치
마지막 열차를 올라타는 것처럼 허겁지겁 해치우는 여행이 계속되고 있
다.

그런 여행 후에는 여행 증거로 아무것도 나오지 않는다. 드 보통은 먼
여행을 떠나기 전에 자신이 살고 있는 지역을 다른 눈으로 주목하여 보
라고 권한다. 귀중한 것은 어느 지역에 있든 생각하면서 보는 것이다.

그런데 나는 여행 한계를 분명히 알면서도, 멀리 떠나려는 욕구를 버
릴 수 없다. 내가 새로운 문화에 대한 호기심이 강해서, 현재 이 땅이 답
답하고 지루하기 때문만이 아니다. 대부분 사람들이 버킷 리스트에 여행
을 포함하는 것을 보면, 멀리 떠나는 것에 대한 선망은 본능에 가까운지
모른다.

실패한 여행을 되돌아보면, 좋은 여행에 대하여 고민하게 된다. 나의
이런 생각이 유난스럽다고 생각할 수도 있다. 휴가에 무슨 특별한 이유

작은 소리들

가 있는가라고 반문할 수 있다. 내가 경제적 여유가 있어서 호사로운 휴가를 즐기는 것이 아니라면 여행은 노동이다. 자발적 노동에는 특별한 이유가 필요하다. 목적적 활동으로서 맞을 준비가 필요하다.

영혼에 증거를 남기는 여행

"우리 모두는 태어날 때부터 바람에 흩뿌려져 이 나라 저 나라에 태어났다. 그러나 플로베르와 마찬가지로 우리도 어른이 되면 상상 속에서 우리의 충성심이 향한 대상에 따라 우리의 정체성을 재창조할 자유를 얻는다."

드 보통의 『여행의 기술』에 따르면 플로베르는 이집트를 평생에 걸쳐서 사랑했다고 한다. 드 보통의 해석에 의하면 플로베르가 카이로를 사랑하는 이유는 파리에 대한 혐오 때문이다. 프랑스 부르주아지의 신념과 행동에 대한 분노에 기인한다. 그는 프랑스 부르주아지를 가장 극단적인 내숭, 속물근성, 거드름, 인종차별, 오만의 진열장이라고 보았다. 결국 그가 카이로에 끌린 것은 파리에서 갈망했으나 얻지 못한 것일 수도 있다. 플로베르의 프랑스에 대한 실망은 국적을 부여하는 파격적인 방식을 제안하는 것으로 이어진다. 출생지나 선조를 따지지 말고, 자신이 매력을 느끼는 장소를 따지자는 것이었다.

플로베르는 이집트의 이국적, 전통적 풍물에 끌리지 않았을 것이다. 새로움이 아니라 자신의 이상과 정체성에 좀 더 충실하게 들어맞기 때문에 끌렸을 것이다. 그렇다면 여행은 플로베르에게 자신이 누구이며, 무엇을 원하는가를 분명히 확인시키는 과정이다.

한국도 헬조선을 외치며, 탈출을 갈망하는 사람들이 있다. 탈출이 쉽지도 않을뿐더러, 탈출에 성공했다고 헬조선과 다른 사회를 찾을 수 있다는 보장도 없다. 그럼에도 플로베르 식 여행이 부럽다.

나의 여행을 총평하면, 알랭 드 보통의 표현대로 "영혼에 여행의 증거가 될 만한 것이 많이 남아 있지 않다." 그럼에도 새로운 여행을 꿈꾸어 본다. 독서와 마찬가지로 여행이 생각의 산파 역할을 할 수 있을 것이다. 글로 읽은 것을 몸으로 다시 읽는 여행을 꿈꾼다. 내 오감이 마구 뻗어나가 오래 보고, 오래 아름다움에 감응하는 여행을 꿈꾼다. 누가 알겠는가. 플로베르처럼 여행에서 나의 제2의 고향, 제2의 정체성을 찾을 수 있을지. 그것은 여행에 대해 사유하는 자만이 가질 수 있는 혜택이다.

■ 2017년 9월 4일

통쾌한 영화를 만드는 공식

영화에서 느끼는 대리 정의

영화『베테랑』과『내부자』, 두 영화는 다행히 악을 응징(?)하는 결말을 갖고 있다. 현재와 같은 암울한 상황에서 청량제 역할을 하고 있다. 정의와 승리를 일정 맛보고 싶은 사람들에게 추천하고 싶은 영화이다. 그런데 관객들은 결말을 보고 통쾌함을 얼마나 느낄까? 만약 통쾌함을 느끼지 못한다면 무엇이 잘못된 것일까? 나는 여기서 영화를 평하자는 것이 아니라, 영화를 바라보는 우리의 태도를 생각해보고자 한다.

두 영화는 권력의 비도덕성과 폭력성을 폭로하는 진부한 주제와 서사를 갖고 있다. 그럼에도 불구하고 두 영화는 권력의 폭력성과 부패성을 최근에 우리가 소문과 추측으로 듣던 사건을 통해 구체적으로 보여주어 현실감이 있다. 정치적 결탁, 비자금 이런 종류를 넘어서서 권력을 가진 자들의 은밀한 그곳, 그들만의 문화를 충격적으로 보여준다. 밀실에서 벌어지는 그들만의 문화, 마약과 섹스파티 그리고 동물적인 난잡함이 이들의 일회적 일탈이 아님을 폭로한다. 난잡함과 추잡함을 가능하게 하는 것이 권력이다.

또한 권력은 난잡한 문화와 함께 잔혹한 폭력을 행사한다. 폭력은 권력의 다른 말처럼 보인다. 영화는 관객으로 하여금 권력에 대한 공포를 갖게 만든다. 이러한 공포는 분노를 치솟게 하지만 동시에 무력감을 만들기도 한다.

분노와 무력감을 해소하는 방식은 결말을 절망적으로 만들지 않게 하는 것이다. 영화는 권력에 대한 일정 응징을 통하여 관객에게 카타르시스를 제공한다. 다혈질 형사가 또라이 재벌 3세를 잡아들이고, 권력의 말단 주변부인 조직폭력배와 검사는 언론, 정계, 검사, 경제로 이어지는 막강한 동맹세력을 세상에 폭로한다. 영화는 공포의 현실을 보여주고, 카타르시스를 안겨준다. 이 영화는 상업영화로서의 공식과 목적에 충실하다.

만약 영화가 복수에 성공하는 판타지를 제공하지 않았다면 영화는 흥행할 수 있었을까? 영화의 결말이 달랐다면 관객들은 어떤 반응을 보일까?

정치영화에서 판타지 영화로

두 영화는 정치적 소재로 만들어진 영화이지만, 정치 영화가 되는 데는 실패했다. 아마도 감독들도 그를 목적으로 하지 않았을 것이다. 두 영화는 느와르 판타지 영화로 볼 수 있을 것이다. 이 지긋지긋한 현실에서 벗어나는 기쁨을 갖길 원하는 관객에 대한 화답이다. 내 현실이 변화할 수 있다는 희망을 꿈꾸는 관객에 대한 응답이다. 관객이 그 영화에서 얼마나 오래 그 위안을 품을 수 있을까. 그 위안은 편안하지 않다. 현실의 늪 때문이다. 그건 현실이 영화처럼 허약하지 않다는 점을 관객은 알기 때문이다. 희망을 영화는 이야기하지만 그 희망을 스크린 밖으로 연결할 수 없다. 영화는 영화일 뿐이다.

결국 희망적 결말이 항상 위로가 되는 것은 아니며, 비극적 결말을 가진 영화가 꼭 관객에게 암울한 감상만을 주는 것 또한 아니다. 영화를 통해서 우리가 넘어야 할 장벽을 정확히 본다면, 관객이 영화 속의 암담한 현실을 정말 피부 속으로 느꼈다면, 절망적 상황을 판타지로 해소될 수 없는 절망으로 인식했다면, 영화가 직접적으로 희망을 이야기하지 않아도 좋을 것이다. 정치영화는 현실을 정확히 보여주는 것이다. 관객의 몫은 어떻게 영화를 감상하는가이다. 두 편의 영화를 보며 악의 응징에 즐거워했으나, 그 승리를 만드는 데 우리의 기여가 없다면 즐거움은 그저 판타지이다.

우리는 영화 속 어디에 있는가? 평범한 대중이 영화 속에서 등장한다. 베테랑의 경우, 영화의 마지막 부분에, 명동 한복판에서 형사가 재벌 3세와 싸우는 장면이 있다. 내가 놀란 것은 명동 거리에 등장하는 수많은 사람들의 반응이다. 난 그 많은 사람 중 누군가 이 싸움에 끼어두는 장면을 예상했었다. 그런데 영화감독은 그렇게 만들지 않았다. 모여 둔 사람들은 마치 재미난 비디오를 보듯 싸움을 구경한다. 일정한 선 안에서 자신의 SNS에 올릴 사진을 찍는다. 이 싸움에 끼어들어 미친놈을 제어할 만한 사람처럼 보이던 아트박스 사장도 한 일이 없다. 영화감독이 재벌 3세를 명동 한복판으로 끌고 온 것은 증인이 필요해서였다. 이러한 폭력적 상황에 수많은 사람들이 스마트 폰을 들이댈 것을 알고, 그들이 과감히 몸을 던지지 않을 것을 예측한 설정이다. 준법이란 선을 지키는 정의가 승리한 것이다. 명동 그들 속에서 누군가 이 싸움에 끼어들 것이라는 상상은 나만의 판타지였나?

내부자도 마찬가지이다. 영화 속 대중은 관객 역할에 충실하다. 선을 넘지 않는다. 섹스파티의 동영상을 느닷없이 보게 되는 사람들이다. 대중은 돌연히 영화 속에서 나타나 동영상을 받는다. 내부자의 관객이 베테랑의 관객과 다른 점은 대선이라는 중대한 정치적 시기를 맞고 있다는 점이다. 즉 대선에서 힘을 발휘할 수 있는 유권자이다. 투표로 후보자들에 대하여 답을 할 수 있다.

우리가 척결해야 하는 폭력은 물리적 폭력만 있는 것이 아니다. 더 큰 폭력은 법과 제도로 무장되어 있는 구조적 폭력이다. 영화는 구조적 폭력의 단면을 보여주었고, 구조적 폭력 속의 대중을 보여주었다. 구조가 만들어놓은 법의 체계 속에서 숨을 쉬는 우리들 모습이다.

선을 지키는 자, 선을 넘는 자

12일 5일, 2차 범국민대회가 있는 날 아침, 동아일보의 1면은 이렇게 제목을 뽑았다. '준법집회를……오늘 온 국민 지켜본다.' 그리고 매일경제신문은 요즘 '선(線)을 지키는 선(先)진국가라는 캠페인'을 하고 있다.

결국 보수 언론에 의하면, 백남기 선생님은 안타깝지만 불법을 저지른 사람이 되어 버렸다. 법적 테두리가 만들어놓은 선 안에 우리를 가두려 하고 있다. 영화처럼 시내 한복판에서 벌어지는 폭력에 핸드폰을 들이대는 것, 엄청난 동영상에 놀라서, 선거 시기를 기다려 본때를 보여주는 것만이 우리의 일이 아니다.

　어쩌면 두 영화의 진정한 결말은 영화감독이 보여주지 않은 듯하다. 영화의 통쾌한 결말은 관객의 몫으로 남겨 놓은 것이다. 명동 한복판의 폭력과 광화문 전광판에 비추는 비도덕적 권력 앞에서 누구의 선(線)이며, 선은 어떻게 만들어지는가를 물을 때이다. 그럴 때 우리가 지켜야 할 공동의 선은 만들어진다. 그리고 만들어진 선은 또한 계속 물음에 직면해야 한다. 그것이 진정한 선이며, 정의의 실현이 아닐까.

■ 2015년 12월 13일

구조되어 가라앉은 자로
살아가는 이유

나크바(대재앙)와 홀로코스트

지난 5월 15일은, 팔레스타인인이 이스라엘 건국으로 인하여 유랑의 길을 떠나야 했던 대재앙(나크바)이 시작한 지 70년이 되는 날이었다. 1948년 5월 14일 이스라엘의 건국으로 수십만 명의 팔레스타인 유민이 발생한 것을 애도하는 날이다. 대재앙은 이것으로 끝나지 않았음을 독자는 알 것이다. 올해 트럼프의 미국 대사관 이전 약속은 또 다른 비극을 가져왔다.[*]

이런 사태를 접하면서 시오니스트에 대한 비난여론이 높아지고 있

---

[*]
2017년 12월 6일 트럼프는 예루살렘을 이스라엘의 수도로 인정하고, 텔아비브에 있는 미국대사관을 예루살렘으로 이전한다고 공식발표했다. 이 소식에 대한 팔레스타인 항의시위가 이스라엘 군과 대치하면서 팔레스타인 55명이 사망하고 2000명 이상이 다쳤다. 예루살렘은 기독교, 무슬림교 모두에게 종교의 성지이다. 이스라엘은 예루살렘의 자국의 수도라고 주장하고 있지만, 팔레스타인은 동예루살렘을 향후 자신의 수도로 삼을 예정이었다.

작은 소리들

다. 또한 시오니스트의 역사의 주요 부분인, 홀로코스트(유대인 대학살)
가 과대하게 해석되고 있다는 주장도 있다. "제2차 대전 당시 유대인 대
학살이 정말 "세계사의 전대미문의, 유일한, 무비의 대형 범죄"였을까?
…… 지난 500년 동안 유럽 절대왕권과 자본주의 국가들이 비(非)서구권
에 대해 저질러온 학살은, 제2차 대전 때 유대인의 비극을 훨씬 뛰어넘
는 경우들이 많다. 유럽인들이 미주대륙의 토착인구에 쓴 무기와 이들을
노예화한 것, 그리고 새로운 유행 질환과 알코올에 의한 대학살이 그 예
다."(박노자, 「비극의 상업화, 홀로코스트」, 『한겨레 21』)

　동시에 홀로코스트가 인종살해의 문화적 도구로 전락하는 것에 대한
염려도 높아지고 있다. "'홀로코스트 서부극' 혹은 '홀로코스트 포르노'는
이스라엘의 팔레스타인인에 대한 인종살해를 지원하는 문화적 병참(兵
站)이 된다."(장정일, 「서구문학의 홀로코스트 집착」, 『한국일보』)

　그렇다면 유대인 대학살의 생존자, 후손은 어떻게 나크바의 가해자가
되었을까? 프리모 레비는 『가로 앉은 자와 구조된 자』에서 홀로코스트
를 다음과 같이 표현한다.

"오로지 고통을 유발하려는 폭력, 그 자체가 목적인 폭력이었다."

　그러면서 레비는 나치체제처럼 폭력이 동시에 일어날 수는 없지만, 폭
력이 확산될 전조는 어디든지 있다면서 경고한다.

"불관용과 권력에 대한 욕망, 경제적 이유, 종교적이거나 정치적인

광신, 인종적 마찰 등이 발생시키는 폭력이 난무하는 조류 속에서 미래에 면역성이 있다고 보장할 수 있는 나라는 소수이다."

따라서 홀로코스트의 교훈은 인류가 폭력에 취약하다는 것을 바로 증명한 것이다. 홀로코스트의 피해자가 가해자가 되는 사례가 탄생할 수 있는 것이다. 바로 나크바이다. 프리모 레비의 날카로운 인간에 대한 성찰은 시오니스트들과 공유할 수 없는 힘든 교훈이었던 모양이다.

악의 평범성

프리모 레비는 평생을 절멸수용소(라거)*에서의 경험을 증언하면서 절멸수용소가 가능했던 세상을 이해하려 노력했다.

"내 임무는 이해하는 것, 그들을 이해하는 것이었다. 소수의 중범자들이 아니라 그들, 그 국민들, 내가 가까이에서 본 사람들, 자신들 중에서 SS 대원으로 차출된 바로 그들을 이해하는 것이었다. 또한 그들 가운데 믿었던 사람들과 믿지 않으면서도 침묵했던 사람들을, 우리

★

대량학살을 목적으로 둔, 나치가 제2차 세계대전 당시 설립한 강제 수용소의 일종이다. 절멸 수용소(絶滅收容所)는 전쟁 중 절멸 정책의 마무리로 지어졌다. 사체는 평상시엔 소각되거나 혹은 매장되었다. 나치가 절멸시키려고 한 것은 주로 유대인과 집시, 소련군 포로나 동성애자, 폴란드인도 포함되었다. ─위키백과

의 눈을 똑바로 쳐다볼 작은 용기, 우리에게 빵 한 조각을 던져주거
나 인간적인 말 한마디를 나지막이 중얼거릴 작은 용기도 없었던 사
람들을 이해하는 것이다."

이해하려는 과정은 레비의 오래된 질문, '인간이란 무엇인가'라는 질
문에 대한 답을 찾는 과정이다. 레비는 거짓말을 하고, 망각을 하고, 분
리하는 독일인을 목격한다. 그들은 나치체제의 대학살을 몰랐다고 거짓
말을 하고, 그 당시 무슨 일이 있었는지 '기억나지 않는다', '복종할 수밖
에 없었다'고 말한다. 많은 독일인이 독일나치체제와 자신을 분리시키
고, 자신들도 나치체제에 배신당했다, 전체주의 국가에서 반란을 일으키
는 것이 불가능하다고 말한다.

레비는 이런 독일인을 보며, 거의 모든 독일인들의 진정한 죄는 말할
용기가 없었다고 말한다. "히틀러의 테러로 인해 독일민족이 다다른 것
은 비겁함이었다, 비겁함이 없었다면 그토록 극단적으로 치닫지는 않았
을 것"이라고 레비는 말한다. 뿐만 아니라 상당수의 독일인이 역사의 공
범자로서 죄의식이 없다는 것을 레비는 알게 된다. 또한 악이 특별한 사
람만이 행하는 것이 아님을 이해한다. 이는 한나 아렌트가 『예루살렘의
아이히만』에서 말한 악의 평범성과 일맥상통한다.

"고문자는 …… 그들은 우리와 똑같은 사람들이었다. 그들은 평균적인
인간이었고, 평균적인 지능을 가졌으며, 평균적으로 악한 사람들이
었다. …… 그러나 그들은 잘못된 교육을 받았다."

이것은 독일인만의 문제가 아닐 것이다. 그는 독일인만이 아니라 피해자인 자신에게도 날카롭게 비판한다. 희생자로서의 자신과 자기 민족을 특권화하는 대신 그들을 가둔 가해자와 함께 갇혔던 희생자들을, 그들의 내면을 객관화하고자 노력했다. 레비는 생존자로서 부끄러워했다. 수용소에서 동료들과 물 한 컵 나누지 못한 것을 수치스러워했다. 수용소는 최소한의 배려, 관용을 베풀 여유를 허용치 않았다.

레비는 구조된 자로서 그의 의무는 증언이라고 생각했다. 그래서 그는 수용소의 생활에 대하여 감정적이 아닌 객관적 성찰적 증언을 하려 노력했다.

"이러한 나의 증언이 생존의 특권을 그리고 큰 문제없이 여러 해를 사는 특권을 내게 가져다준 것일 수도 있다는 생각은 나를 괴롭힌다. 왜냐하면 특권에 걸맞은 결과가 보이지 않기 때문이다."

구조된 자들의 향방

홀로코스트에서 구조된 자들의 향방은 나누어졌다. 하나는 홀로코스트를 종교화해 또 다른 인종주의, 식민지주의를 추동하는 시오니스트들이다. 레비를 괴롭힌 '생존 특권에 걸맞지 않은 결과' 중 하나가 시오니스트였을 것이다. 그는 1982년 8~9월 이스라엘의 레바논 침공으로 팔레스타인 구역에서 대학살이 일어났을 때 절망을 표현했다. 그는 의도적으로 시오니스트와 디아스포라 유대인을 구별했다.

"우리 디아스포라 유대인들은 두 가지, 즉 도덕적인 것과 정치적인 면에서 베긴 수상에 반대할 수 있다. 먼저 도덕적인 것은 다음과 같다. 아무리 전쟁 중이라 해도 베긴과 그의 동료들이 보여주었던 잔인한 오만함을 정당화할 수 없다. 정치적 주장도 이와 마찬가지로 분명하다. 이스라엘은 지금 고립의 상태 속으로 급속히 추락하고 있다...우리는 보다 냉철한 이성으로 현재 이스라엘 지도부의 실수에 판결을 내리기 위해 이스라엘과의 감정적인 연대감을 억눌러야만 한다."

또 다른 생존자는 생존하기 위해 망각하는 사람들이다. 가해자들은 그 기억으로부터 해방되고 자신의 죄의식을 덜기 위해 마음 깊숙이 그 기억을 몰아내버린다. 그런데 피해자들도 마찬가지이다. 고통을 되풀이하지 않기 위해 그 기억을 지우려는 경향이 있다. 그러나 레비는 그렇게 하지 않았다. 인간의 내면을 이해하기 위하여 계속 고통을 현재화하며 살았다.

레비와 같이 라거의 고통을 피하지 않고 다시 마주한 생환자들은 많았다. 책의 한 장인 「아우슈비츠의 지식인」에서 그는 '장 아메리'라는 철학자를 소개한다. 장 아메리는 또 다른 레비 자신이었다. 장 아메리와 레비, 두 사람은 유대교라는 믿음도 없었다. 독일계 유대인인, 장 아메리는 유대인이란 정체성이 없는 사람이었다. 레비도 이탈리아 고전문학을 좋아하는 이탈리아인이었다. 두 지성인은 인간을 그 자체로서가 아니라 그가 속한 집단으로 판단하는 것을 동의하지 않았으나, 이들에게 유대인이란 정체성을 안겨준 것은 독일 나치였다. 이들은 파시즘에 대한 저항운동을 펼치다가 수용소에 수감되었으며, 운 좋게 살아 돌아왔다. 그들은 작가로서 절멸수용소를 증언하는 활동을 했다. 그리고 이들은 스스로 생을 마감했다.

그들은 구조되었으나, 가라앉은 자들과 함께 있었다. 두 사람이 고통을 피하지 않고, 힘겹게 고통을 끌어올리며, 죽음을 부르는 고통 속에서 증언을 그치지 않았다. 그 이유는 간단하다. 아우슈비츠라는 특수한 경험을 뛰어넘어 보편적 인간의 위기를 경고하기 위해서이며, 가라앉은 자들을 구조하기 위해서였다. 그러나 나크바는 두 작가를 또 다시 절멸수용소에 갇히게 했다.

■ 2018년 6월 27일

작은 소리들

먹방 중독 사회

꿈꿀 수 있는 욕망의 대상

미국에서 짧은 기간 동안 생활했던 적이 있었다. 벌써 20여 년 전의 일이다. 그때 영어를 배우기 위해서 TV를 즐겨봤는데, 신기한 프로그램은 유명인의 집, 취미 등을 보여주는 것이었다. 그런데 그 수준이 평범을 넘어서고 있었다. 풀장은 말할 것도 없고, 요트 생활, 해외의 별장 그리고 사냥을 하고, 스포츠카를 타고, 비행기를 직접 조종하는 셀렙들이 있었다. 그리고 그 속에는 값비싼 희귀한 재료로 직접 요리하는 셀럽의 모습도 빠지지 않았다. 별천지 같은 생활이 펼쳐지고 있었다. 나에게 더 놀라운 것은 그런 화려한 생활이 지상파 방송의 일반 대중 프로그램으로 전파되고 있다는 점이었다.

당시 나는 가난한 이주자들이 많이 사는 동네에 살고 있었다. 나의 이웃이던 라티노, 아시안들은 그런 TV 방송 내용에 나처럼 부정적 반응을 보이지 않았다. 그들은 그저 다양한 생활 패턴으로 받아들이고 있었고,

방송을 통하여 대리만족을 하고 있었다. 사실 그들은 방송에서 보여주는 '아메리칸드림'을 꿈꾸며 이주해 온 사람들이었다.

재미있는 것은, 나도 그런 방송에 점점 중독되고, 화면 속에 갇히어진 멋진 풍광, 생활을 눈으로나마 볼 수 있는 기회를 즐기게 되었다는 점이다. 그것은 시청 후 갖게 되는 허망함보다 더 큰 중독 효과가 있었다. 마치 약 먹은 듯 시청 후에도 화려함에 잠기어 있는 나를 발견하기도 했다. 잠시나마 고단한 미국생활을 잊는 효과도 있었다.

다행인지 한국은 아직도 이런 종류의 프로그램은 덜한 편이다. 몇몇 아이돌 가수가 스포츠카를 타고 요트 파티를 하는 것을 방송에서 본 적이 있다. 그런데 그들의 그런 모습은 개인적 허세로, 희화화되고 있었다.

미국식 자본주의를 꿈꾸던 한국의 경우, 70~80년대까지만 해도 절제와 성실함이 사회적·개인적 미덕으로 여겨졌다. 1990년대에 들어서면 그런 미덕이 점차 미국식 소비 생활로 바뀌어졌다. 그러나 1997년 IMF 사태와 2007년 금융위기로 휘청거렸고, 소득의 불평등 차가 극심해진 상태가 되었다. 셀럽이 등장하여 시청자의 쾌락과 욕망의 신경을 자극하며 더 많은 소비, 더 높은 소비를 자극하는 사회를 만들기는 힘들어졌다. 소비를 자극하는 방송은 케이블 매체를 통해서 이루어졌고, 패션, 화장 등을 전파하는 것이 주였다. 이런 프로들은 경쟁사회에서 살아남기 위해서 여자에게 강요되는 메이킹을 돕는 일환이었다.

그런데 한국에는 다른 소비와 쾌락의 본능을 자극하는 방송이 늘고 있다. 먹방이다. 먹방은 서민들의 음식에서부터, 인생에서 몇 번 먹을까 말까 하는 음식까지 다양하게 소개되고 있다. 소개를 넘어 그 음식을 즐기

작은 소리들

는 모습이 쉽게 잡힌다. 예전의 기준대로 말하면, 먹지 못해 죽은 귀신이 붙은 듯 모두가 음식을 게걸스럽게 먹어 치우고 있다.

요트, 스포츠카라면 나의 욕망대상이 될 수 없지만, 음식은 그렇지 않다. 조금만 노력하면 즐길 수 있는 욕망 대상인 것이다. 한우처럼 값비싼 음식을 매일 먹을 수는 없어도 그 맛을 기억할 정도는 경험할 수 있다. 불안한 경제 상태와 외식이 많아지는 생활 패턴 속에서, 시청자들이 정서적 거부반응을 갖지 않으면서, 그들의 사회적 허기를 달래고 있는 것이 먹방이다.

음식중독 또는 음식힐링

음식은 중요하고 우리 생활의 중심에 있다. 예전의 드라마를 보아도 밥상을 중심으로 가족이 둘러앉아 있는 모습, 음식을 장만하는 가족의 그림은 심심치 않게 나온다. 음식은 우리 생활과 깊이 관련되어 있고, 너무 익숙해서 사회적 핫이슈가 되지 못했다. 우리가 음식 이야기를 이렇게 많이 한 적이 있었을까.

이제는 먹방이 넘쳐서 다른 방송 장르로도 진입하기 시작했다. 여행, 예능, 시사토크에서 그들은 먹는다. 먹으면서 시청자들이 보내온 고민 상담을 한다. 그중 하나로 요즘 관심을 끄는 것이 '밥블레스유'다. 애인과 헤어졌을 때, 상사와 불화가 있을 때 등 고민 상담을 하고 힐링 푸드를 추천한다. 프로의 이름처럼 음식이 축복이 된다는 의식이다.

나는 개인적으로 이 프로의 MC들을 좋아한다. 이들 캐릭터 때문에 이

방송을 보았다. 싱글 여성들이 나와 펼칠 입담에 대한 기대가 컸다. 여성들의 우정만으로 즐거운 생활, 프로를 만들 수 있기를 바랐다. 그러나 씁쓸하다. 상담을 해서 유감이 아니라 결국 먹방을 못 벗어났기 때문이다. 못 벗어난 것이 아니라 먹방을 확장시켰다. 밥블레스유를 보고 시청자가 기억하는 것은 그들의 토크가 아니라 음식이다. 결국 음식을 파는 식당을 포털에서 검색한다.

내가 먹방에서 느낀 유감스러운 점을 밥블레스유도 피해 가지 않았다. 우선 육식이 과도하게 많다는 점이다. 이 점은 내가 육식을 최대한 줄여야 한다는 태도를 갖고 있기 때문에 거슬린다. 두 번째로 음식을 괴물 수준으로 지나치게 많이 먹는다는 점, 이는 중독을 보여주는 것이다. 상업적 흥행을 위해 중독까지 힐링으로 둔갑하여 팔고 있다. 마지막으로 그 소비 정도가 일반 서민이 쉽게 접근하기 힘든, 비현실적으로 풍성한 만찬이라는 점이다. 소확행을 외치지만 누구나 누릴 수 있는 소확행은 아니다.

음식이 힐링이 된다는 점을 부정할 수 없다. 그러나 돈과 시간의 한계로 얻을 수 있는 그 힐링의 품목이 음식뿐이라면 다른 문제이다. 먹는 것을 통해 느끼는 쾌락을 중요시하는 사람들이 늘고 있는 현상을 가벼이 보기 힘들다. 내가 밥블레스유를 보면서 팀 버튼 감독의 『찰리와 초콜릿 공장』을 연상한 것은 과도한 상상일까. 중독을 희화적으로, 악마적으로 보여준다. 그러나 먹방 케이블은 중독의 과정으로 인식하지 않고 힐링의 과정으로 둔갑시킨다.

먹방이 많은 것은 한국경제의 비정상성, 음식 자영업자가 많은 경제

상태를 또한 표증하고 있다. 건강을 걱정하여 먹방 프로그램을 규제하자는 주장도 있으나, 이것이 효과가 있을지 의문이다. 이런 규제가 국가주의라고 비판하는 주장에 동의하는 것이 아니라, 한국 경제의 구조적 결함 때문이다.

먹방은 시청자 개인에게 무엇을 남기나. 소확행으로서 힐링을 전달하는가. 먹방은 재미와 정보 전달하는 수준을 넘어섰다. 먹방은 꿈, 희망이 거세된 사회에서의 대체물이며, 동시에 다른 중독을 만드는 매체가 되었다. 거세된 꿈의 자리를 허접한 중독으로 채우고 있다. 먹는 행위는 지극히 개인적 행위이면서, 사회적 행위의 기초이다. 중독된 것은 개인이지만, 먹방이 넘치는 중독 현상은 사회적 문제이다. 사회적 먹방을 벗어나, 중독도 아닌 탐욕도 아닌 다양한 소확행이 가능한 사회를 꿈꾸어 본다.

■ 2018년 8월 6일

베이브가 사는 사회를 꿈꾸며

육식 축제는 전국 곳곳으로

돼지열병으로 돼지들이 살처분되고 있다. 축산농가, 살처분 담당자가 살처분되는 돼지를 보면서 겪는 고통이 남다르겠지만, 나와 같은 소비자도 심리적으로 침울해진다. 마음이 쓰인다. 그럼에도 소, 돼지, 닭의 살처분 현장에 대한 안쓰러운 마음은 잠시다. 고통스러운 상상으로 연결되는 시간은 극히 짧다. 그 시기, 그 장면을 피하면 축산이 가지고 있는 근본문제는 내 일상과는 무관하게 된다. 소비자들의 이중적 태도이다. 가슴 훈훈한 동물 동영상을 찾아보지만 식용 동물의 실제 현장은 멀리한다.

내가 살고 있는 지역에서는 한우축제가 진행되었다. 축제를 알리는 올해 포스터는 작년보다 더 노골적이다. 소가 당당히 걷는 그림이었는데, 그 몸통의 반은 소의 온전한 겉모습이고, 나머지 반에는 부위별 표시가 그려져 있다. 상처처럼 그어져 있다. 살아있는 소와 음식으로서 쇠고기

작은 소리들

는 다르게 인식하게 하는 효과조차 없애는 지독한 솔직함을 드러냈다. 작년 한우축제 기간 동안에는 한우 즉석 구이터 가까운 곳에 살아있는 소를 전시용으로 내놓아서 나 같은 사람의 눈살을 찌푸리게 했다.

찬 바람이 불기 시작하면, 한우축제가 이곳만이 아니라 전국 여러 곳에서 열리고 있다. 생산지만이 아니라 도심에서도 열린다. 소비를 진작하기 위하여, 서울, 부산, 대전 등에서 한우축제가 열린다. 서울 축제 관계자는 11월 1일은 한우 먹는 날이라고 홍보하고 있다. 구제역으로 인한 살처분을 국민 모두가 TV 등을 통해 보았지만 한우 축제는 더 확산되고 있다. 한우 축제만이 아니다. 한돈 축제, 돼지고기 축제, 삼겹살 축제, 치맥 축제 등으로 계속 늘어나고 있다. 이러한 확산에는 축협 등 기관과 지역 자치단체의 적극적 활동이 한몫을 했다. 관련 조직 회원과 지역 경제 활성이란 명목으로 막대한 돈이 들어가고 있다. 자발적 소비가 아니라 소비를 인위적으로 확대하고 있다.

소득 수준이 높아지면서 전 세계의 육류소비는 늘고 있다. 그중 한국은 동아시아에서 육류소비가 가장 높은 나라로, 중국보다도 높다(2016년 기준). 2010년과 비교하면 육류소비가 20% 늘어났고, 현재도 꾸준히 늘어나고 있다. 한우, 한돈, 한국산 닭 소비만 증가한 것이 아니다. 한미 FTA, 한-EU FTA 체결 이후 고기 수입은 늘고 있다.

꼬마 돼지 베이브에게 응원을

아프리카돼지열병뿐만 아니라 구제역, 조류독감으로 인하여 식용 가축의 살처분이 점점 증가하고 있다. 이럴 때마다 공장식 축산의 문제점, 살처분 방식의 문제, 환경파괴 문제 등이 거론된다. 축산업 종사자들이 처한 인권과 안전 문제도 또한 이야기되고 있다. 그리고 공장식 축산을 확산시키는 한국의 육식문화에 대한 성찰이 필요하다는 소리도 아울러 나온다. 병들이 창궐할 때마다 비슷한 소리가 반복되고 있다.

95년도에 『꼬마돼지 베이브』라는 영화가 있었다. 베이브가 양몰이 돼지로 성장하는 영화다. 영화 속에서 베이브는 원래 육류용으로 키워진다. 베이브는 식용으로 소비되지 않기 위해서 스스로 재능을 계발한 것이다.

영화 속에서 다른 동물도 마찬가지다. 오리도 수탉 흉내를 내며, 아침마다 지붕에 올라가 울어댄다. 오리는 수탉 역할을 하면 살아남기를 기대한다. 이렇게 영화는 동물이 식용이라는 자신의 운명과 다르게 살아갈 수 있다고 영리하게 말하고 있다. 그런데 나는 베이브가 다르게 살아가는 모습도 멋이 있었지만. 그 목장주가 눈에 들어왔다. 우리와 다르게 가축을 키우고 있기 때문이다. 우리 주변의 양계장과 축사를 가보라. 베이브가 사는 목장은 거의 가축에게는 천국일 것이다.

그 당시 그 영화를 본 많은 유럽아이들이 햄, 소시지를 먹지 않았다는 이야기를 들은 적이 있다. 베이브로 만든 가공식품을 거절했다는 것이다. 영화를 본 아이들은 베이브가 크리스마스 파티용 고기가 되는 것을 막고자 한 것이다. 이 영화 덕분에 미국에서는 돼지고기 소비가 25% 감소하고 채식주의자가 늘었다고 한다.

꼬마돼지 베이브를 한국에서 본 관객들 중 몇 명이 채식주의자가 되었

작은 소리들

을까. 영화 한 편으로 식문화를 바꿀 수 있는 환경이 아니다. 꼬마돼지 베이브 영화 한 편보다 더 많은 방송 프로그램이 육식 문화를 적극적으로 장려하고 있다. 음식점 소개, 요리 프로그램은 말할 것도 없고, 여행 프로그램, 연예인 생활 소개를 하는 예능 프로그램도 육식 소비가 빠지지 않는다.

언제부터인가 한국의 음식 문화가 육류가 주식이 되고 샐러드, 야채는 고기를 먹기 위한 부재료가 되고 있다. 쌀 등 곡류의 소비는 줄어들고 이런 고기 소비와 먹방에는 고기가 어떻게 식탁에 오르는지 생각할 여지가 없게 만든다. 자신이 먹는 음식에 대하여 고민하는 소비자가 되는 것은 소비자 자신을 위해 필요하다. 공장식 축산이 아닌 곳에서 키워진 육고기가 지방이 적고 단백질이 높다고 한다. 그렇다면 동물복지와 식습관과의 연관성을 분리하여 생각할 수 없다. 그렇지만 동물복지 원칙을 준수하는 축산은 소비자가 부담해야 할 몫 즉 고기의 가격을 높이는 작용을 할 것이다. 즉 우리가 지금 소비하는 싼 고기, 가공육은 동물복지 희생을 대가로 이루어진 것이다. 때문에 우리의 식습관을 바꾸는 것이 필요하다. 물론 현재도 서민에게는 고기는 큰맘 먹고 소비하는 특별 음식이다. 그래서 식습관 변화를 요구하는 소리가 서민들에게는 배부른 소리로 들릴 수 있다.

중국은 돼지 열병으로 인한 돈육대란으로 초대형 돼지 사육 농가가 늘고 있다고 한다. 이제, 우리는 영화 『옥자』처럼 초대형 비육돼지가 사육되는 사회에서 살 것인가. 베이브가 사는 농장이 있는 사회에서 살 것인가를 고민해야 한다. 이는 절박한 문제이다. 돼지 생명만의 문제가 아니다. 우리의 정신과 몸을 살리기 위해서다.

■ 2019년 10월 15일

작은 소리들

개방적 반려문화에 대한 상상

버려지는 생명들

'케어 단체'* 사태로 반려동물에 대한 안락사 논쟁이 한쪽에서는 치열하게 진행되고, 다른 한쪽에서는 유기견이 들개가 되어 가축을 위협한다는 뉴스로 시끄럽다. 한 지자체는 들개를 포획하면 포상금을 주기로 했다. 결국 공기총 난사로 떠돌이 개가 즉사하는 일이 일어났다. 사살된 개가 가축과 인간의 생명을 위협했다는 증거는 없다.

떠돌이 개는 위험한가? 주인이 없다고 위험한 존재가 되는 것은 아니다. 그들이 음식 쓰레기라도 허기를 달랠 수 있었다면 그들은 떼를 몰려다니며 가축을 해치지 않았을지 모른다. 위험하고 에너지가 많이 드는 가축 습격을 군이 해야 할 필요성이 없을 것이다. 그들의 고달픈 삶이 만

★
케어 단체 사태 : 동물권 단체 케어가 구조한 동물 100여 마리를 안락사한 사건

든 일이다.

점점 떠돌이 개는 불편한 존재가 되고 있다. 그들이 인간과 가축에 직접적으로 위협적이지 않아도 비위생적이고, 교통에 방해를 주어 꺼림칙한 존재가 되었다. 이들은 포획되어도 안락사를 당할 가능성이 높다. 동물보호소는 유기견, 유기묘가 보호소에 입소하면 일정기간 공고를 통해 입양을 촉구하다가 그 공고기간이 지나면 안락사를 실행하고 있다. 동물권 단체들 간의 안락사 논쟁과 무관하게 안락사, 사살은 지금도 진행 중이다. 우리에게 유기동물을 구제하는 것은 입양밖에 없을까? 입양하지 않고 그들과 함께 살 수 있는 방법은 없을까?

먼저 유기동물이 증가하는 원인에 대한 대책이 필요하다. 그 원인 중의 하나인 동물을 사고파는 사업을 우선 중지해야 한다. 순종, 귀여운 외모만을 고집하는 반려인의 인식도 변화되어야 한다. 반려동물은 생김새와 관계없이 주인에 대하여 친화적이며 순종적인 성품을 갖고 있다. 반려동물은 그것으로 자격이 충분하지 않은가.

이번 글의 목표는 입양을 중심으로 한 유기동물에 대한 대책을 주장하고자 하는 것이 아니고, 조금 더 폭넓고 개방적인 반려문화를 상상해 보자는 것이다.

소유주가 있는 듯, 없는 듯한 반려동물

(이글에서 나는 야생동물이 아니고, 상업적 이익을 위해 사육되는 가축이 아닌 동물, 오랫동안 사람의 친구였던 동물을 반려동물이라 부르겠

작은 소리들

다. 그들이 견주가 있든 없든 반려동물이라 부르겠다.)

최근에 나는 네팔을 여행하면서 반려동물의 환경에 대하여 고민해 볼 기회가 있었다. 네팔의 도시 거리에는 수많은 개들이 있었다. 묶인 개들이 아니었다. 그럼에도 그들은 사람을 피하지 않았고, 사람을 보고 짓거나 위협도 하지 않았다. 바쁘지도 않았다. 느리게 돌아다니고 길가에 편하게 쉬고 있었다. 개뿐만 아니라 염소와 소, 닭도 그냥 풀어져 있었다. 시골이 아니라 네팔의 수도인 카트만두와 포카라에서 목격했다. 그들은 제 방식대로 자유롭게 자기 영역에서 살고 있었다. 염소, 소나 노새는 주인이 있어서 저녁이 되면 주인이 와서 데리고 간다고 한다. 주인이 있는 개도 많은데 모두 묶여 있지 않으니 주인 없는 개와 섞여 있었다.

네팔의 동물 환경을 보면서, 동물은 사람과의 상호작용에 의해 성향과 태도가 달라진다는 것을 새삼 느꼈다. 육식을 거의 하지 않는 문화를 가진 네팔인에게 동물은 소유욕을 자극하지 않는다. 그저 자연의 식물과 비슷한 존재인 듯 무심하다. 그러니 반려동물은 사람에 대한 경계심이 없고, 사람에게 매달리지도 않는다. 사람은 그들에게 적당히 음식을 제공하는 또 다른 종의 동물일 뿐인 것 같았다. 그들에게 적당한 사료가 제공되지 않는다면, 음식 쓰레기가 있는 곳이 그들의 서식지가 된다. 네팔은 가난한 나라이다. 네팔인들은 반려견, 반려묘라는 관계의 의미성을 공감하지 못할 수 있다. 그들은 동물을 안아주지 않지만, 버리지도 않는다.

이런 네팔 환경은 낯선 것이 아니다. 내가 어렸을 때는 시골 개들 대부분은 줄로 묶이지 않고 자유로웠다. 떠돌이 개일지라도 사람과 대치하는 것은 드물었다. 서울도 개들이 많이 떠돌았으나 그들을 사살하거나 포획하지 않았다. 그들 중 일부는 주인이 있는 개들이었다. 우리 집 개가 그랬다. 밖에서 나가 놀다가 때가 되면 집으로 돌아와 먹고 잤다. 그렇게 섞이다 보니 대부분이 잡종이었다. 이들은 누구네 집의 개이면서, 집의 울타리를 넘어서 개방적인 삶을 살았다.

이런 환경이 네팔만은 아닐 것이다. 우연히 여행 유튜브를 보는데, 코소보가 나왔다. 거기서는 거리에서 잠을 자거나 어슬렁거리는 개를 많이 볼 수 있었다. 또한 가난한 나라에만 있는 것은 아니다. 일본에는 고양이들이 모여 사는 섬들이 있다. 대만에도 고양이 마을이 있다. 그들의 집은 자연이다. 먹이는 사람에게서 온다. 하지만 어느 집의 소유가 아니다. 이들에 대한 중성화 수술을 진행하고 관리되지만, 어느 한 마리도 적대시되지 않으며, 함부로 안락사당하지 않는다. 그렇다 보니 자유롭게 어슬렁거리는 고양이들을 볼 수 있다. 우리나라에도 동네 골목에서 길고양이들을 만날 수 있지만, 이들은 인간을 피한다.

새로운 반려문화

한국의 현실조건과 동떨어진 사고일지 모르지만, 네팔과 일본처럼 개들이 함께 살 수 있는 동물보호구역이 있었으면 좋겠다. 넓은 울타리에서 그들이 살 수 있는 환경을 만들면 어떨까. 동물공장보다 조금 넓어진 케이지 안에 동물을 가두는 동물보호소보다는 건강하게 뛰어놀 수 있는 터전이 있으면 어떨까. 그 안에서 입양이 아니더라도 안락사당하지 않고

작은 소리들

살아갈 수 있는 환경이었으면 좋겠다.

분명 이런 사업을 위해서는 적잖은 비용이 들 것이다. 그런데 우리의 사고 방향을 바꾸는 것이 우선이다. 최근에 한 지자체에서 반려동물 전용 공동묘지 구상을 발표했다. 이 묘지는 안락사당한 유기동물들의 자리가 아닐 것이다. 이 정책의 수혜자는 입양된 반려동물과 반려인일 것이다. 반려인의 상실감을 최소화하기 위한 배려인 것이다. 공동묘지 구상보다 지금 시급한 것은 버려졌으나 살아있는 생명에 대한 대책이다. 포획 포상금, 안락사, 공동묘지 관리 등에 드는 비용이 반려동물을 살리는 데 사용되길 희망해 본다.

동물보호구역의 조성은 단순히 동물들의 이익만을 위한 것이 아니다. 반려인의 태도 나아가 인간 삶의 태도를 변화시킬 것이다. 시멘트 빌딩과 차량이 뒤범벅이 되는 전국의 도시화는 반려동물과의 관계가 개인 집으로 묶어지는 생활에서 벗어나기 힘들게 한다. 동물보호구역은 반려문화를 개방적으로 만들고, 울타리 너머 즉 보호구역 내의 동물뿐만 아니라 거리의 반려동물을 따뜻하게 마주하게 하는 역할을 할 수 있을 것이다.

우리가 자연친화적 생활을 위해 강과 물, 식물, 농작물을 관리하듯, 나의 울타리 밖의 반려동물에게도 밥과 건강을 무심한 듯 챙겨주는 문화가 일상화되는 것을 상상해 본다. 그런 문화가 바로 자연친화적 환경이다. 반려동물 일천만 시대에 사는 이제, 우리 집안으로 그들을 들이는 환경을 벗어난 새로운 반려문화를 꿈꾸어보자.

■ 2019년 2월 7일

에필로그

고래의 꿈을 만나는 시간

처음에 이종국 조각가의 고래 그림을 받아들고 당황했다. 프롤로그에서 쓴 것처럼 내 글들은 현실, 구체적 세상에 대한 시평이다. 그리고 글 속의 주체들 또한 평범한 이들이며, 나와 같은 작은 이들이다. 그런데 고래라니. 이종국 조각가는 그림을 보내면서 다음과 같은 메모를 곁들여 주었다.

"글이 작가의 서사처럼 느껴졌다. 그래서 작가의 궤적에 비추어 내 생각을 그림으로 옮겼다. 꿈과 이상을 고래로 형상화했다. 육면체는 우리가 마주하는 세상 구조를 의미하며, 6개의 주제를 나타내기도 한다. 육면체 건물 안의 시간은 바닷속 같고 그 시간을 유영하며 꾸었을 고래의 꿈. 꿈의 변화를 무지개빛으로 표현했다."

이종국 작가가 보내준 메모는 내가 글 속에서 놓친 것을 지적하고 있었다. 시평이 가닿을 곳을 생각하게 했다. 작은 존재들은 그들의 삶 속에는 고래 같은 존재, 꿈이 들어갈 여지가 없다고 종종 생각하곤 한다. 어쩌면 한번쯤 가슴에 새겼을 고래 꿈, 이상이 부담스러운 말이 된 지 오래다. 특히나 기성세대의 많은 이들이 꿈, 이상이 저기 먼 수평선 너머에 있는 정신이라고 말한다. 그런데 이종국 작가의 메모 덕분에 내 글의 향방을 고민하는 시간을 가졌다.

고래가 유영하는 세상에는 각각 분리된, 작은 육면체로 가득하다. 육면체 세상에 어떻게 관계하며 살아가고 있을까. 육면체는 고래가 갇힌 공간이며, 적응해야 하는 터전이다. 그러나 동시에 고래의 꿈을 현실화하는 세계이기도 하고, 같이 어울려 융합되어야 하는 세계이지 아닐까. 그래서 고래는 육면체 크기에 맞춰 자신을 접어 넣어 유영을 하기도 할 것이다. 그리고 고래는 그 세계에서 나와 다시 툭툭 접힌 몸을 펴기도 할 것이다. 그리고 고래 본래 모습으로 바다를 건너고 있을 지도 모른다. 내 몸 속에서 고래는 살아서 오늘을 같이 살고 있다. 비록 그것을 의식하지 못하고, 안하고 있지만. 종종 고래를 꺼내어 내 두 다리가 서 있는 이 땅에 어떻게 연결되는지 볼 수 있으면 좋겠다.

작은 소리들

프롤로그에서 말한 작은 소리, 작은 손들이 세상을 무지개 빛으로 물들이려 유영하는 고래의 소리, 몸짓이 되는 것을 상상한다. 종종 심해에 감추고 있던 꿈과 이상을 일으켜 세워, 저 바다 위로 떠오르는 고래를 상상한다. 나의 작은 친구들과 각각의 고래를 찾고 싶다. 고래는 지금 어디에 있나. 특히나 87년 체제를 넘는 세상, 새로 만나는 세상을 우리는 어떻게 꿈꾸나. 여기 실린 글들, 현실의 시평이 이상에 닿는 작은 징검다리 역할을 하길 글쓴이는 바래본다.

2025년 1월 10일